U0871818

枫林学苑XXIII
研究生创新论坛论文集

主编　陈　城

同济大学出版社·上海

图书在版编目(CIP)数据

枫林学苑. XXⅢ，研究生创新论坛论文集 / 陈城主编.—上海：同济大学出版社，2021.11
ISBN 978-7-5608-9293-1

Ⅰ.①枫… Ⅱ.①陈… Ⅲ.①社会科学—文集②自然科学—文集 Ⅳ.Z427.6

中国版本图书馆 CIP 数据核字(2021)第 245258 号

枫林学苑 XXⅢ——研究生创新论坛论文集

陈 城 主编

责任编辑 翁 晗 **责任校对** 徐春莲 **封面设计** 陈益平

出版发行 同济大学出版社 www.tongjipress.com.cn
(地址：上海市四平路 1239 号 邮编：200092 电话：021-65985622)
经 销 全国各地新华书店
排 版 南京文脉图文设计制作有限公司
印 刷 苏州市古得堡数码印刷有限公司
开 本 787 mm×1092 mm 1/16
印 张 13.5
字 数 337 000
版 次 2021 年 11 月第 1 版
印 次 2022 年 10 月第 2 次印刷
书 号 ISBN 978-7-5608-9293-1

定 价 88.00 元

目　　录

法学院

国际足球学院

建筑与城市规划学院

马克思主义学院

人文学院

上海国际知识产权学院

外国语学院

医学院

政治与国际关系学院

职业技术教育学院

法　学　院

转基因食用农产品的潜在风险:成因分析及应对之策

陈玉英

摘　要　转基因食用农产品的潜在风险,不仅包括对人身健康和生态环境可能造成的损害等有形风险,而且包括对价值的侵害和产生不公正等无形风险。导致潜在风险产生的主要原因有科学的不确定性、决策者决策的不确定性和局限性以及公众对于风险的社会建构。针对潜在风险产生的原因,相应地提出了减少科学的不确定性、增强决策的科学性和民主性以及建立良好的信任系统三方面建议。

关键词　转基因食用农产品; 潜在风险; 成因分析

Potential Risks of Genetically Modified Edible Agricultural Products: Cause Analysis and Countermeasures

Chen Yuying

Abstract　The potential risks of genetically modified edible agricultural products include not only physical risks that may cause damage to human health and the ecological environment, but also intangible risks of value infringement and injustice. The main causes of potential risk are scientific uncertainty, uncertainty and limitation of decision-maker's decision-making, and the social construction of risk by the public. In view of the causes of the potential risks, the paper puts forward three suggestions: reducing the uncertainty of science, enhancing the scientific and democratic nature of decision-making and establishing a good trust system.

Key words　Genetically modified edible agricultural products, Potential risks, Cause analysis

1　引言

转基因作物及产品自从问世并且商业化以来,其风险一直受到自然科学界、社会学界以及普通公众的关注。我国学界较早关注转基因食品风险的学者是秦太铮等人,其在 2000 年发表了《转基因产品的风险及检验对策》[①]。经过统计,自 2000 年至 2019 年发表在南京大学和北京大学核心期刊的文章中,对转基因食品风险的研究主要集中在转基因食品风险的阐述[②]以及如何对转基因食品风险进行规制[③]。专门研究转基因食品风险产生原因的文献很少[④],部分文献在文章中提及转基因食品风险产生的原因,却未进行深入的阐述[⑤]或者仅研究了部分成因[⑥]。纵观这些文献,尽管学者们认为转基因食品存在风险,但是除了普遍认同的对于身体健康和生态环境的风险之外,对其他方面存在的风险并没有达成一致意见。这可以说,学者们对

作者简介　陈玉英,女,1988 年 2 月出生,山西晋中人,同济大学法学院经济法专业 2016 级博士研究生,主要研究方向为经济法。

于转基因食品的风险范围存在不同的认识。现有研究转基因食品风险规制的文献涵盖了风险预防原则和制度规制,甚至具体到措施的实施等方面,但是缺乏对于转基因食品风险产生的深层原因的思考,对风险的规制可能存在百密一疏的情况。客观认识转基因食品风险产生的原因,有助于避免在风险预防过程中的过度预防或者预防不足,以实现转基因食品在满足人们需求的同时减少其带来的风险。有鉴于此,在前辈们研究的基础上,本文尝试探求转基因食用农产品风险存在的原因,并提出应对之策。

2　转基因食用农产品的风险界定

"'风险'这个概念是在十六七世纪由早期西方探险家们首先使用并发展起来的。它最早出现于西班牙语和葡萄牙语中,意指在危险的水域中航行,后来才渐渐演变成英语单词。"[⑦]和风险相对应的英语"risk",根据布莱克法律词典的释义,是指伤害、损害或损失发生的不确定性;危险;风险。[⑧]从字面上来理解,"伤害、损害或损失"不仅包括有形的伤害、损害或损失,还包括无形的伤害、损害或损失。在20世纪,风险研究领域受到西方学者极大的关注,并产生了丰富的风险理论研究成果。学者们从不同视角对风险进行过界定。比如,个体主义的观点认为,风险是不利事件在规定时间范围内发生,或产生于某特定挑战的可能性。作为统计理论意义上的可能性,风险服从于已知的概率累积法则。文化主义的观点认为,风险不是一个客观的、可测量的概念,而是由社会、文化和政治建构出来的。风险社会的观点以乌尔里希·贝克为代表,认为风险可以被定义为一种系统地处理由现代化本身引发和带来的危害与不安全的方式。[⑨]风险的心理学观点认为,风险的概念范围取决于个人认知,并且是多维度的。风险的经济学观点强调将风险中的物质危害或其他不合意的后果转化成主观效用。[⑩]我国学者从两个方面来界定风险。一种是从客观的有害后果来界定,"风险通常是指负面的不确定性是给人们带来损失、伤害、灾害、危害等的可能"。[⑪]另一种是从主客体的价值关系来界定,"所谓风险,是指不受人们欢迎的、厌恶的事情、事件或过程等的可能"。[⑫]从国内外学者对风险界定的不同视角可以看出,风险是指发生不利后果的可能性。风险的概念不是一维的,而是多维的;风险的范围不仅指客观的不利后果,而且也指主观感知的不利后果。客观的不利后果是其自然属性,可以用概率来衡量。主观的不利后果是其社会属性,需要从社会、文化、心理层面去解释。转基因食用农产品的风险是指转基因食用农产品产生不利后果的可能性。其中既包括对于生态环境和人身健康的有形的不利后果,也包括对价值的侵害、产生不公正等无形的不利后果。

3　转基因食用农产品风险产生的原因

对转基因农产品风险范围的界定是原因分析的前提,对风险范围的认识不同,对原因的分析也就不同。转基因食用农产品风险产生的原因主要有以下三方面:科学的不确定性、决策者决策的不确定性和局限性、公众对于风险的社会建构。

3.1　科学的不确定性

意大利学者凡托维茨和英国学者拉韦茨从技术、方法、认识三个层次区分科学不确定性,它们分别对应不精确性、不可靠性和无知的界限。[⑬]该区分方法应用于转基因食用农产品具体表现为如下几点。

3.1.1 转基因技术的不精确性

转基因技术的不精确性的一方面是:转基因技术操作层面的不精确性导致了风险的产生。“从理论上说,基因工程处理要求将外源性基因插入到特异性点位上,但实际上无法精确做到,即使插入了,也常常不是插入到不被破坏的合适位置。”[14]“由于在原来本体基因上插入点位的随机性,就可能出现性状的随机可变性;插入点位的非精确性,可能导致出现不可预测的副作用。”[15]由于转基因技术的不精确性,可能会内在地导致转基因表达的不稳定性,“其后果是引起受体生物内源 DNA 不同程度的突变,包括 DNA 碱基的变化、重复、缺失、移位和重排等不希望出现的负面结果”[16]。加上外在的自然环境因素或者如喷洒农药等化学因素导致的诱发突变。无论是自发突变还是诱发突变,均可能会导致风险的产生。同时基因的突变也是人为无法控制的。

3.1.2 转基因作物风险分析和评估方法的不可靠

转基因作物风险分析和评估方法的不可靠主要体现在以下两方面。一方面是风险分析的局限性。科学所分析和评估的风险是针对实验室“标本”展示出来的风险,而对在实验区域之外真正面对的风险却未进行过系统的评估。实验室中的转基因作物经过标准的、严格的隔离防范措施,其被揭示的风险可能仅仅是部分风险。“风险评估的有效性仅仅是建立在实验室的监控和条件可以在更大范围内实行这样一个不稳定的预设之上。”[17]

另一方面是风险评估方法的不可靠。通过转基因食用农产品饲喂动物来评估风险,以下情况均可能导致风险的产生:第一,对实验动物的评估结果可能不能直接适用于人类。“由饲喂动物得到的结果直接用于人类无疑是不够准确的,因为人和动物在代谢生理过程及生活方式上有不可预知的内在特异的差别。”[18]可以这样说,在动物试验中出现的风险,有可能在人体中出现,有也可能不出现。同样,动物试验中未出现的风险,也有可能在人体中出现。第二,在转基因动物试验中,“仅有少数长期影响的研究针对弱势群体,针对老人和幼儿及胚胎的研究也很少”[19]。现实情况是,孕妇、胎儿、婴儿、儿童、老人、病人等是最敏感、最易受到影响的人群。正常情况下,体质状况和精神状态良好的动物一般更容易被选为样本,而体弱多病的动物首先被排除。由于缺少对于特殊群体的特别风险评估,这部分风险就被忽视了。第三,转基因动物试验受试周期短,风险可能未被发现。“现有的国际法典(CAC)原则以及各主要转基因生产和使用国家的评价原则中,全食品大鼠 90 天喂养试验一直作为转基因作物安全性评价的主要内容之一。”[20]转基因食用农产品的风险可能经过几代人的时间才能被发现,而大鼠 90 天喂养周期太短,不足以全面了解风险。而且,“全食品喂养的 90 天毒性试验,其设计和结果的统计学分析是有局限性的,这些局限可能会妨碍转基因生物有害效应的发现和对有害生物学改变的解释”。[21]

3.1.3 转基因食用农产品风险认识上的不确定性

认识上的不确定性主要表现为两方面:一方面是认识会随着实践的检验而发生变化。“某种科学理论被人们暂时接受并认为‘正确’,可能只不过是当下尚未发现那只足以否定、推翻它的‘黑天鹅’而已。”[22]以前科学认为对人类有利的事物,经过时间和实践的检验,最终被确认对人类有害,最典型的例子就是对 DDT 认识的转变。另一方面是因“我们并不知道什么是我们不知道的”而产生的风险。“基因常被用来比喻成生态系统,一环扣一环。”[23]用爱德华·威尔逊(Edward O. Wilson)的话来说:“遗传就好比环境,你不能只担心一件事情。当一个基因因为突变或被其他基因取代而改变,一些未曾预期、极有可能非常令人沮丧的副作用也会紧随而来。”[24]目前人类对于转基因的认识,可能仅仅是冰山一角。对于基因的多重功能、基因之间相互作用的复杂性、基因与人体以及环境之间的协同作用，目前转基因科学是否有足够的认识并且能够穷尽风险？

3.1.4 风险评估标准的不确定性

转基因食用农产品风险评估标准是否科学有待长期的实践检验。“当人们对新事物进行科学判断时，所依据的是以前的科学经验，其正确性和稳定性也需要进一步加以考虑；在其正确性和稳定性问题没有被解决之前，就以此为标杆对新事物和新现象进行科学评判，本身就存在极大的风险。”[25]转基因食用农产品的风险主要来自内源性风险，而传统农产品的风险主要来自外源性风险。以传统农作物及产品为标准建立的风险评估指标是难以适用于转基因食用农产品的。转基因食用农产品中是否含有新的物质，如果含有目前科学没有认识到的新物质，就无法对其进行常规的检测，那么所谓的检测就是“盲”检测。检测结果可能是没有风险。正如乌尔里希·贝克所言：“科学和法律制度建立起来的风险计算方法崩溃了。以惯常的方法来处理这些现代的生产和破坏的力量，是一种错误的但同时又使这些力量有效合法化的方法。”[26]

3.2 决策者决策的不确定性和局限性

决策者以科学为依据进行决策，原因在于“期望科学能够为决策提供客观准确的知识、完备有力的证据和‘铁的事实(hard facts)’。这些知识和证据等应当是确定可靠的，而且也是价值无涉的，可以用来保证政策的有效性和合法性”。[27]而决策者决策具有不确定性和局限性，第一，决策者进行决策所依据的科学信息的质量存在不确定性。决策者进行决策的过程可以视为将科学信息或者科学数据“作为政策过程的直接输入”[28]，再经过一系列因素的判断，输出政策。在整个决策的过程中，科学信息是决策的源头，科学信息的正确性或者质量在决策中起着十分重要的作用。然而“信息的质量保证问题几乎被全世界忽略。忽略的原因可能在于不确定性和质量之间的混淆和夹在二者之间有直接联系——高质量等价于低不确定性的幼稚想法”。[29]在科学信息输入的过程中，“任何有关环境与技术风险的政策决策都是在不确定性的环境下作出的，其结果取决于不同甚至未知变量的输入”。[30]甚至于“有关科技发展前景及其对社会的影响的信息多数掌握在科学家手中，决策者往往处于被引导、甚至被误导的境地”[31]。“决策主体只能基于有限的知识和信息，根据非充分决定性的(underdeterminative)事实和证据，在许多未知和不确定性条件下作出政策选择和决断。”[32]第二，决策者有主观价值偏好或者进行利益衡量后的取舍。比如在转基因产品带来的巨大的经济利益和存在的风险之间的取舍，又如如果发生大范围的饥荒，是选择继续挨饿还是选择食用可能存在风险的转基因农产品？第三，决策者制定防控转基因食用农产品风险的标准具有局限性。如果标准建立得高且精细，潜在风险的防控程度就高，那么产生剩余风险的概率就小。否则，则相反。以转基因生物安全分级评价为例。我国对转基因生物安全分级评级管理中，将转基因生物分为 4 个等级，分别是：尚不存在危险的转基因生物，安全等级为Ⅰ级；具有低度危险的转基因生物，安全等级为Ⅱ级；具有中度危险的转基因生物，安全等级为Ⅲ级；具有高度危险的转基因生物，安全等级为Ⅳ级。用“低度”“中度”“高度”这样概括、模糊、具有弹性的措辞形容和判断风险时，本身就存在潜在风险。而且，低度风险与中度风险之间的界限是什么呢？中度风险与高度风险之间的界限是什么呢？针对不同程度的转基因风险采取不同的防控措施。而一旦被错误“定级”，可能会导致一系列剩余风险的产生。

3.3 公众对风险的社会建构

公众对风险的社会建构主要指公众对于转基因食用农产品风险的集体认知、感知。个体对转基因风险的认知属于个体意识，而社会绝大多数对转基因风险的共同认知则成为一种集体意识。“建构是社会性的。人际互动、社会协商、共同意识决定了知识和知识的类型。”[33]同样公众对于转基因食用农产品的共同意识决定了风险的类型。转基因农产品的风险可能带来损害身体健康、污染环境等有形的后果，还可能还带来侵犯价值、不公正或社会利益等无形的后果。对于客观有形的风险，公众无法直接建构。公众所建构的是一种主观的风险，既有对有形风险的主观建构，也有对无形风险的主观建构，最终呈现的是风险的社会放大效应。导致公众对风险的社会建构的原因在于：第一，公众对相关政府部门以及政策的不信任。2010 年有新闻报道，农业部机关幼儿园以安全保证为名，表示食用油采用非转基因油。这与农业部宣传的转基因食品安全背道而驰。虽然农业部对此进行了回应，但是并未消除公众对转基因食品风险的热议和质疑。[34]2017 年《黑龙江省人民政府办公厅关于依法禁止种植转基因粮食作物和非法生产经营转基因粮食作物种子的通知》在第一条提到，非法转基因粮食作物种子一旦下地种植，将对该省绿色农产品产业、粮食安全、生态安全和农民增产增收构成严重威胁。该政策容易使公众产生误解。政府主管部门不一致的行为，以及容易引起误解的政策为转基因食用农产品风险的主观建构提供了现实基础。第二，公众对科学的不信任。“科学为善(Good)和真(True)的担保人的旧观念已成为历史。”[35]科学具有社会性，当科学与政治或者商业结合在一起时，科学的纯洁性、独立性、公正性很容易被公众质疑。而且当科学理性与社会理性发生冲突时，科学理性没有很好地回应社会理性。公众对于转基因食用农产品的风险感知和社会焦虑“不断地被专家错误地解释成无知、非理性，或者对‘零风险’的幼稚期望，因此在道义上玷污了相关大众的名誉。这会加重公众对制度给他们带来威胁的判断，认为那些制度不尊重正被讨论的问题中的认同、理性以及合法地位，并进而会波及风险的判断，这种趋势会在两极化的消极循环中发展”。[36]第三，公众依赖自己的生产生活经验，对转基因食用农产品的风险有自己的判断系统。这些经验与专家的经验产生于不同的系统。专家的判断依赖理论和来自试验田的经验，而公众诸如农民依赖田间经验。这两种经验犹如两条平行线，彼此独立。比如农民发现转基因玉米造成猪和奶牛不育。[37]第四，互联网媒体及其绿色和平组织对于转基因食用农产品负面信息的报道和宣传，在民以食为天的背景下，导致公众宁愿信其有而不会信其无。这些负面信息进一步促成公众对于转基因食用农产品风险的主观建构。

4 转基因食用农产品风险的应对之策

4.1 减少科学的不确定性

“严格意义上讲，不确定性是科学所固有的一种特质，不可能完全得以消除。但是，通过采取适宜的措施和方法，还是可以在某种程度上……降低科学的不确定性。”[38]在原则上，面对由科学不确定性带来的转基因食用农产品风险，必须坚持风险预防原则，防患于未然，而不应当采用损害救济原则。因为损害发生后产生的救济成本要远远大于预防的成本。在具体的措施和方法上，需要从科学不确定性的主要矛盾入手，在关键环节针对风险点对症下药，提高科学的确定性。认识主体的有限性与认识客体的无限性是科学不确定性的主要矛盾。认识主体(科学专家)对客体(转基因食用农产品风险)的认识的关键环节和关键方法是风险评估。在目前无法对人体进行转基因食用农产品临床试验的情况下，暂且采用动物试验来代替人体试验。但是，采用动物试验风险评估的过程中需要对关键点进行评估。第一，针对普通群体和特殊群体的分别评估，尤其应当关注特殊群体，诸如孕妇、胎儿、婴儿、老人、病人等人群对转基因食用农产品的风险敏感度。因为特殊群体的风险敏感度意味着风险的上限,即风险的最高值。因此,应当对能代表该部分特殊人群的动物试验进行风险评估。第二,全食品大鼠 90 天喂养试验建立在大鼠 90 天的寿命大致等于人类 10 年寿命的假设上。转基因食用农产品的风险可能经过几代人的时间才能被发现,因此,可以考虑对大鼠喂养试验不以喂养时间作为依据,而采用喂养二代或者三代以上的标准进行风险评估。第三,增加对大规模商业化种植后的转基因作物的定期(比如五年一次)风险评估。因为大规模商业化种植后,农民不一定会采取标准的隔离措施进行风险防控。转基因作物完全被暴露于大自然中,自然环境是否会对转基因作物造成影响,以及转基因作物是否会对其他生物造成影响。这是对转基因作物长期的跟踪监测,以此降低科学的不确定性。

4.2 增强决策的科学性和民主性

决策是政府部门的事情,也可以说是政治精英的事情。要降低决策者决策的不确定性带来的风险,需要确保决策的科学性和民主性。在决策的科学性方面,第一,需要确保决策依赖的科学信息的质量,即提高科学的确定性。第二,需要在决策过程中将科学事实和价值判断进行区分。转基因食用农产品风险的科学事实的客观性由科学专家负责。在价值判断和利益衡量上,尤其是转基因食用农产品的发展前景以及对于社会的影响,应当由决策者决策。虽然决策以科学为依据,但是决议过程关涉价值和利益的衡量,不能将科学作为唯一的决策依据。决策者应该尽量避免受到存在利益冲突的科学专家的劝诱。第三,决策过程中遵循信息公开和过程透明原则。信息公开尤其注重对于公众关注的信息的公开,不仅指审查结果的公开,而且包括参与决策人员的公开、风险评估关键风险信息的公开等。信息公开还应当采用普通公众可以理解的语言。第四,制定较为科学细致的防控转基因食用农产品风险的标准。这有助于将剩余风险降到最低。在决策的民主性上,一方面要确保利益相关方的多方参与。“仅有技术专家参与的决策论坛应该向那些会承受巨大的风险的人开放。”[39]在转基因食用农产品从种植到作为饲料,甚至到餐桌的整个链条中,利益相关方主要包括农民、种子公司、农药公司、养殖场(转基因食用农产品作为饲料)、食品加工厂(转基因食用农产品作为加工原料)、消费者等。在利益相关方中,农民势单力薄最容易在决策中被忽视。然而,农民是种植转基因食用农产品中最重要的一环,虽然缺少理论知识,但是农民在生产中总结的经验和教训可能比专家更为丰富,应当确保其参与决策。最关心转基因食用农产品风险的主体是消费者,其与其他主体不是同质的主体。最容易观察转基因食用农产品长期风险和后果的主体是农民和养殖场,但是农民更看重转基因作物带来的产量而不关心风险,养殖场更看重转基因农产品带来的养殖成本下降而不关心风险。另一方面要确保在同一生产链条中的主体参与,比如转基因棉花的种植者、以转基因棉花作为原料的生产商以及其他后续链条上的参与主体。这样有利于集中针对同一转基因农产品的不同诉求,为决策者决策提供参考。

4.3 建立良好的信任系统

公众对于转基因食用农产品风险的主观建构,主要源自对于风险的感知或者对于自己不能控制风险的恐惧。针对公众主观风险产生的原因,可以从以下几方面来解决:第一,建立公众对于政府的信任。决策过程的透明化和信息公开,可以降低转基因决策的神秘感,有利于减少公众的无端猜测和质疑,形成政府和公众的良性互动。此外,政策以及政府对于转基因农产品(食品)的态度和行为应当保持一致。第二,建立公众对于科学的信任。实现科学理性和社会理性的互相尊重和支持。承认科学在解决不同群体利益的冲突中的有限作用。尤其是科学专家和公众在对风险判断中没有达成一致时,科学家认为没有风险,公众从生活中的经验(或者来自调查性新闻所发现的材料）判断可能存在风险。那么，科学应该去关注并回应公众的需求，分析风险是否为转基因食用农产品所致。有些公众对于转基因食用农产品的风险的认知来自无知和偏见，加强对这部分公众关于转基因基础知识的宣传，提高他们的认识水平，进一步让他们消除偏见。“在中国社会情境中，保障国家粮食安全是城镇居民形成对农业转基因技术产品接受态度的一个非常重要的影响因素，而不像欧美发达国家公众基本上只从食品安全角度考量。”[41]对于有些公众可以从粮食安全的角度进行宣传，让他们在对风险和收益的衡量中建立对于转基因食用农产品的信任。

5 结语

生物安全是国家总体安全观的组成部分。转基因食用农产品的安全应当受到重视。因为其不仅关系到生物物种的安全，而且关系到人类生命安全和身体健康；不仅关系到当代人的食用安全，而且关系到后代子孙的安全。因此，本文尝试着探索转基因食用农产品潜在风险产生的原因，认为风险主要来自三方面：科学的不确定性、决策者决策的局限性和公众对风险的社会建构。针对以上的原因，相应的对策有三方面，分别是减少科学的不确定性、增强决策的民主性和科学性以及建立良好的信任系统。

注　释

① 秦太铮、王献国、荆海强：《转基因产品的风险及检验对策》，载《中国检验检疫》2000 年第 5 期。

② 参见鲁春翔：《从食品安全谈我国转基因食品的专利风险及对策》，载《美食研究》2016 年第 4 期。毛新志、冯巍：《转基因食品的风险及其社会控制》，载《中国科技论坛》2007 年第 4 期。朱效忠：《转基因食品风险的伦理思考》，载《青海社会科学》2007 年第 6 期。杨东升：《转基因食品现状及潜在风险综述》，载《食品研究与开发》2004 年第 1 期。

③ 参见曹炜：《转基因食品风险规制中的行政裁量》，载《清华法学》2018 年第 2 期。陈莹莹：《中国转基因食品安全风险规制研究》，载《华南师范大学学报（社会科学版）》2018 年第 4 期。金铭、李艳芳：《风险预防原则在转基因食品安全领域的适用》，载《学术交流》2016 年第 10 期。王扬、刘晓莉：《论我国转基因食品安全风险的法律防范》，载《理论月刊》2014 年第 8 期。康均心、刘猛：《转基因食品安全风险的法制监管》，载《青海社会科学》2013 年第 4 期。顾加栋、龚跃：《转基因食品产业化的风险防范及制度构建》，载《科技管理研究》2008 年第 5 期。

④ 通过在中国知网查询，专门研究转基因食品风险产生原因的文献仅有一篇。参见石红璎、查代明：《转基因食品的潜在风险及其原因分析》，载《安徽农业科学》2018 年第 9 期。

⑤ 王明远教授认为，转基因生物的风险来自科学不确定性，同时风险在相当程度上是由社会定义和建构的。参见王明远、金峰：《科学不确定性背景下的环境正义——基于转基因生物安全问题的讨论》，载《中国社会科学》2017 年第 1 期。学者王扬认为，转基因食品的风险来源于科技因素和监管因素。参见王扬、刘晓莉：《论我国转基因食品安全风险的法律防范》，载《理论月刊》2014 年第 8 期。

⑥ 参见高盼：《基于贝克“无知”视域的转基因技术风险成因》，载《华中农业大学学报（社会科学版）》2017 年第 2 期。

⑦ 大卫·丹尼《风险与社会》，马缨、王嵩、陆群峰译，北京出版社 2009 年版，第 7 页。

⑧ Bryan A. Garner, Black's law Dictionary (seventh edition) , at 1328.

⑨ 参见前引⑦，大卫·丹尼书，第 15 页以下。

⑩ 参见谢尔顿·克里姆斯基、多米尼克·戈尔丁编著：《风险的社会学理论学说》，徐元玲、孟毓焕、徐玲等译，

北京出版社 2005 年版,第 68 页以下。

⑪ 欧庭高、王也:《关于转基因技术安全争论的深层思考——兼论现代技术的不确定性与风险》,载《自然辩证法研究》2015 年第 1 期。

⑫ 前引⑪,欧庭高、王也文。

⑬ 凡托维茨、拉韦茨著:《告别"魔数":科学咨询的不确定性与质量管理》,刘细文等译,上海交通大学出版社 2010 年版,第 26 页。

⑭ 曾北危主编:《转基因生物安全》,化学工业出版社 2004 年版,第 58 页。

⑮ 前引⑭ 曾北危书,第 58—59 页。

⑯ 柴卫东著:《生化超级战:转基因食品和疫苗的阴谋》,中国发展出版社 2011 年版,第 8 页。

⑰ 前引⑩,[英]谢尔顿 · 克里姆斯基、[英]多米尼克 · 戈尔丁书,第 329 页。

⑱ 刘海燕、徐文涛、罗云波等:《动物实验评价转基因食品食用安全的研究进展》,载《农业生物技术学报》2010 年第 4 期。

⑲ 前引⑱,刘海燕等文。

⑳ 胡静、徐海滨、严卫星:《引起争议的转基因作物食用安全性动物实验研究和全食品喂养试验方法的适用性及敏感性评述》,载《卫生研究》2013 年第 1 期。

㉑ 前引⑳,胡静等文。

㉒ 刘东亮:《涉及科学不确定性之行政行为的司法审查——美国法上的"严格检视"之审查与行政决策过程的合理化的借鉴》,载《政治与法律》2016 年第 3 期。

㉓ 弗朗西斯 · 福山著:《我们的后人类未来:生物技术革命的后果》,黄立志译,广西师范大学出版社 2016 年版,第 78 页。

㉔ Edward O. Wilson,"Reply to Fukuyama" ,National Interest, no.56(Spring1999):35-37. 转引自前引㉓ ,[美]弗朗西斯 · 福山书,第 78 页。

㉕ 王明远著:《转基因生物安全法研究》,北京大学出版社 2010 年版,第 20 页。

㉖ 乌尔里希 · 贝克著:《风险社会》(第 1 版),何博闻译,译林出版社 2004 年版,第 19 页。

㉗ 赵正国:《科学的不确定性与我国公共政策决策机制的改进》,载《山东科技大学学报(社会科学版)》2011 年第 3 期。

㉘ S.O.福特沃兹、J.R.拉维茨:《后常规科学的兴起》(上),吴永忠译,《国外社会科学》1995 年第 10 期。

㉙ 前引㉘,S.O.福特沃兹、J.R.拉维茨文。

㉚ 前引⑩,谢尔顿 · 克里姆斯基、多米尼克 · 戈尔丁书,第 300 页。

㉛ 海尔格 · 诺沃特尼,彼得 · 斯科特、迈克尔 · 吉本斯著:《反思科学:不确定性时代的知识与公众》,冷民、徐秋慧、何希志、张洁译,上海交通大学出版社 2011 年版,总序第 2 页。

㉜ 前引㉒,刘东亮文。

㉝ 叶浩生:《社会建构论与西方心理学的后现代取向》,载《华东师范大学学报(教育科学版)》2004 年第 1 期。

㉞ 佚名:《农业部机关幼儿园规定不吃转基因食用油》,http://news.sina.com.cn/o/2010-12-10/194521618428.shtml,引用日期 2020 年 4 月 20 日。

㉟ 前引㉘,S.O.福特沃兹、J.R.拉维茨文。

㊱ 前引⑩,谢尔顿 · 克里姆斯基、多米尼克 · 戈尔丁书,第 320 页。

㊲ 杰弗里 · M.史密斯编著:《转基因赌局》,苏艳飞译,江苏人民出版社 2011 年版,第 29 页。

㊳ 前引㉗,赵正国文。

㊴ 前引㉘,S.O.福特沃兹、J.R.拉维茨文。

㊵ 前引⑩,谢尔顿 · 克里姆斯基、多米尼克 · 戈尔丁书,第 257 页。

㊶ 陈璇、孙涛、田烨:《系统信任、风险感知与转基因水稻公众接受——基于三省市调查数据的分析》,载《华中农业大学学报(社会科学版)》2017 年第 5 期。

参考文献

[1] 秦太铮,王献国,荆海强.转基因产品的风险及检验对策[J].中国检验检疫,2000(5):13-14.

[2] 大卫·丹尼.风险与社会[M].马缨,王嵩,陆群峰,译.北京:北京出版社,2009.

[3] 谢尔顿·克里姆斯基,多米尼克·戈尔丁.风险的社会学理论学说[M].北京:北京出版社,2005.

[4] 欧庭高,王也.关于转基因技术安全争论的深层思考——兼论现代技术的不确定性与风险[J].自然辩证法研究,2015(1):49-53.

[5] 凡托维茨,拉韦茨.告别“魔数”:科学咨询的不确定性与质量管理[M].刘细文,等,译.上海:上海交通大学出版社,2010.

[6] 曾北危.转基因生物安全[M].北京:化学工业出版社,2004.

[7] 柴卫东.生化超级战:转基因食品和疫苗的阴谋[M].北京:中国发展出版社,2011.

[8] 刘海燕,徐文涛,罗云波,等.动物实验评价转基因食品食用安全的研究进展[J].农业生物技术学报,2010(4):793-800.

[9] 胡静,徐海滨,严卫星.引起争议的转基因作物食用安全性动物实验研究和全食品喂养试验方法的适用性及敏感性评述[J].卫生研究,2013(1):166-171.

[10] 刘东亮.涉及科学不确定性之行政行为的司法审查——美国法上的“严格检视”之审查与行政决策过程的合理化的借鉴[J].政治与法律,2016(3):125-139.

[11] 弗朗西斯·福山.我们的后人类未来:生物技术革命的后果[M].桂林:广西师范大学出版社,2016.

[12] 王明远.转基因生物安全法研究[M].北京:北京大学出版社,2010.

[13] 乌尔里希·贝克.风险社会[M].张文杰,何博闻,译.南京:译林出版社,2004.

[14] 赵正国.科学的不确定性与我国公共政策决策机制的改进[J].山东科技大学学报(社会科学版),2011(3):32-41.

[15] S.O.福特沃兹,J.R.拉维茨.后常规科学的兴起(上)[J].吴永忠,译.国外社会科学,1995(10):32-38.

[16] 海尔格·诺沃特尼,彼得·斯科特,迈克尔·吉本斯. 反思科学:不确定性时代的知识与公众[M].冷民,等,译.上海:上海交通大学出版社,2011.

[17] 叶浩生.社会建构论与西方心理学的后现代取向[J].华东师范大学学报(教育科学版),2004(1):43-48.

[18] 杰弗里·M.史密斯.转基因赌局[M].苏艳飞,译.南京:江苏人民出版社,2011.

[19] 陈璇,孙涛,田烨.系统信任、风险感知与转基因水稻公众接受——基于三省市调查数据的分析[J].华中农业大学学报(社会科学版),2017(5):125-131.

评拓印古画像砖图案性质
——从美国艺术复制的独创性判定出发

张语兮

摘 要 拓印系我国艺术领域普遍存在的实践,但其究竟受复制权还是演绎权制约时有争议。关键在于结合作品类型,判定拓印图案是否具有独创性。结合美国判例法下艺术复制的独创性判定标准,美术作品所要求的"审美意义"并未提高独创性标准。我国可以借鉴美国的"可区别性变化",坚持大陆法系较高的独创性要求,综合变化的质与量来判断作者是否添加了源于本人的元素,进而明确拓印图案的性质。
关键词 拓印图案; 艺术复制; 复制权; 演绎权; 独创性

Review on the Legal Nature of Rubbing Patterns from Ancient Portrait Bricks
—From the Perspective of Originality in American Art Reproduction

Zhang Yuxi

Abstract Rubbing is a common practice in the field of art in China while it remains controversial whether it produces a copy or derivative work. The key lies in the determination of the originality of rubbing patterns given the type of work. Reviewing the originality in art reproductions under the United States case law, the "aesthetic effect" required by works of fine arts doesn't demand a higher originality; in the meanwhile, we can combine the "distinguishable variation" from the United States and the higher originality from the civil law system to determine whether the author has added something recognizably "his own". And finally came to the legal nature of the rubbing pattern in the light of the quality and quantity of such variations.
Key words Rubbing patterns, Art reproductions, Right of reproduction, Derivative right, Originality

1 引言:拓印行为属于复制行为还是演绎行为

近期,杭州互联网法院就一起古画像砖拓印图案引发的著作权权属、侵权纠纷作出判决。该案中,原告张某、陈某共同出版介绍其考古积累的古画像砖图书一本,书中约含 2 000 幅古砖拓印画像配图。

原告认为涉案古画像砖图案由其亲自在古砖上拓印而成,图案清晰,内容丰富,构成美

作者简介 张语兮,女,1997 年 2 月出生,浙江义乌人,同济大学法学院民商法专业 2019 级硕士研究生,主要研究方向为知识产权法。

术作品。后原告发现，署名李某、杨某的图书中约362幅画像砖图案系复制于原告图书，故以侵犯其署名权、修改权及复制权为由起诉，要求被告停止销售所著图书、某出版社停止发行该书。

被告认为，被控侵权图案源于其收藏。古画像砖由古人创作，已不在著作权保护期内。涉案图案系原告拓印古画像砖而来，实质为复制行为，不构成著作权法意义上的作品，原告对其不享有著作权。两本书虽均使用了涉案图案，但书中所记载内容的时间、地域跨度、创作目的、受众、作品的编排及排版等表达方面均存在明显不同。

法院认为涉案图案不构成著作权法意义上受保护的美术作品，在明确拓印图案在著作权法下的保护标准等方面进行了探索。①本文就拓印行为属于复制行为还是演绎行为进行了探讨。问题关键系拓印图案是否具有独创性。独创性判定需结合作品类型进行具体把握，因而本文先对美术作品所要求的"审美意义"与独创性判断的关系进行分析。随后，转向美国判例法下艺术复制的独创性判定标准的变迁，以期对同类案件分析有所启发。

2 美术作品的艺术高度不等于更高的独创性要求

法院认为涉案古画像砖图案不构成著作权法意义上受保护的美术作品，因其"并未体现出艺术家独特观点与特殊创造力，缺乏美术作品应具备的较高艺术审美感"。实践中拓印对象多为绘画、书法等美术作品，因而拓印图案的独创性判定与作品种类密切相关。较之其他作品，我国美术作品定义中"审美意义"一词是否意味着更高的独创性标准？②

美国版权法中对应的类型是"绘画、图形和雕塑作品"，包括艺术作品、图形、实用艺术品、印刷和艺术复制等。③该条并未设定美学高度门槛，仅在实用物品设计下提出美学元素与实用元素的分离，即判断美学元素存在与否。因为较之于物理技巧，美学标准必然导致司法介入美学价值判断。这与美国版权法下法官不参与美学判断的传统原则相冲突。[1]④个人审美差异加之社会审美的动态发展，彼之蜜糖可能被他人视为砒霜。"将美术作品的价值交由那些只受过法律训练的人来判断是危险的。"⑤

此外，Feist 案统一独创性标准并不意味美国版权法下美术作品不要求艺术美感抑或所有作品的独创性判断过程完全相同，而是强调独创性构成及高度的统一。⑥鉴于各类型作品表达形式的不同，判断独创性时应关注外形构造还是传情达意也各不相同。首先，判断该创作是否具有艺术美感，进而划分客体类型——是否属于美术作品；若是，再进行独创性判定，也即从艺术美感的角度把握其是否具有独创性。

我国著作权法实施条例中的"审美意义"同样不应被理解为给美术作品设定了艺术高度标准。"不同种类作品的独创性要求不尽相同"，审美意义即美术作品独创性的特征要求，强调艺术性的有无而非高低。⑦就美术作品而言，其独创性要求体现作者在美学领域的独特创造力和观念。⑧一种成果是否为具有美感的艺术性表达，与这种艺术性表达的质量并不同。[2]

3 艺术复制的独创性判定

3.1 艺术复制中复制行为与演绎行为的界限模糊

所有作品均系基于现有材料创作的，并一定程度上借鉴了已有作品。[3]演绎作品是在保留原作品基本表达的基础上加以发展的，并使原表达与新表达融为一体形成的新作品。[2]

演绎行为与复制行为的区分直接影响演绎作品的认定，进而影响作品的双层结构界定。美国版权法下演绎权紧随复制权之后，⑨后者控制狭义复制行为（Reproduce），即产生相同复制件；而广义复制（Copy）还包括翻译、改编等演绎行为，即任何对原作表达的再现。[3]因而广义复制可能产生三种结果：①新作与原作表达上有相似之处，但尚未构成实质性相似，则不构成对原作品的演绎或复制；②经过翻译，改编等实质上部分或全部再现原作独创性构成要素，且演绎者的贡献也具独创性，构成演绎行为；③实质性再现原作品基础表达的基础上未添加新内容或所添加内容达不到独创性要求，构成复制行为。从法律效果上看来，第一类借鉴可能构成合理使用，不受原作品权利人的控制；第二类作品受演绎权控制；第三类则受复制权控制。当对现有作品贡献的独立表达有效创造了面向新市场的新作品，该行为就由复制行为转向演绎行为。[1]

实践中有侵权人以演绎作品具有独创性作为不构成侵权的抗辩。这里需注意演绎作品的认定与侵权判定是不同的。前者关键在于独创性判断，强调"不同"的程度；而后者适用"接触+实质性相似"标准，着眼"相同"的判断。一个作品可以在构成演绎作品的同时侵犯他人版权；演绎作品版权人可以是原作品的版权人，被许可人或是侵权人。[1]

我国法律未明确定义演绎作品，但从改编权、翻译权等权利设定，演绎作品著作权归属认定规则，可见我国普遍接受该概念。美国版权法则以抽象归纳和列举的方式对其进行了定义。⑩凡对原作品进行重新编排、改编、缩减或编辑等变化中体现了艺术家独创性判断便可能构成演绎作品。法条列举的九例大致可归为三类：缩减版本、准确重现、表达媒介或种类的转化。⑪准确复制下的艺术复制与拓印图案关联密切。⑫艺术复制似乎与独创性概念存在字面冲突：艺术复制作为复制品能否具有独创性？复制过程是否留有足够空间以体现创作者的独创性安排？如果艺术复制的目标是尽可能准确地再现原作的表达，那么精确复制件应当是此类演绎作品的终极追求；但从独创性出发，复制件因缺乏独创性而根本无法构成作品。令人困惑的是：凭借艺术家的精湛技艺，辛勤付出而产生对原作品的精确复制可能不受版权法保护，而疏忽、草率的演绎却更可能产生受著作权法保护的作品。[4]

3.2 美国司法实践中艺术复制的独创性标准

美国在艺术复制独创性判定中也存在标准不一的问题。[5]本文依时间顺序梳理了与前述标准相关的部分判例，以借鉴其在平衡基础作品版权保护与社会公众创作自由过程中的经验。[6]

3.2.1 最低限度标准

最低限度标准系，只要新作品表达较之原作品有数量上可区别的变化，就达到了独创性的标准。[5]其仅强调变化的有无而非质量，实际上只将对艺术品完全相同的复制排除于演绎之外。[1]该标准由第二巡回上诉法院于 1951 年在 Bell 案提出。⑬原告以金属板印刷的方式，复制了一些公有领域中的油画作品，并主张对八个金属版享有版权。其复制分为两步：雕刻金属板，在金属板上着色并加以校正。⑭被告复制了原告的金属板。

地区法院认为，在该复制过程中，制版涉及雕刻者个人的技巧和判断，原告对原作添加了并非微不足道的改变，因而可获版权保护。上诉法院维持前述判决，指出金属板由制造者独创；并假设"即使金属板对原作的背离是漫不经心的，版权仍有效。复制者的拙劣眼光、肌肉缺陷甚至雷电引起的震颤，都可能产生足以识别的变化"。

3.2.2 可区别性变化标准

可区别变化标准要求演绎作品必须体现对原作品足够多并非太过于细微的改变，使其与原作品存在可被识别的变化。第二巡回上诉法院于 1976 年在 L. Batlin 案中提出前述标准。⑮该案原告有一个山姆大叔造型的金属储蓄罐，山姆大叔系处于公有领域的艺术形象，后其令厂家依据该古玩生产了大量塑料复制件销售。基于成本考量，原告改变了材质与高度。被告进口造型相似的塑料复制件。原告向美国海关申请阻止被告进口涉案产品。被告主张原告的塑料储蓄罐缺乏独创性，不能获得版权保护。

地区法院认为，原告的塑料储蓄罐与公有领域作品相比缺乏独创性。⑯上诉法院维持：独创性要求作者贡献出归于其本人的，可区别且非微小的变化。艺术作品载体的转化无法满足独创性，因为没有人能够就独立开发出的特定载体提出版权主张。[7]

该标准随后被广泛应用。⑰如 Hearn 一案中，原告临摹公有领域“The Wonderful World of Oz”一书中的部分儿童插画出版了新书。被告在其出版的书中复制了原告书中的插图。⑱地区法院认为临摹差异并非原告刻意为之，也未体现原告个人艺术观点。其次，复制插画所需的努力并不足以认定独创性，该临摹仅产生原作复制件。最后，虽然公众能从原告临摹中获益，但这不足以使其获得版权保护。因为同样鉴于公共利益，若原告能够垄断公有领域中稀有插图，版权法将沦为不法抄袭者侵占和垄断公共领域的武器。

该标准的发展过程中也不乏异音。早期 Alva 案中法院在适用可区别标准时仍考量了原作品的艺术价值、复杂工艺及复制所需的技巧、劳动，从而给予缩小的雕塑复制件以版权保护。⑲Batlin 案法官以上帝之手雕塑的复杂与精确程度与该案中山姆大叔雕塑不同为由，基于版权法促进艺术福祉的宗旨，协调了两案判决的冲突。⑳

3.2.3 实质性区别标准

第七巡回上诉法院在 Gracen 案㉑中提出了实质性区别标准。被告 MGM 生产了电影作品“The Wizard of Oz”，并许可 Bradford 在盘子生产中使用电影角色。后者邀请艺术家绘制电影角色“Dorothy”，并与最佳作品的作者签订合同。原告 Gracen 当选后拒绝签署合同。Bradford 另行聘请 Auckland，并向其提供了原告作品。原告获得版权登记后，对 MGM、Bradford 公司等提起诉讼。地区法院判定原告作品不具有独创性。第七巡回法院肯定该判决，Posner 法官指出，演绎作品要有版权性，必须与现有作品存在实质性区别，应当抛弃早期过于宽松的标准。㉒

3.2.4 折衷标准

第七巡回法庭在 2009 年 Schrock 案㉓中回到可区别标准，重新解读实质性区别的含义，明确艺术复制的独创性不应较其他形式作品更严格。㉔该案被告雇佣原告拍摄用于广告及包装的产品照片。双方解除雇佣关系后，被告继续使用该照片并拒绝支付许可费。原告对涉案照片进行版权登记并起诉了原卡通形象版权所有者及玩具制造商。

上诉法院明确演绎作品的独创性仅仅意味着该作品是由该作者独立创作的，且满足较低程度的创造性——极少量便可以满足该标准。Schrock 的拍摄系对玩具的准确再现，但其选角与光线等仍可与玩具相区别，进而构成演绎作品。

在经历了最低限度标准，可区分标准与实质性区别标准后，Feist 案最终统一了作品独创性标准——作者的独立创作加上最低限度的创造性。㉕表述变化可视为法官从不同角度，对“可客观识别，并非微不足道变化”标准进行同义替换的结果。如表 1 所示，实质性区别标准并没有得到广泛的适用，Schrock 案最终还是回到“可区别标准”，结合最低程度创造性进行了折衷。

表1 美国司法实践中艺术复制的独创性标准梳理

序号	案件名称	年份	对象	是否具有独创性	独创性标准
1	Alfred Bell & Co. v. Catalda Fine Arts, Inc.	1951	金属铜版画	是	最低限度标准 *仅禁止完全相同的复制
2	Alva Studios, Inc. v. Winninger	1959	上帝之手雕像	是	可区别性变化标准 *实质上仍受最低限度标准的影响
3	L. Batlin & Son, Inc. v. Snyder	1976	山姆大叔储蓄罐	否	可区别性变化标准 *仅作品载体形式的改变不足以构成可区别变化
4	Durham Industries v. Tomy Corp	1980	塑料玩具	否	可区别性变化标准
5	Gracen v. Bradford Exchange	1983	产品图案	否	实质性区别标准 *近乎新颖性的标准
6	Hearn v. Meyer	1987	儿童插画	否	可区别性变化标准
7	Schrock v. Learning Curve Int'l, Inc.	2010	产品照片	是	折衷标准:可区别变化以及最低限度的创造性 *艺术复制品的独创性标准应与其他形式的作品相同

4 涉案古画像砖图案是否具有独创性的分析

作品的核心在于独创性。独创性需满足"独立创作,源于本人"以及"一定程度的创造性"两方面的要求。作品分类的意义之一便在于不同类型作品的独创性的体现可能不同。后文将从前述要件出发分析拓印的古画像砖图案是否构成新作品。

4.1 涉案古画像砖图案不符合"独立创作"要求

北宋黄伯思有云:"世人多不晓临摹之别。临,谓以纸在古帖旁,观其形势而学之,若临渊之临,故谓之临。摹,谓以薄纸覆古帖上,随其细大而拓之,若摹画之摹,故谓之摹。"㉖拓印行为符合前述摹的定义。有学者认为这种接触性复制,无疑属于版权法含义下的狭义复制。[8]该观点也被《著作权法》所肯定。㉗是否接触实际上反映了创作空间的大小:较之于非接触性的"临",拓印等接触性临摹几乎没有给临摹者留下创作的空间,因而较难产生具有独创性的作品。

法院认为即便拓印中存在原告对古画像砖有个性化的选择、判断及高超拓印技巧,但其与独创性无关。即区分"拓印过程中所付出的劳动"与"作品中体现的创造性贡献"以否定拓印图案的独创性。陈寅恪赞张大千先生临摹之壁画,"虽为临摹之本,兼有创造之功",在本文看来便有混淆前述概念之嫌。

拓印技巧高低可以体现在复制品价值中,而不应由版权法保护。"对古画像砖个性化的选择、判断"并未加功于拓印图案独创性;诚然,对古画像砖个性化选择若达到一定智力创造高度,则可构成汇编作品进而对该图案编排享有著作权。而本案中两书虽均使用了涉案古画像砖图案,但编排等存在明显不同,被告未复制原告可能具有独创性的排版,二者的相似性限于公共领域素材。"高超的拓印技巧"则服务于"精确复制"的目的,而非在拓印图案中融入制作人自己的表达；该拓印技术若满足新颖性、创造性要求则有可能成为专利法保护对象。且拓印者主观上追求尽可能准确还原该艺术品，而没有加入个人表达的独立创作意识。

王迁教授区分了“独立创作”的两种情形，其一为从无到有，独立创作；其二为以他人已有作品为基础进行再创作，且存在可被客观识别，并非太过于细微的差异。由于精确临摹之作与原作品相比在视觉上没有可以被客观识别的差异或者差异过为细微，因而不符合独创性中“独”的要求。[2]本案法院以“原告拓印的涉案古画像砖图案与其相对应的古画像砖上的砖文、砖饰、砖画在视觉上并无显著差异”认定其不具独创性，即第二种情形。

第二种情形与美国判例发展而来的“可区别标准”实质上是一致的。美国版权法学者 Nimmer 在演绎作品的独创性判断中提出“可被客观识别的，并非太过于细微的差异”的标准。该标准在后续的案件审理中被法院所广泛运用，判决说理部分常常要求演绎作品具有“并非过于细微的差异”以形成不同于原作的独创性表达“源于本人”。依照该标准拓印产生的古画像砖图案与原作品间仅仅是载体由石砖转化为纸质，这种变化是微不足道的，不足以与古画像砖相区别，因而不属于“独立创作”。

4.2 涉案古画像砖图案未达到“一定程度的创造性”要求

独创性中的“创”要求源于本人的表达具有一定程度的智力创造性。在满足“独”的条件下，对于一些特定类型的作品，还要求达到一定的创作高度，涉及到“高低”的判断。[2]

对此，美国经历了由“额头流汗”标准到“最低限度的创造性”的转变。Feist 案前，独创性判定重点在于作品表达是否源于作者本人，而未提出新颖性或是创造性要求。随着 Feist 案统一了独立创作加上最低限度创造性的独创性标准，艺术复制的独创性标准应与其他作品类型相同。[7]这种“可被客观识别，并非太过于细微的差异”与创造性高度判定的界限并非泾渭分明，均涉及对差异部分与原作的比较；“是否过于细微”实际上即可理解为判断“该差异是否达到一定高度”，均涉及高度的判断。此时，前述差异的判断与“最低限度创造性”判断是否会产生部分重叠呢？由于美国版权法下创造性要求较低，法院在判断独创性时，多援引 Nimmer 提出的差异标准，而未将创造性高度作为重点。因而“可识别标准”的表述仍应置于独立创作而非智力创造高度下判定；同时法院可将重点放在“独立创作”第二种情形的说理上。当然，尽管美国对作品创造高度要求极低，但近乎完全相同的复制件仍不满足该要求。

综上，在拓印等接触性临摹所产生复制件的独创性认定上，中美司法实践得出的结论应当是一致的：因其非“独立创作，源于本人”，不具有独创性，从而不构成演绎作品，而是古画像砖的复制件。前述儿童插画案中法院的审理思路于本案有一定的借鉴意义：①涉案图案与古画像砖间的差异不能反映原告自己的艺术观点与创造力，其拓印所得仅构成原作的复制件；②原告的贡献限于对原作的复制，而这种复制所需的努力本身并不足以认定独创性；③虽然公众确能从原告的拓印中获益，但并不足以使涉案图案具可版权性。出于公共利益考量，若原告对古画像砖图案享有著作权，则其将成为拓印者垄断公共领域作品的工具。

法院前述说理亦可作如下理解：涉案图案体现了独特的观点与创造力，具有一定的审美艺术感；但这种审美艺术方面的独创性来源于对原作品的复制，而非源于拓印者独特观点的表达；因而该图案是原作品古画像砖的复制件，未产生受著作权法保护的新的美术作品。

5 结语

判断拓印的图案及文字是否构成作品时，应区分“拓印所付出的劳动”与“作者的独创性贡献”,不能将拓印所需技巧与创造性表达所需智力判断等同。拓印系对原作品进行复制,不产生受著作权法保护的演绎作品。

在演绎作品独创性判定中可以借鉴美国版权法中法官不参与美学判断的传统原则,区分审美意义与创造性高度,重点判断艺术美感有无而非高度。独创性于不同类别作品中的判定需要具体把握。[5]我国美术作品具有“审美意义”不应理解为艺术高度门槛或是较高独创性要求,而系区分美术作品与其他类型作品的特征。

从“额头流汗”到最低限度的创造性,美国对含演绎作品在内的各类作品平等适用了较低的独创性标准。我国可以借鉴其在演绎作品认定中提出的“可区别性变化”,坚持大陆法系较高的独创性要求,综合变化的质与量来判断作者是否添加了源于本人的元素。保护程度与独创性高度相匹配的基本理念,对运用公有领域素材创作的作品不应给予过度的著作权保护,将创造性高度要求体现于对演绎作品保护的范围以及强度中,以平衡创新保护与模仿自由。

注　释

① 参见“杭州互联网法院开庭审理一起涉古画像砖拓印图案案件”,访问地址:http://hztl.zjcourt.cn/art/2020/3/10/art_1225222_42320821.html,最后访问时间:2020 年 5 月 10 日。

②《著作权法实施条例》第 4 条第 8 项:“美术作品,是指绘画、书法、雕塑等以线条、色彩或者其他方式构成的具有审美意义的平面或者立体的造型艺术作品。”

③ 17 U.S.C.S. § 101:“‘Pictorial, graphic, and sculptural works’ include two-dimensional and three-dimensional works of fine, graphic, and applied art, photographs, prints and art reproductions, maps, globes, charts, diagrams, models, and technical drawings, including architectural plans. Such works shall include works of artistic craftsmanship insofar as their form but not their mechanical or utilitarian aspects are concerned.”

④ Marshall A. Leaffer: Understanding Copyright Law, 2014 Matthew Bender & Company, Inc., sixthedition, p118.

⑤ Bleistein v. Donaldson Lithographing Co.,188U.S.239, at 251(1903).

⑥ Feist Publications, Inc. v. Rural Telephone Serv. Co., 499 U.S. 340.

⑦ 也即独创性的判定中,中美美术作品均须有审美艺术感。我国“不同种类作品的独创性要求不尽相同”,该表述意在强调作品独创性的特征表现形式不同,而非创造性高度的不同,且未提高美术作品创造性高度要求。

⑧ 参见(2013)民申字第 1330 号,乐高公司与广州小白龙动漫玩具公司著作权纠纷民事裁定书;类似案例还有(2017)闽民终 332 号,上海盈扩实业有限公司、陈婉霞侵害作品复制权纠纷二审民事判决书。

⑨ 17 U.S.C.S. § 106:“Subject to sections 107 through 122, the owner of copyright under this title has the exclusive rights to do and to authorize any of the following:(1)to reproduce the copyrighted work in copies or phonorecords;(2)to prepare derivative works based upon the copyrighted work ...”

⑩ 17 U.S.C.S. § 101.“A ‘derivative work’ is a work based upon one or more preexisting works, such as a translation, musical arrangement, dramatization, fictionalization, motion picture version, sound recording, art reproduction, abridgment, condensation, or any other form in which a work may be recast, transformed, or adapted. A work consisting of editorial revisions, annotations, elaborations, or other modifications which, as a whole, represent an original work of authorship, is a “derivative work”.

⑪ 缩减版本包含了节录、压缩等体现在同一介质和种类中的演绎作品;准确重现则涵盖了翻译以及艺术复制,该类作品的作者的主要目标是对基础作品进行逐字或逐笔的精确重现;最后表达媒介或是种类的转化则体现为戏剧,电影版本等。

⑫ 该表述同时出现在了美国版权法下的“绘画、图形和雕塑作品”下。

⑬ Alfred Bell & Co. v. Catalda Fine Arts, Inc., 191 F.2d 99(2d Cir. 1951).

⑭ 将画作复制为金属雕刻的过程需要大量劳动投入,如将画作复制于金属板上须经雕刻以产生光和影并需选择恰当颜色涂于金属板上。

⑮ L. Batlin & Sons, Inc. v. Snyder, 536 F.2d 486 (2d Cir.).

⑯ 如将高度由 11 英寸改为 9 英寸,材质的变化以及外表的细微变化。

⑰ Durham Indus. v. Tomy Corp., 630 F.2d 905.

⑱ 该案中原告借鉴上帝之手一案提出了三点主张:1.其临摹产生的艺术复制件与原画在颜色深浅上有差异;2.其临摹的过长非常复杂,艺术家需要投入大量的时间和精力;3.对其临摹之作进行保护符合公共利益的需要:原作品已极为罕见,很难在图书馆中找到,是原告的临摹使得公众能够接触这些画作。

⑲ Alva Studios, Inc. v. Winninger, 177 F. Supp. 265.

⑳ 上帝之手雕塑是独一无二且稀有的,公众接触途径有限,因而该艺术复制品能极大地促进公共福祉,而在山姆大叔金属储存罐的塑料复制件无法带来前述增益。其既未达到雕塑复制件的精确程度,也不具独创性,因而无法受到保护。

㉑ Gracen v. Bradford Exch. & MGM, 698 F.2d 300.

㉒ 法官还举例说明宽松标准所带来的问题:“假设 A 针对蒙娜丽莎的原作进行微小改动,取得作品著作权,而 B 复制了蒙娜丽莎的原作。在此情况下,A 诉 B 侵权。然而,A 的演绎作品要求越低,则 A 的演绎作品、原作品与 B 的复制件就越难彼此区分。很难认定 B 复制的是 A 的作品还是原作,从而造成是否侵权之认定困难。”版权法下演绎作品之条款的目的不是进行“美学判断”,而是要确保演绎作品和原作品之间存在“充分区别(a sufficiently gross difference)”,以避免使后来描述原作品的艺术家陷入版权侵权纠纷。“艺术的原创性”不能等同于“版权法意义上的原创性”。

㉓ Schrock v. Learning Curve Int'l, Inc., 586 F.3d 513.

㉔ Feist Publications, Inc. v. Rural Telephone Serv. Co., 499 U.S. 340.

㉕ 该创造性高度要求是非常低的,少量即可满足。因而一个作品即便与另一作品高度近似,仍有可能具有独创性。

㉖〔宋〕黄伯思:《东观余论·论临摹二法》。

㉗《中华人民共和国著作权法》第十条第一款第(五)项:“复制权,即以印刷、复印、拓印、录音、录像、翻录、翻拍等方式将作品制作一份或者多份的权利。”

参考文献

[1] Marshall A. Leaffer. Understanding Copyright Law[M]. Matthew Bender & Company, Inc., 2014:118.

[2] 王迁.著作权法[M].北京:中国人民大学出版社,2015:89-92.

[3] Paul Goldstein. Derivative Rights and Derivative Works in Copyright[J]. Copyright Soc'y, 1983:209-252.

[4] 梁志文.论演绎权的保护范围[J].中国法学,2015(5):140-145.

[5] 李明德.美国知识产权法[M].北京:法律出版社,2014:253-258.

[6] 卢海君.从美国演绎作品版权保护看我国《著作权法》相关内容的修订[J].政治与法律,2009(12):129-137.

[7] Nimmer M B, Nimmer D. Nimmer On Copyright[M]. New York: Matthew Bender & Company, Inc., 1997.

[8] 郑成思.知识产权法[M].北京:法律出版社,2003:328-340.

国际足球学院

浅析日本校园足球文化及启示

陈荣志　詹　炜　秋　鸣

摘　要　日本善于模仿先进的文化，其校园足球的成功也离不开对先进文化的吸收。本文运用文献资料法、对比分析法等方法，浅析日本校园足球文化发展，得到发展中国校园足球文化必须立足本土、完善保障制度、结合新时代背景、创造自己的风格的结论。

关键词　校园足球文化；日本校园足球；中国校园足球；启示

An Analysis of Japanese School Football Culture and Its Enlightenment

Chen Rongzhi　Zhan Wei　Qiu Ming

Abstract　Japan is good at imitating advanced culture, and the success of its campus football is also inseparable from the absorption of advanced culture. Using literature data method, comparative analysis method and other methods to analyze the development of Japanese school football culture, to develop Chinese school football culture must be based on the local, improve the security system, combined with the new era background, create our own style.

Key words　School football culture, Japanese school football, Chinese school football, Enlightenment

1　前言

日本队自 1998 年法国世界杯足球赛开始，已经连续六次进入世界杯决赛圈，并四次获得亚洲杯冠军。近几年，日本高中足球锦标赛在新媒体上的火爆，更是给予了中国球迷极大的震撼。特别是在 2018 年的世界杯足球赛上，日本球队的表现更是令全世界刮目相看。其成功可归功于日本国内良好的校园足球文化。日本善于模仿先进的文化，对物质、制度和精神进行全面模仿与学习，在模仿的基础上结合自己的特质不断改良，寻求突破，力求融合本民族精神，努力创新并且做到细致入微。

作者简介　陈荣志，男，1995 年 11 月出生，湖北恩施人，同济大学国际足球学院体育学专业 2018 级硕士研究生，主要研究方向为足球运动与训练。

基金项目　教育部中国大学生体育协会“十三五”规划 2018 年度一般课题（201813511）。

2 日本校园足球文化发展的有益经验

2.1 校园足球的文化

参考卢元镇对体育文化的界定,"体育文化是关于人类体育运动的物质、制度、精神文化的总和",依据马克思对文化的解释,"文化即人化",可以看出文化的创造主体是人。因此笔者认为,校园足球文化是指参与主体通过校园足球这项运动,创造出的关于物质、制度和精神财富的总和。其中,物质文化是基础,精神文化是方向(目标),制度文化是保障。[1] 结合文献资料综述,本文将校园文化的层次结构分为以下几个层面:物质文化层面、精神文化层面和制度文化层面。

2.2 物质文化层面

物质文化是基础。足球运动的开展离不开场地、器材等硬件设施。日本足球,兴于校园足球,也源于校园足球。明治时代是足球传入日本的萌芽时代,此期间足球场地和专业足球教师的大量缺乏极大地阻碍了其校园足球的发展。但随着日本足球职业联赛的启动,器物、师资便不再是日本校园足球发展的制约因子了。

2.2.1 硬件设施

明治时期的日本校园足球队几乎没有统一的球衣、球鞋。此外,各校经费有限,用球缺乏,场地狭小,无草地球场,极大制约了正规足球运动的开展。[2] 与我国早期校园足球的状况不相上下。但 1993 年日本足联在启动足球职业联赛之初,就对场地、设施有了严格的规定,并积极进行建设。如规定每支球队必须拥有一个不少于 15 000 个座位、带有照明设备的体育场;修建大量体育场馆,并且大多由政府投资。[3] "没有体育场、体育馆和游泳池这'三大件',日本的学校就不能开业。"[4]

2.2.2 师资力量

除了在硬件设施上下功夫之外,在师资教练上,日本更是真正做到了将足球融入校园,据了解,如今日本青少年足球教练人数超过 8 万。在日本,每一所学校里除了有综合性的体育老师之外,还有青少年足球教练员,且学校对于青少年教练员的资质有着非常严格的要求,同时,在学校服务的教练还会为各个足球俱乐部充当球探,保证了人才的可用性。

2.3 制度文化层面

制度文化是保障,校园制度文化表现为足球运动中的组织、机构及各种规则制度。在日本校园足球制度文化中,最主要的就是完善的系统课程、双轨制的成才通道以及师资教练的培养体制。

2.3.1 细致入微的系统课程

就青少年足球的培养而言,我国与日本的教学训练都会明确教学目标,根据青少年不同时期的身体特点,开展阶段性系统课程与训练。但值得提出的是,日本校园足球比我国校园足球更细致入微。例如,在以启蒙激发为主的少儿足球方面制定了《日本青少年足球训练大纲》(包括 U6、U8、U10 三个阶段)。U6 旨在引导孩子培养对足球的兴趣,享受户外的乐趣;U8 提出让孩子积累经验,理解足球;U10 则是帮助孩子学会公平竞赛和判断比赛走势。在小学足球训练中,日本便格外注重均衡饮食和伤病处理。他们在大纲中详细地记录了包括训练疲劳、外伤创伤等状况处理方式,还在日常饮食方面严格要求,包括要求摄入人体常需的微量元素和对人体有益的食物搭配等。

2.3.2　双轨制的成才通道

从日本足球的上升流程中我们不难看出，职业俱乐部和普通学校之间的流动性很强，一旦你有天赋，完全可以从校园足球队成员直接变成职业梯队的一员。相反，如果想要退出职业，亦能回到学校中继续学习。“精英”与“业余”并行的“双轨制”足球（图1），使得日本足球即便面临着球员越来越早退役的局面，也能靠着源源不断的人才补充而形成平衡。并且从1917年到1993年，日本构建了一套覆盖小学、初中、高中、社会青少年足球俱乐部的完整竞赛体系。其中每个学校都至少拥有三支青少年足球梯队，各个梯队都有相应的联赛。在日本足协的带领下，名目繁多的校园足球赛事，时刻保持着青少年足球培养的活力，每年几乎都有一万多所小学和一万多所中学参赛，参赛人数达到几十万。使日本始终保持着职业足球与校园足球“双翼齐飞”的特色。

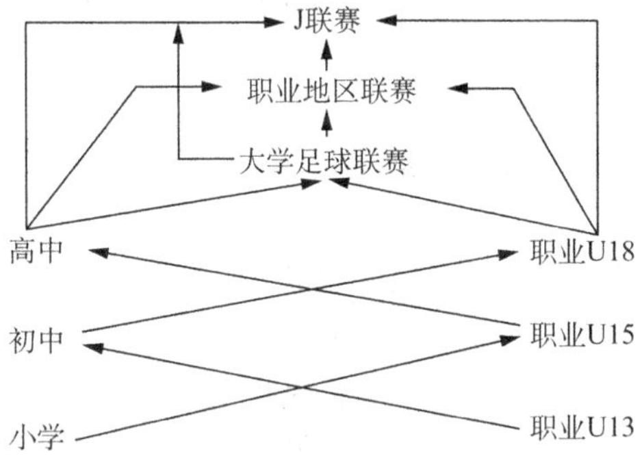

图1　日本校园足球的双轨制

2.3.3　师资教练

日本足协旗下的职业足球教练人数大概是中国的12倍，而注册的球员人数也竟然是我们的30倍之多。要知道日本人口大约是中国的1/10而已。更重要的是，日本足协对于青少年教练员的资质有着非常严格的要求，所有注册的校园足球活动部的教练员都需要有相应级别的资质才能上岗。从培养10岁以下选手的“儿童教练”级别，到各个年龄层的日本足协A级教练员，不同年龄层、规模和等级的校园足球活动部教练需要接受相应的学习和考核，在这样的过程中，日本足球的风格和培养体系就被自上而下地普及，而一以贯之的风格和培养模式也更好地打造了有足球天赋的人才，将他们输送到职业足球的赛场。

2.4　精神文化层面

精神文化是校园足球文化的发展方向，也是彰显各国特色足球文化的灵魂。现代足球源于12世纪初的英格兰，那时的足球比赛尚属于原始的游戏，带有浓厚的野蛮气息以及原始人类的刚猛。1863年，随着英格兰足球协会的成立以及统一规则《剑桥规则》的问世，现代足球完成了原始血性与严明规则的统一，并且具备游戏娱乐、公平法制、自由竞争等普世性的文化品格。[5]由此看来，现代足球是西方文明的产物，对于中日来说都是异域文化。

2.4.1　对外来文化的吸收、融合

日本的足球文化——“绅士运动”。足球运动对于明治时期的日本人来说是极其陌生的。整个19世纪，足球始终停留在仅由外国人独有，日本人充当看客、观众的层面。日本人真正开展这项运动始于20世纪。正是这种边缘化、处于黎明期的后发态势决定了明治时代日本足球的文化内涵。与来自欧洲大陆的体操相比，足球更多闪耀着源自英国的人文主义与理想主义情怀，是一项“绅士运动”，自始便拥有更多自由。也正因为如此，源自校园的日本足球从一开始便缺少“流氓气息”，而是被当成一项“绅士运动”加以对待与开展。[6]

2.4.2　对本土文化的发扬

(1) 精神机制，继承了原始的“刚性”。源自日本的武士道精神和“耻文化”，在足球层面上，体现为日本足协对于球员的精神要求与竞技要求几乎是持平的。怯战者会被嘲笑和直接淘汰出局，品行不端的球员也会直接开除，甚至于作息不规律就会被教练放弃在首发名单之列，梯队里规定球员们不能饮酒、文身等，一经发现就会立刻遭到整个团队的排斥。

(2) “大和”——团结的海岛文化。“大和精神”是日本的民族精神的文化传统，由于日本本土资源匮乏，所以在日本历史上出现了长期的内部斗争，于是便有了“大和”文化，它源于团结一致共渡难关。在日本统一为国家后的一千多年的发展中，由于其几乎没有被外部势力征服和武力入侵，所以日本这个国家在长时间的安定环境下愈加尊崇团队意识，逐渐形成强民族本位思想意识。[7]

3　对构建中国校园足球文化的启示

3.1　充分认识当前我国校园足球文化的现状

与日本相比，我国校园足球文化仍有很大的提升空间。物质文化层面，《赶超型体育发展与我国体育产业结构非常规转换——中西体育制度文化比较》的作者袁旦先生认为，足球最外在的器材设施、场地、足球技术等的物质文化在文化交流传播中是非常容易学习到的，这也是足球这项运动可以在不同民族和国家中相互影响、传播速度之快的原因所在。近几年来，我们模仿过韩国、日本、德国等国家的校园足球文化，但我们的校园足球依然没有取得较理想的成绩。因为对校园足球文化的核心价值、理念的模仿并非物质条件的复制那么简单。况且模仿永远只能是模仿，学习强者并不为过，关键是要建立本国校园足球文化的核心价值、理念，这也就是我们平时所看到的足球强国都有着自己独特的、属于他们自己国家和民族的足球文化内涵和足球风格的原因，唯有“踢自己的足球才是成功所在”。

3.2　制度的模仿与再创

模仿与再创是日本文化的双重特质。与亚洲大陆隔绝的地理环境和缺乏民族文化之根的历史条件使得日本人形成了热衷于模仿的价值观。但日本人只是把模仿视为创造的前提，善于在模仿的基础上进行再创造。

日本校园足球“双轨制”的成功模式，让我们认识到人才上升通道的多样性至关重要。

(1) 受我国传统观念的影响，家长普遍都不是很支持学生将太多的精力投入体育中，尤其是在经济不发达的地区。因此，我们应努力使校园足球学生的成才之路得到保障。在高校高水平足球项目招生方面，继续完善招生政策，适度扩大招生规模，增加高水平球队数量。足球特长生升学录取时要有合理的流动性，优化特长生资源配置。使球踢得好的学生能上大学，接受更专业的足球知识与训练，可以继续踢球，也可以成为足球教师或教练等，增加学生的选择。

(2) 资源融合。我们已经建立国家、省、市、区级校园足球训练营，在此基础上，我们必须进一步推进校园足球的融合、建立完善的联赛机制、加强高校高水平足球队建设，提倡学校资源与相关优质资源融合，让校园足球、校园足球特色学校、职业俱乐部、社会足球等各种培养途径衔接贯通。一方面能使学生更早地接受专业的足球知识与训练，激发校园足球的活力，增加学生的竞赛机会，增强学生的竞技能力、培养优质运动员；另一方面能增加校园足球在整个社会中的影响力,孕育校园足球文化底蕴。

(3) 逐步完善课程体系。目前我国的校园足球体系尚处于初创阶段。我们在普及方面做出了很大的努力,参与足球运动的学生、足球教师及教练具备了一定的基数。下一步我们要提高分子的值,则需对不同年龄层、规模和等级的校园足球教练进行相应的培训和考核。同时将足球课做得更加细致,向学生传授科学运动的常识,例如常见伤病的处理和均衡饮食,养成终身运动的意识等。以足球运动为载体,使学生"知之、胜之、爱之",形成从兴趣到志趣的完整引导、教育体系。

3.3 立足本土、结合时代、创造风格

作为有着悠久历史和灿烂文明的民族来说,一方面我们要不断汲取世界先进的文化,另一方面,我们更要认识到我们的校园足球精神文化在长期的发展中缺失的是民族传统文化中团结拼搏、礼制文明、自强不息的精神。我们应该坚定我们的文化自信,要从青少年抓起,从校园足球抓起,让青少年从优秀的传统文化中汲取营养、找到动力。整合创新中华民族优秀的传统文化,将这些精神品质内化为适合中国足球自身风格的、有民族特色的、健康向上的足球文化,创造出属于中国自己的足球风格与足球文化。正确认识我们的传统文化精神,发现中华文化之美,将文化自信根植于校园足球,并使学生受到潜移默化的影响,凝聚起建设伟大中国梦的强大力量。

4 结语

站在新时代的背景下,发展校园足球文化不仅仅是当前足球运动的迫切需求,更是提升我国文化软实力的需要。在精神文化层面,我们应辩证看待中国传统文化,与当代体育文化取长补短,弥补我国校园文化存在的不足。数千年凝聚成的中华文化精髓不应该成为过去,相反,应该将之转化为新文化的支柱和底座,做到"传承+创新"。在物质与制度层面,校园足球文化应与我国特有的文化传统和经济社会的发展紧密结合,在体制与机制"模仿"的基础上实现"再创",实现"古为今用""洋为中用",同时需要政府、学校、社会联合起来,实现校园足球文化与各界的深度融合。只有我们坚持从物质、制度与精神层面齐抓校园足球文化的发展,做到"步步到位",才能真正打造属于我们自己国家和民族的足球文化内涵和足球风格。

参考文献

[1] 侯学华,薛立,陈亚中,等.校园足球文化内涵研究[J].体育文化导刊,2013(6):107-110.

[2] 符金宇.日本足球史[M].北京:新华出版社,2018:105-108.

[3] 徐金山.徐国平.日本足球运动水平迅速提高的主要原因[J].上海体育学院学报,1998(1):80-84.

[4] 李力研.日本体育就是日本体育——对日本体育现象的一点看法[J].体育文化导刊,2003(10):19-22.

[5] 郭帅.共融与重构:中国现代足球文化的生成发展与应然指向[J].体育科技,2019,40(1):43-44.

[6] 符金宇.日本足球史[M].北京:新华出版社,2018:105-108.

[7] 张宗友.从中日体育文化差异看中国足球文化的本位回归[D].北京:首都体育学院,2015.

建筑与城市规划学院

符号、媒体与消费
——新媒体时代下的建筑语义讨论

梅梦月

摘　要　在信息化、数字化的互联网时代和全球化的浪潮下,建筑学这一传统领域也不可避免地因新媒体的出现和传播而受到了冲击和影响。对建筑自身属性的解读和建筑学相关领域的传播途径都在当代发生了显著的变化:建筑的符号意义逐渐从专指演变为泛指,建筑传媒的对象由精英转向大众,对于建筑的消费则由被动转为主动。在这样的变化中,建筑的语义和建筑学的学科领域也具有了新的探讨意义和拓展范围。本文尝试从语言学和传播学的角度对新媒体时代的各类建筑现象加以评述,并指出值得当代建筑设计者们关注和警惕的问题。

关键词　语言学; 符号; 建筑传媒; 消费文化; 建筑全球化

Sign, Media and Consumption—a Discussion on Meaning of Architecture in the New Media Era

Mei Mengyue

Abstract　In the digital internet era and the trend of globalization, the traditional architecture field is inevitably impacted and influenced by the emergence and spread of new media. The interpretation of architecture itself and the spread ways of information in architecture-related fields have undergone significant changes in contemporary times: the symbolic meaning of architecture has gradually evolved from the exclusive to the general, the object of architectural media has shifted from the elite to the public, and the consumption of architecture has shifted from the passive to the active. In such a change, the semantics of architecture and the discipline of architecture also have a new meaning and scope of exploration. This paper attempts to comment on various architectural phenomena in the new media era from the perspective of linguistics and communication, and finally points out some problems that deserve the attention and vigilance of contemporary architects.

Key words　Linguistics, Symbol, Architectural media, Consumer culture, Globalization of architecture

1　引言

建筑借助传统媒体的自身表达可以追溯至古罗马时期,并在相当长的一段时间内保持着恒定,媒体在建筑的传播和表达上不仅仅起到了媒介和载体的作用,同时也会对其表达形式、表达内容与倾向产生作用和影响。从近年来的建筑传媒与发展来看,这种变化在进入新世纪以来表现得越发明显,其中典型的现象代表是对"明星建筑""网红建筑"等的传播和讨论。新

作者简介　梅梦月,女,1992 年 2 月出生,黑龙江哈尔滨人,同济大学建筑与城市规划学院建筑学专业 2018 级博士研究生,主要研究方向为绿色生态城市、城市设计与更新。

媒体作为媒介、建筑作为对象,而二者背后又有着消费主义影响的影子,在新媒体形式席卷传播途径的大形势下,其中的关联值得跟进与关注。同时,对媒介与对象之间关系的讨论也有助于从脱离传统的角度来发掘对象的特质,在本文中,这一对象泛指建筑与建筑学领域的语义。从建筑理论这一领域产生以来,这样一个问题就一直受到关注和追问:建筑是否存在某种意义,如果有,意义为何、意义何来?而为了解答这个问题,建筑学似乎一直在通过其他学科领域(如哲学、现象学、语言学等)的观点来证明自身学科的存在和意义,这样的阐释又是否从本质上就否定了建筑存在自身意义(而不是借代了其他领域所表述的意义)?回归历史和未来的双重视角,在物质与信息呈现指数级变化的21世纪,全新的传媒形式、超高速的信息流通以及前所未有的全球化程度是否又给有关建筑语义的讨论带来新的视角和观点?基于对这一问题的关注,本文也尝试从符号、媒体与消费三个片段化的角度对建筑语义稍作探讨。

2 符号:从专指到泛指

在语言学的语境下,建筑与"符号"有着密切的联系。当建筑的"意义""语义"被讨论或表达时,"符号"是一个具有建立联系本体和所指关系功能的概念。建筑不等于符号,但实质上又是符号体系中的重要组成部分。费尔迪南·德·索绪尔(Ferdinand de Saussure)曾提出,语言是由一系列任意的符号所组成的结构,只对在这一语言结构文化范畴中的使用者才有意义[1]。然而,如果语言本身是任意的,同时又承载了其所代表的文化的所有意义,那么语言所传达出的文化意义也是任意的。在结构主义的语境下这一理论表现为符号本身具有任意性,但任意的符号构成又具有结构关系[2],这实质上又承认了固定结构关系背景下符号的特指性。法国哲学家德里达(Jacques Derrida)也质疑了建筑的语言学结构(architecture of architecture),即如果建筑和城市设计是作为其他思想体系(如哲学)的一种隐喻表现,那么支撑建筑学本身的"结构"又是什么[3]?从这一角度看,对建筑本身的探讨似乎应该尽可能地抛离有关符号等具有"指代"意味的概念工具。安伯托·艾柯(Umberto Eco)则认为,建筑可以承载意义,并因此作为符号单元而存在[4],这一观点影响着马里奥·盖德桑纳斯(Mario Gandelsonas)等人,从而引发关于建筑意义与文化之间的关系的阐释:即从语言学的角度来看,建筑物不具有固有的意义,但是却能从文化习俗等社会关系中被定义[5]。这些讨论的主要目的本质上是要突出建筑的某种独特性,无论是从哪个领域角度而言,都是为了建筑的独立性,或者说其作为符号的某种特定指向。

然而,在互联网时代和高度全球化的背景下,符号的所指含义似乎在逐渐泛化,一个建筑项目所具有的和后天被赋予的意义已经明显超过了20世纪及之前所能想象的范围,建筑不仅仅可以是一个空间、一个特定功能载体、一种精神符号寄托,还可以是一个商标、一个产品广告、一句流行语等,甚至能衍生出更为复杂的含义。以毕尔巴鄂古根海姆博物馆为例,其语义已经远远超过了传统意义上的建筑:从空间上它具有城市核心文化建筑的典型特征,功能上代表了高规格艺术展示的平台,同时又是毕尔巴鄂城市复兴的标志性符号、向全世界宣传港口工业城市全面转型的旗帜,乃至又演化成为建筑激活城市的代名词等。对于这种复杂情况下建筑语义的确认,本文倾向于利用纳尔逊·古德曼(Nelson Goodman)所提出的多元符号体系来解释,即建筑是以多种方式表达事物的符号,建筑物的定义取决于它发挥的符号功能,而建筑物的状态是由阐释方式决定的:建筑物可以同时作为房屋、建筑或其他各种符号,只是需要满足各种条件而已[6]。这一观点解释了建筑作为多元符号的可行性和立足点。古德曼哲学中还认为，建筑的使命并不只是建造具备实用功能的建筑实体，还是创造意义和现实的积极因素[6]。建筑如果存在创造意义的使命，那么同质化和符号化的出现是否暗示着这种意义的两个极端？

互联网时代下借由媒体和消费的带动，建筑在大众视野下有一定“符号化”的倾向，这种“符号”是更浅层次、直白指代的符号，或者说是单纯的形式象征主义的表现（图 1）。因而值得我们的警惕：这种浅白的“符号”过于削弱了多元文化的复杂性，往往成为建筑丧失地域性、城市丧失地域文化的帮凶之一。这可能与我们常见到的用某种特色建筑形式代表地方文化的做法类似，例如用“白墙黑瓦”指代江南建筑等，但同时却不同于这种具有专门性的指代，而具有更广泛性，也因此更去特色化。

3 媒体：从精英到大众

媒体与消费的讨论实际上是紧密相连的，其背后都存在着资本和市场的力量，同时又相互为依托。这里所指的媒体泛指所有信息传播方式及其载体，但这一讨论尤其关注于新媒体，如社交网络中的变化。微信、微博、Facebook、Twitter、Instagram 等社交平台上的媒体宣传力不可小觑，例如 Wutopia Lab 发布的“网红建筑”作品，其 Instagram 年点赞量 20 万以上，国内累计阅读量 3 378 万以上，视频点击率超 1 980 万。这类现象传达的是这样一个信息：建筑正在并且也应该被普通人所关注，这是一个从精英到大众的视角转变。

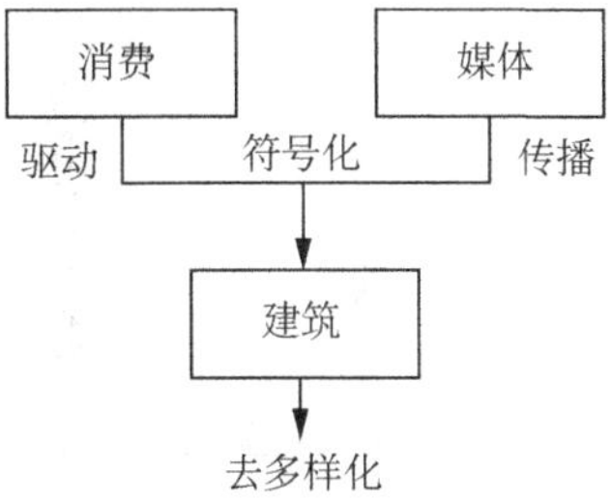

图 1　消费、媒体对建筑语义的影响途径示意

传统纸媒时代建筑作品在经历了较为漫长（常以年计）的曝光、发酵期才引发局域性讨论（由于依托于传统媒体途径）并小范围吸引专业人士的讨论。有别于此的是，在互联网时代的新媒体中，频繁出现甚至占据主导信息量的“明星建筑（starchitecture）”“全球化建筑”与“网红建筑”等在某一层面上具有一个相同点，即：这些项目在相当大的范围内（尤其是跨地理边界的）得到了广泛的接受和宣传（即使不全是正面褒扬的观点），并且参与讨论的读者范围远远超过了建筑专业及相关人群，或者说是以非专业人群为主体的。这一变化意味着，随着媒体传播范围的扩大、传播量的累积，建筑受到了越来越多来自大众视角的评价和反馈，而这些评价反馈又通过资本和市场这一途径间接地影响着建筑设计的源头：投资者与设计师们的价值取向。简而言之，就是甲方与建筑师们对某些“风格”“手法”“模式”的大幅度倾斜。

值得一提的是，“明星建筑”“全球化建筑”和“网红建筑”有一定程度上的区别，而这些区别实际上是当下多元化消费和价值取向的一种体现。“明星建筑”通常由自带品牌效应的国际知名建筑师设计，往往带有强烈的个人特色而易于辨识，例如弗兰克·盖里设计的毕尔巴鄂古根海姆博物馆、扎哈·哈迪德设计的广州歌剧院等。这一类建筑具有高辨识度、一定程度的话题性，并能够产生超出自身的影响：如对区域或城市更新计划的正向刺激等。“网红建筑”在话题性和设计个性上与“明星建筑”类似，相对来说通常没有那么大的轰动效应，但传播速度快、周期短，受媒介影响（例如微信平台、微博平台等）有一定的地域性传播限制。“全球化建筑”则更加宽泛，一般带有同质化的特点，表现为在完全不同的文化背景、地理区域背景中外在表现形式的高度相似性，可能由相同或不同的建筑师设计完成。

特定的建筑设计和具有轰动性的媒体宣传是相辅相成的，双方互相促成某种意义上的成功：吸引关注，而随之带来的建筑“明星效应”也具有正反双方面的意义。以米兰 Porta Nuova 项目中的著名建筑 Bosco Verticale（垂直森林）为例，其建筑设计的成功和引发的全球性话题媒体效应无疑给整个 Porta Nuova 地区更新项目带来了巨大的关注和资源倾斜。但与此同时，这一建筑本身也变成了建筑师传播其特定理念的工具，并引发了全球化现象：中国南京很快邀请 Stefano Boeri 设计建造“南京垂直森林”项目（图2）。从建筑类型上看，这其实就是一种产品化的复制行为。这一行为的深远影响难以在短时间内被评价，但值得警惕的是，这类现象可能会触发其他一些盲目复制。与之类似，以典型城市更新案例上海“新天地”项目为例，在其一定程度上的成功后，国内多个地区和项目纷纷争相模仿，乃至原项目开发公司瑞安集团也把“新天地”看作可重复操作的一种模式，但这些仿制品大多由于缺乏对地域和文脉的考虑而以失败告终。由此可见，建筑的完全产品化并不可取。

图2　中国南京“垂直森林”项目（左）　意大利米兰：垂直森林项目（右）
（图片来源：（左）https://www.stefanoboeriarchitetti.cn/project/南京垂直森林/，
（右）https://www.stefanoboeriarchitetti.cn/project/垂直森林/）

而“明星建筑”“网红建筑”和“全球化建筑”所引发的新问题也是显而易见：求新求怪的审美导向、产品过度复制导致地域特色的缺失等。这些问题背后的原因在于忽视了建筑本质意义而过于追求外涵意义。

4　消费：从被动到主动

尽管建筑学理论对形而上的探索从未停止，但其在某种意义上无法干涉到建筑物本身所具有的商品属性。而这种属性不可避免地带来了产品化的现象。在消费文化的语境中，关于建筑的一切——建筑物、建筑师、建筑影像、建筑理论等都成为消费对象：它们遵循消费逻辑而不是自律原则[7]，与此同时，建筑文本的读者实质上大部分由消费者构成，因此也在消费链条中对消费品：建筑，产生作用和反馈。这种影响在高度消费时代的当下是难以被彻底剔除的，反而应该受到建筑理论学者们的重视：建筑师们闭门造车的时代已经一去不复返了，取而代之的是被消费驱动着的新产品（这里指建筑）的生产制造和销售模式。对大众或者说实际上的消费者们而言，对建筑这一“符号”的消费也从被动接受变为主动追求，“打卡”现象的出现就是证明之一。不可否认的是，在这个过程中，新媒体和社交平台的出现起到了巨大的促动和引导性作用，在消费主义盛行的当下，这种引导既迎合了消费者的主观需要也顺应了资本把控的市场需求，因此其影响范围之广、传播数量之大都是建筑学领域中前所未见的。

消费者和被消费者之间的影响以及新媒体的传播效用是相互作用的，这种消费关系的变化可以表现为:建筑作为代表性的被消费的“符号”,在新媒体的帮助下可以迅速产生巨大的广告类效应,通过首批消费者的官方或自发性社交媒体推广从而吸引更多的潜在消费者,甚至形成一种新的“风尚”或“潮流”。例如 2019 年 3 月开放的纽约哈德逊广场“容器(Vessel)”项目(图 3),开放 3 天内就在 Instagram 平台上吸引了数以万计的“打卡”照片,迅速制造了相应的热门话题,并开始引发全球社交平台的讨论,最终凭借其不断攀升的热度成为新媒体传播中的“纽约新地标”。

图 3　纽约哈德逊广场“容器(Vessel)”
(图片来源:https://www.hudsonyardsnewyork.com/discover/vessel)

同时,这种消费关系也会带来对消费行为本身和话语权的反思,以 2020 年 4 月公布的广州恒大体育场项目事件为例,新的莲花形体育场设计效果图曝光后在新浪微博平台上迅速发酵为有超过五千万的阅读量和万级以上讨论量的话题。其讨论已经远远超出建筑专业领域及相关人士的“圈子”,成为普罗大众对建筑设计这一特定领域的聚焦话题,它普遍引发的是对设计行业甲方、乙方话语权博弈等问题的讨论。而在这种讨论中,不可回避的问题是消费这一行为所带来的对权利平衡的影响,表现为在消费时代中占有更大话语权的甲方和话语权逐渐丢失的乙方。

当下时代原有的建筑被动消费者正在经由新媒体强社交属性的影响而逐渐演化为更多对建筑进行主动消费的人群,无论其目标是建筑的建筑学本身语义还是单纯的大众审美所带来的附加语义,可以说,人们对建筑空间参与的积极性前所未有,这种趋势是消费时代发展到一定程度的必然结果,没有必要刻意回避。然而其带来的问题是,这个时代的新建筑是否已经能够在本质上的探索和被消费的设计中取得平衡,是否还能够像传统传媒时代那样通过漫长的消化和传播周期来凸显其建筑学意义上的价值,而不会止步于浅层次的消费价值,这同样是新媒体时代伴随着机遇而来的挑战之一。

5　结语

对建筑学和建筑自身意义相关问题的探讨永远不会停止,但我们需要警醒和面对的现实是:自工业化时代后,建筑学再一次在时代背景的冲击下面临“走下神坛”的拷问。对于不断变化着的新兴建筑现象(尤其指在媒体上的整体表现),仍应持开放的态度来看待。举例来说，部分专业建筑设计师们很多选择把“网红建筑”看作某种意义上的贬义评价，唯恐避之不及，谈之而色变，而同时另有一部分则在资本与媒体的双重作用下热切追捧、以打造“网红”为终极设计目标。前者有打击大众文化审美和建筑新外涵的风险，后者有罔顾建筑空间品质和传统意义建筑价值的倾向，实际上这二者均不可取。对建筑语义(meaning)及其背后的理论实践支撑内容的讨论，远不应是河中汲水，而应是海纳百川，既要坚持寻找和不断再定义其核心内容，更要对与时代紧密相关新现象、新事物的关注和包容，如此才能更好地达成有本学科自我立足点的理论体系建构。

参考文献

[1] 王大卫，黄婧琳.20 世纪西方建筑理论三大哲学根基简析：实证主义、现象学与语言学[J].新建筑，2017(1)：120-124.

[2] Hawkes T. Structuralism and semiotics[M]. London: Routledge, 2003.

[3] Derrida J. POINT DE FOLIE—MAINTENANT L'ARCHITECTURE. Bernard Tschumi: La Case Vide—La Villette, 1985[J]. AA files, 1986 (12): 65-75.

[4] Eco U. A componential analysis of the architectural sign/column[J]. Semiotica, 1972, 5(2): 97-117.

[5] Agrest D, Gandelsonas M. Semiotics and Architecture: ideological consumption or theoretical work[J]. Oppositions, 1973, 1: 93-100.

[6] Goodman N, Elgin C Z. Reconceptions in philosophy and other arts and sciences[M]. MA: Hackett Publishing, 1988.

[7] 华霞虹.消融与转变——消费文化中的建筑[D].上海：同济大学，2007.

马克思主义学院

习近平生态文明思想探析

艾雨池

摘　要　中国特色社会主义进入新时代,与之俱来的是历史新挑战、新任务。习近平总书记立足国情,传承与完善马恩及历代领导人生态文明思想,不断发展生态文明建设理论,提出了生态治理系统观、生命共同体论、美好生活论、生态法制保障观及全球治理观,形成了开创性的习近平生态文明思想。这一思想是习近平新时代中国特色社会主义思想的重要内容之一,也是中国特色社会主义理论的最新成果,该思想不仅为我国建设生态文明作出了重要指导,更为世界各国环境保护提供了中国方案。

关键词　习近平新时代中国特色社会主义思想; 生态文明; “两山”理论

Xi Jinping Thought on Ecological Civilization

Ai Yuchi

Abstract　As Socialism with Chinese Characteristics enters a new era, it is accompanied by new historical challenges and tasks. Based on the national conditions, general secretary Xi Jinping inherited and improved the ecological civilization thought of Max and Engels and the leaders of periods dynasties. He has constantly developed the theory of ecological civilization construction, put forward the concept of ecological governance system, the theory of life community, the theory of a better life, the concept of ecological legal guarantee and the concept of global governance, and formed the pioneering Xi Jinping thought on ecological civilization for a new era. This thought is one of the important contents of Xi Jinping thought on socialism with Chinese characteristics for a new era, and also the latest achievement of the theory of socialism with Chinese characteristics.

Key words　Xi Jinping thought on socialism with Chinese characteristics for a new era, Ecological civilization, “Two mountains” concept

1　引言

“中国特色社会主义进入新时代,我国社会主要矛盾已经转化为人民日益增长的美好生活需要和不平衡不充分的发展之间的矛盾。”[1] 习近平生态文明思想是习近平总书记站在新的历史起点上,总观全局,把握时代新要求,对生态文明是什么、新时代应该怎么建设生态文明作出回答的历史性和创新性理论,是经过实践检验的正确理论。在新时代坚持和发展中国特色社会主义基本方略的“十四条坚持”中,第九条“坚持人与自然和谐共生”[1] 的要求尤为醒目,报告中更是前所未有地提出要“像对待生命一样对待生态环境”这一论断。这一系列关乎

作者简介　艾雨池,女,1997 年 10 月出生,江西抚州人,同济大学马克思主义学院马克思主义理论专业 2018 级硕士研究生,主要研究方向为思想政治教育。

“人与自然”的思想,是在新时期生态文明建设的伟大实践中形成的理论成果,对习近平生态文明思想进行探析对我国生态文明建设与发展具有积极和深远的意义。

2 习近平生态文明思想形成基础

2.1 习近平生态文明思想的形成背景

工业文明以来的200多年,工业革命给人类带来了巨大的变革和财富,然而生态环境的负面效应也日益明显,生态破坏、环境污染严重的问题愈发凸显。人类在重视经济发展的同时忽略了生态保护,滥砍滥伐、“先污染后治理”等错误的发展模式给社会带来了一系列可持续发展难题,全球变暖、雾霾、土地荒漠化等环境问题威胁着人类的生存和发展。基于此,生态问题已然成为一个全球性问题。各国领导人正在积极思考和探索人与自然之间的关系,试图找到一条经济社会可持续发展之路,实现人与自然、人与人双重和谐。处理好生态问题由此成为各国治国理政的重要内容,习近平生态文明思想应运而生。

同时,习近平生态文明思想更是致力于破解实现中华民族伟大复兴中国梦的进程中所遇到的生态困境。自1978年实施改革开放以来,我国经济发展取得了举世瞩目的成绩,但是迅速发展之中也包含着一些隐患。过去我国经济的高速增长依赖粗放型的经济发展方式,这一方式所导致的诸多环境问题,让生态负荷超重、生态平衡遭到破坏,这些问题随着社会发展愈发限制人们的生产生活,严重影响经济的持续发展。人类“自大”地破坏自然、改造自然的行为受到了自然界的报复和惩罚。习近平正是在深刻反思当前种种生态问题的基础上,结合自身基层工作经验,提出了以“两山”思想为重要基础的新时代生态文明思想。

2.2 习近平生态文明思想的理论来源

2.2.1 马克思主义生态观

习近平生态文明思想汲取了马克思主义“人与自然”关系思想的精华并结合工作实际不断发展,填补了马克思主义中关于“生态”观念的空白,是最新的马克思主义理论成果。生态文明是关于人与自然关系的文明,马恩虽从未提出“生态文明”的概念,但他们的许多思想中却饱含着丰富深刻的生态文明思想。马克思指出:“人是靠自然界来生活。……人是自然界的一部分。”[2]人是自然的一部分,永远不可能完全脱离自然而生存,人是依赖自然而存在的,因此人应该尊重自然、善待自然、爱护自然、保护自然,同自然和谐相处,只有这样才有利于人类自身发展;同时,他也指出人类要在遵循自然规律的基础上能动地改造自然。

因此,马克思主义在对待人与自然的关系上科学提出既要发挥主观能动性进行正确的改造,又要敬畏自然、依赖自然。这种科学的人与自然观被习近平继承和发展,成为其生态文明思想重要的哲学渊源。

2.2.2 中国历代领导人的生态文明思想

我国历代领导人对生态文明建设重视有加,在社会主义建设的各个阶段不断探索,形成了一套符合当时国情的生态文明思想。从中华人民共和国成立初期毛泽东对生态治理的基础奠定,提出植树造林、兴修水利、控制人口、勤俭节约的朴素生态思想;到改革开放时期邓小平对生态文明思想的完善,将生态保护同经济增长相平衡;再到推进社会主义现代化建设过程中江泽民对生态文明思想的创新,关注人口资源问题,提出要可持续发展;新世纪经济飞速发展时期,胡锦涛指出生态文明思想明确的科学定义,要建立科学发展观。在全面建成小康社会的伟大进程中,习近平在总结前人经验的基础上,关注实践、丰富理论,形成了创造性的习近平新时代生态文明思想。

3 习近平生态文明思想的内容构成

习近平新时代生态文明思想体系的基础是“两山理论”。主政浙江时，他就曾提出过“两山理论”这个科学论断，而后他又进一步论述了“绿水青山”和“金山银山”之间的三个阶段的发展关系：“第一个阶段是用绿水青山去换金山银山，不考虑或者很少考虑环境的承载能力，一味索取资源。第二个阶段是既要金山银山，但是也要保住绿水青山……第三个阶段是认识到绿水青山可以源源不断地带来金山银山，绿水青山本身就是金山银山。”[3]而在中央主政期间他又对此进行了进一步的升华：一是“既要金山银山，又要绿水青山”[4]；二是“宁要绿水青山，不要金山银山”[4]；三是“绿水青山就是金山银山”[4]。

从“两山理论”出发，站在新时代的历史关口，习近平总书记在长期的生态文明建设的伟大实践中逐渐形成并不断发展出一系列经过实践检验的生态文明思想，它们是当下协调和解决生态困境的有力武器。习近平生态文明思想涵括了生态治理系统观、生命共同体论、美好生活论、生态法治保障观及全球治理观等。

（1）协调治理，系统地推进生态文明建设。把握整体的认识观，将整个生态系统看成一个整体纳入治理方案的制定中，遵循系统治理的原则，将地方和整体建设有机结合起来，是习近平生态文明思想的一个重要特点。首先，他从顶层设计层面把生态文明建设纳入到中国特色社会主义总体布局，将其同经济建设、政治建设、文化建设、社会建设辩证统一起来，构成“五位一体”的发展战略；其次，他受马克思主义生态观影响，认为地球上的生态环境是一个完整的系统，因此，这种系统整体的生态观，就要求我们在处理生态治理问题时一定要从整体出发，目光长远，不只是看眼前，更要看未来；要“从系统工程和全局角度寻求新的治理之道”[5]，不可因小失大、顾此失彼；最后，要积极建立区域的联动机制，促进各区域协调整体治理，“要坚持标本兼治和专项治理并重、常态治理和应急减排协调、本地治污和区域协调相互促进，多策多举，多地联动，全社会共同行动”。[6]从顶层出发，到底层系统布局，习近平生态文明思想中的生态系统治理观由此构成一个自洽的逻辑体系。

（2）尊重自然，构建人与自然生命共同体。“人与自然是生命共同体，人类必须尊重自然、顺应自然、保护自然。人类只有遵循自然规律才能有效防止开发利用自然上走弯路，人类对大自然的伤害最终会伤及自身，这是无法抗拒的规律”。[1]生命共同体论是习近平生态文明思想的重要内容构成，它指出只有认识清楚这一生命共同体关系，将自然规律同实践结合起来，才能深刻意识到人与自然关系在社会发展中的重要地位；只有把握好人与自然的关系，从源头上节约、从根本上保护，减少人类活动对自然的破坏，社会才能得以稳定，美丽中国才能得以实现，人类文明才能得以进步。因此这一思想要求民众逐步形成尊重、顺应和保护自然的意识，将“绿水青山就是金山银山”的理念普遍化，使得越来越多人自觉加入到构建人与自然生命共同体的行列中来。

（3）和谐共生，实现人民美好生活的愿望。随着经济的发展，国民收入有了大幅度的提升，人民更加注重生活环境的质量，对良好环境的需求日益高涨，习近平总书记关注到人民需求的变化，他指出：“保护生态环境就是保障民生，改善生态环境就是改善民生。”[7]在建设社会主义强国的背景下，只有满足民众对于良好环境的需求，才能更好地发展社会。“良好的生态环境是最公平的公共产品，是最普惠的民生福祉”[7]，因此习近平美好生活论指出，要从绿色发展的观念宣传、生态系统保护落实的行动以及监管体制的改革入手,扎实基础工作,“推动形成人与自然和谐发展现代化建设新格局”[1],为人民幸福、和谐、稳定的生活环境而努力。

(4) 坚守红线,构筑生态法治保障的体系。生态文明建设离不开法制的保障。我国环境保护过程中出现的若干问题大多与制度不健全、体制不完善、法律不完备、执行不到位、惩处不得力有关。基于这个现实基础,习近平强调:“只有实行最严格的制度、最严密的法治,才能为生态文明建设提供可靠的保障。”[6]习近平生态法治保障观概括为一个前提、两个维度,即以生态文明建设法制化为前提,在评价体系和责任制度两个维度中,将生态环境放在重要位置,突出评价过程中的生态效益以及通过责任追究制度强化法制约束,推动生态文明建设实现有法可依、有法必依、有责必担、失责必究,从而实现生态文明建设强有力的制度保障。

(5) 合作治理,共建全球人类命运共同体。生态文明建设是关乎一代人的伟大事业,是绿色家园的梦想基石。习近平生态文明思想将生态保护上升到全球合作的高度,吻合他“构建人类命运共同体”的思想。在第七十届联合国大会一般性辩论上,他提出的“建设生态文明关乎人类未来。国际社会应该携手同行,共谋全球生态文明建设之路,牢固树立尊重自然、顺应自然、保护自然的意识,坚持走绿色、低碳、循环、可持续发展之路”,[8]可以很好地概括其全球治理的观念。与此同时他还强调中国应该发出中国声音,提出中国方案,为世界生态治理事业贡献力量。生态治理不只是一国之事,而该推动全球范围内的国际合作,各国应自觉承担历史责任,共建人类命运共同体。中国不仅要对本国生态环境负责,也要考虑为整个世界负责,这是习近平全球生态治理观的基本内容。

4 习近平生态文明思想的时代意义

“中国特色社会主义进入新时代,我国的主要矛盾已经转化为人民日益增长的美好生活需要和不平衡不充分的发展之间的矛盾。”[1]美好的生态和生活环境逐渐成为人民需求的重要部分。习近平生态文明思想立足国情,扎根基层,为实现可持续发展的美丽中国梦指明了方向,同时也为全球环境治理贡献了中国力量、中国方案、中国智慧。

4.1 为建成美丽中国指明方向

中国特色社会主义的现代化,应该是更为绿色的人与自然和谐相处、相伴、相惠的现代化。自党的十八大以来,以习近平同志为核心的党中央将生态文明建设纳入国家战略布局,大力推进生态文明建设,法制逐渐完善,生态思想逐步受到重视。生态经济势头良好,生态质量稳步提升,生态文明建设取得了较好的成绩。推动生态文明制度加快改革,共同构建美丽中国是目前我国生态文明建设的导向性目标。为实现这一目标,党和国家需要努力实现经济稳定增长、创造更多物质财富,也要保障人民的生态环境健康。人类必须尊重自然,否则必将遭到自然界的报复。正因如此,如何推进绿色发展,解决目前环境污染的难题,找寻人与自然的和谐之道,促进经济生态共发展,是当下生态文明建设迫切需要解决的问题。以建设美丽中国为目标的习近平生态文明思想从实践层面论证了“绿水青山”与“金山银山”的相互转化的关系,为我国发展生态经济,逐步进行产业转型,实现经济可持续发展指明了方向。

4.2 为全球生态治理贡献智慧

“中国人民的梦想同各国人民的梦想息息相通”。[1]以习近平同志为核心的党中央在进行生态文明建设时始终将目标放眼全球,突破理论上的禁锢,不仅提出了建设美丽中国的目标,更是全局性地描绘了美丽世界的蓝图,贯彻“人类命运共同体”的理念。中国在解决自身生态环境时，积极倡导与全球合作治理，互相借鉴，合作共赢，逐步建立中国话语权，同时也为其他国家治理生态环境提供了新思路、新方案、新智慧。可见，习近平生态文明思想不仅对我国建设生态文明提供了行动指南，更是在全球生态治理中作出了巨大贡献。

5 结语

习近平生态文明思想形成于工业文明向生态文明转型期，致力于解决目前存在的自然灾害频发、生态破坏、环境污染严重等全球性环境问题。其主要思想渊源是马克思主义生态观及我国历代领导人的生态文明思想。习近平生态文明思想主要包括生态治理系统观、生命共同体论、美好生活论、生态法治保障观及全球治理观等。它是被实践证明了的、正确的理论成果，为建成美丽中国指明了方向，为全球生态治理贡献了中国智慧。

参考文献

[1] 习近平.决胜全面建成小康社会夺取新时代中国特色社会主义伟大胜利——在中国共产党第十九次全国代表大会上的报告[M].北京:人民出版社,2017.

[2] 马克思,恩格斯.马克思恩格斯全集[M].北京:人民出版社,2002.

[3] 习近平.之江新语[M].杭州:浙江人民出版社,2007.

[4] 中共中央文献研究室.习近平关于社会主义生态文明建设论述摘编[M].北京:中央文献出版社,2017.

[5] 习近平.推动我国生态文明建设迈上新台阶[J].求是,2019(3):6-9.

[6] 中共中央宣传部.习近平总书记系列重要讲话读本[M].北京:学习出版社、人民出版社,2016.

[7] 习近平.习近平在中共中央政治局第六次集体学习时强调:坚持节约资源和保护环境基本国策努力走向社会主义生态文明新时代[N].人民日报,2013-5-25(001).

[8] 习近平.携手构建合作共赢新伙伴 同心打造人类命运共同体——在第七十届联合国大会一般性辩论时的讲话[N].人民日报,2015-9-29(1).

新媒体时代高校学生红色教育的现状研究

崔雅岚

摘　要　我国正处于信息技术高速发展的新媒体时代,红色教育的开展面临着巨大的挑战:未能完全展现其应有的传播效果,且过程存在着一定的问题。高校学生也需要得到正确的引导,如何提高新媒体在高校红色教育中的有效性和广泛性是一个值得深思的问题。本文通过梳理文献以及综合问卷数据分析得出相关问题,主要存在形式单调、内容枯燥与严谨度不够以及宣传力度不足等问题,最后得出了完善新媒体平台、创新形式、撰写更生动的内容以及社会组织共传播等相应的有针对性的改进对策,从而优化各类新媒体在高校学生中进行红色教育的效用,使红色教育在新媒体平台更好地传播和弘扬,使高校学生能够正确认识和感悟到党和人民奋斗的光荣历史,继承与发扬红色精神。

关键词　新媒体; 红色教育; 高校学生

Research on Red Education of College Students in the New Media Era

Cui Yalan

Abstract　In the new media age, the development of red education faces enormous challenges: it fails to fully demonstrate its effects, and there are certain problems in the process. College students need to be properly guided. So it is worth pondering over that how to enhance the effectiveness and universality of the new media. Therefore, in this article, by combing the literature and analyzing the comprehensive questionnaire data, we get the relevant questions. The main problems are monotonous forms, boring content, lack of strictness and propaganda. These issues have finally led to the improvement of new media platforms, innovative forms, writing of more vivid content, and other measures to optimize the role of various new media in the education of college students in red education. To enable college students to inherit and carry forward the red spirit.

Key words　New media, Red education, College students

1　引言

红色文化作为革命时期共产党人的理想信念、民族精神以及国家理想的凝结,是实现伟大复兴中国梦的精神动力,沉淀着中华民族一路艰辛、走向独立与复兴的经验。从历史的征程中吸收前进的红色养分,是共产党人创造巨大历史成就的制胜法宝,也是中华民族在社会主义道路上不断进取、不断突破的可靠指引。因此,红色文化具有重要的思想教育功能,加强红色教育具有着重大的理论和现实意义。

作者简介　崔雅岚,女,1996 年 4 月出生,四川成都人,同济大学马克思主义学院马克思主义理论专业 2018 级硕士研究生,主要研究方向为中国近现代史基本问题。

2 新媒体时代高校学生开展红色教育的背景与意义

新媒体中以互联网为核心的信息交流技术正对社会产生着深刻的影响，中国的网民规模早在2008年7月就已经跃居世界第一位，网络行为正在成为人们生活的重要的组成部分。截至2020年3月，据中国互联网发展状况统计调查研究显示，我国的网民以10~39岁群体为主，占整体的61.6%，其中20~29岁年龄段的网民占比最高，达21.5%。通过分析可以看出，学生群体相应年龄段的网络行为是普遍存在的，学生群体是网络新媒体的主体。

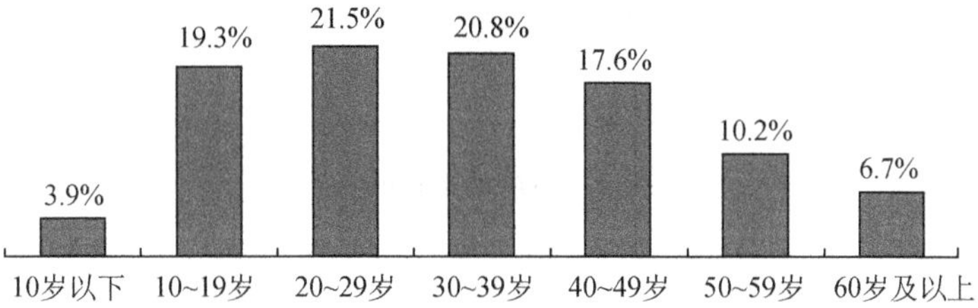

图1 2020年中国网民年龄结构

在经济全球化、文化多元化的时代背景下，面对多种文化理念的冲击，多种文化的碰撞使传统的红色文化教育形式遭遇瓶颈，单一枯燥的教育形式已经不符合新时代的发展。红色教育的传播面临着巨大机遇，同时也遇到了传播的“障碍”。实际上，在高校通过新媒体开展红色教育的过程中并未完全展现出预期的传播效果，且过程存在着一定的问题。

党的十九大上，习近平总书记指出要“高度重视传播手段建设和创新，提高新闻舆论传播力、引导力、影响力、公信力”。在“互联网+”时代，新媒体平台是交流对话的重要通道和信息传播的加速泵，传承与发展红色教育不能拘泥于传统媒体，而应该创新传播方式。

因此，调研新媒体在高校学生红色教育中的现状，从而创新教育形式，优化各类新媒体在高校学生红色教育中的作用，提高新媒体在高校红色教育中有效性和广泛性成为一个值得深思的问题。

3 新媒体时代高校学生开展红色教育的问题分析

为了客观地反映新媒体在高校学生中开展红色教育的应用现状以及发展趋势，本次调查共下发了370份问卷，回收有效问卷358份，其中无效问卷12份，有效回收率为96.7%，并且如图2所示，接受调查的对象均为高校学生，其中硕士研究生占52.8%，大三/大四学生占29.19%，博士研究生占13.66%，大一/大二学生占4.35%，具有一定的代表性。

总体看来，红色教育对高校学生而言吸引度较低。图3反映出“学业与工作要求”是当今新媒体用于高校学生红色教育的主要途径。在通过新媒体接受红色教育频率方面，由图4知，161位学生中，有45.96%的同学选择每个月通过新媒体接受1—2次的红色教育，选择平均每月少于1次和基本没有通过新媒体接受红色教育的学生占比分别为9.32%和6.21%。通过新媒体获得红色教育的月均频率反映了当代高校学生对红色教育的关注度有待提高。

3.1 形式单调，创新缺乏

在红色教育开展的过程中，单纯的理论教育和文字推送无法契合新时代高校学生对信息

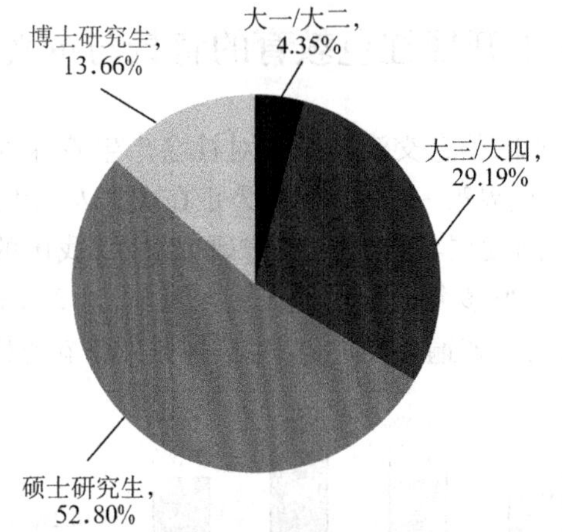

图 2　调查对象的年级

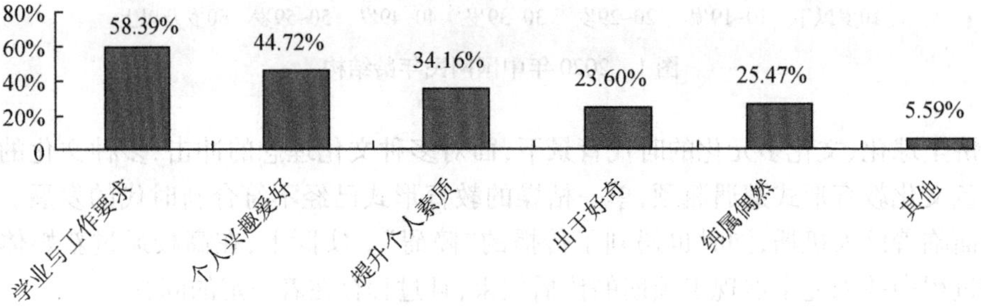

图 3　高校学生通过新媒体获得红色教育的初衷

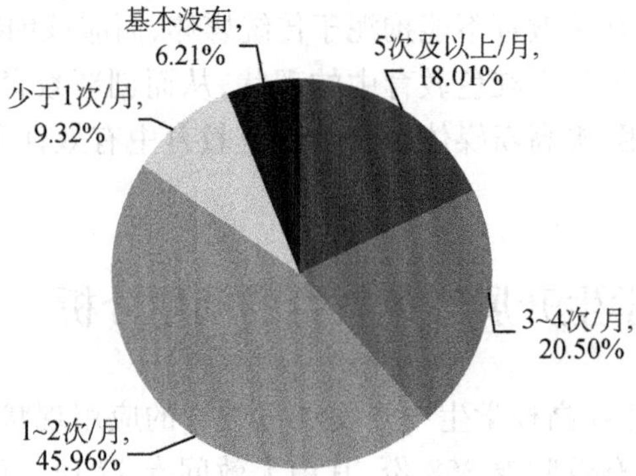

图 4　高校学生通过新媒体获得红色教育的频率

接受的需求。而从总体上看，现存众多的与红色教育相关的微博、微信大多形式单调、版式设计缺乏创意。问卷中 46.58%的人认为“版式设计缺乏创意”，无法吸引他们的关注，也印证了该问题。

同时如某红色教育官宣微博账号，其发文仅以简短文字和相应历史图片为主进行宣传教育。可以看到现阶段的传播仅独立局限于平面化或文字化的手机终端、计算机终端等平台，没有发挥各新媒体媒介的联动性，找到更贴合高校学生兴趣点的新形式。新媒体的“新”仅仅是利用新的媒体发布形式，而没有真正发挥新媒体的潜在创新吸引力。

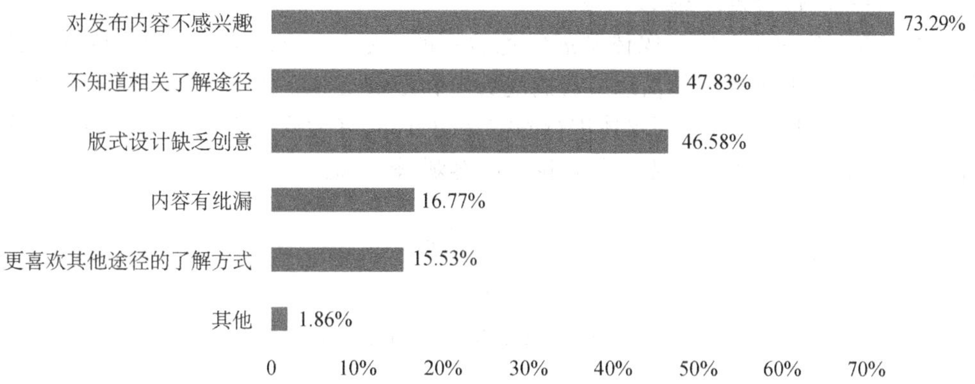

图 5　高校学生不能主动利用新媒体关注红色文化的原因

3.2　内容枯燥，晦涩难懂

红色教育在现阶段的推进过程中，较多呈现内容枯燥、晦涩难懂的现象。部分新媒体借助“红色教育”实施明显的过度商业化活动，内容大多以介绍、记叙的文字内容为主，并且大多没有真正领会和传递红色精神的内核，无法达到传递文化、点亮信仰的作用。如某教育基地微信公众号以“开展革命传统教育，打造北有冀鲁边南有沂蒙山红色品牌”为宗旨，但推送的文章大多是外界赴革命纪念园开展教育活动的纪实以及少数革命教育内容，文章推送大多使用碎片化语言，使得革命历史事件相对割裂、较难理解，刻意生硬的灌输式内容易难引起高校学生的关注，使很多高校学生可能会产生“了解不了解都一样”“了解深不深都一样”的态度。

同时从“高校学生不能主动利用新媒体关注红色文化的原因”和“对于使用新媒体开展红色教育的看法”的调查中也可以看到：73.29%的人“对发表的内容不感兴趣”，认为发表的内容无法吸引到他们的关注；24.22%的人认为新媒体工具所推送的信息具有碎片化、分散性等缺陷，使人阅读后印象不够深刻，易导致红色文化传播和教育的效果不明显。

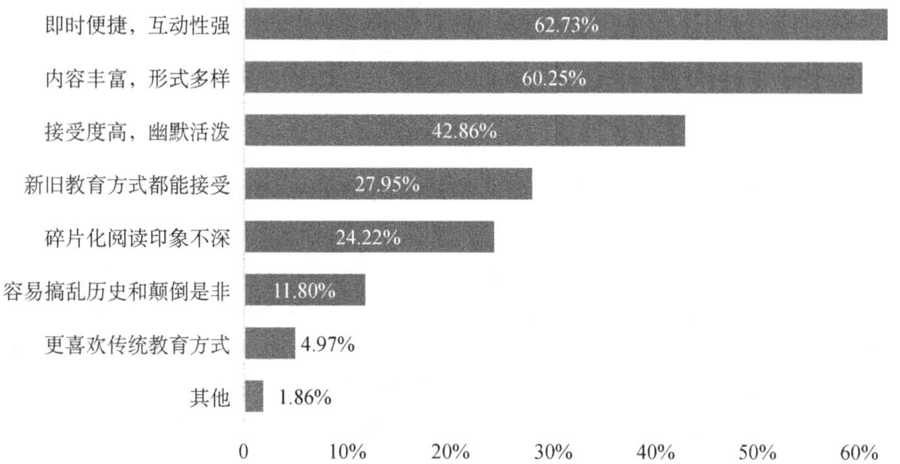

图 6　高校学生对使用新媒体开展红色教育的看法

3.3 内容主观性较强，严谨度不够

关于“调查对象对于使用新媒体开展红色教育的看法”中，有 11.80%的受调查者认为微博、微信等新媒体工具所推送的信息容易搞乱历史和颠倒是非。如图 7 所示，关于“高校学生对新媒体应用的看法”，在利用新媒体进行隔空互动方面，有大约 30%的人认为如今很多人在以微信、微博为代表的新媒体上发表的言论不够客观，较主观。

图 7　高校学生对新媒体应用的看法

通过对微信、微博等新媒体平台的搜索，我们可以看到很多与红色教育相关的账号或内容，但是由于新媒体的高参与、低门槛、广传播等性质，其内容的真实度、严谨性参差不齐。新媒体的不同主体间存在明显的差异性，某些新媒体内容在传播中缺乏专业的稿件撰写者和审核者，很可能出现知识的纰漏和主观的偏见，容易搞乱历史和颠倒是非，这极大地降低了新媒体上红色教育的可信度，影响了红色教育传播的范围与效果。

3.4 宣传力度不足，新媒体平台管理不善

关于“对使用新媒体参加红色文化宣传的意向行为”，如图 8 所示，有 43.48%的调查对象选择“对内容有兴趣才参加”，10.56%的调查对象选择“参加的人多我才参加”，甚至有 3.73%的调查对象选择“与我无关”。同时，在“高校学生不能主动利用新媒体关注红色文化的原因”中，有 47.83%的调查对象表示“不知道相关信息的了解途径”。反映出利用新媒体工具进行红色教育时，对红色教育宣传力度不足。

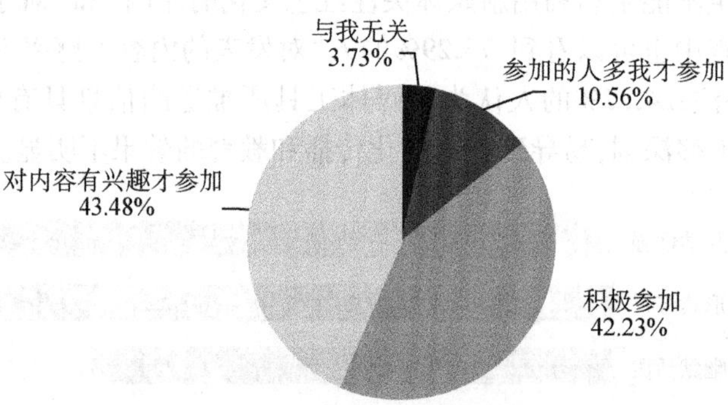

图 8　高校学生对使用新媒体参加红色文化宣传的意向行为

同时通过随机搜索近十个相关微博账号和微信公众平台，其更新发文间隔大多多 10 天左右，仅有极少数可以保持两天一更新的速度，可以看到在微博、微信等新媒体具体运营的过程中，信息更新不及时、素材时好时坏等具体运营现象逐渐出现，公众平台的运营不够成熟、内部管理受多方限制、外部宣传无法被网民所熟知等都是现阶段所存在的问题。同时，运营体系不完善，宣传和管理没有达到实际的有效性，作为输出方的新媒体和作为接收方的受众存在一定的脱节。非专业的新媒体运营团体和非正式的红色教育宣传方式使相关的内容在微博、微信等新媒体媒介中缺乏长期的竞争力和持续性，很难在竞争中显现出优势。

4 新媒体时代高校开展红色教育问题的改进对策

对上述问题的分析可以看到,不在少数的高校学生对于红色教育表达出了否定或者不积极的态度。因此,要想将红色教育更好地传播,必须要一改新媒体以往推送形式单一,内容匮乏,缺乏创新性的局面,利用新媒体工具通过各种更加新颖有趣的方式进行红色教育,将红色教育的公众平台做大做强,使红色精神得到真正发扬。

4.1 完善新媒体平台,弘扬红色主旋律

由于时代的进步与科技的发展,新媒体成为教育传播的主流。如图 9 所示,目前高校学生中经常使用微信、QQ 的学生占比最大,分别为 87.58%和 82.61%,经常使用微博的学生占比为 55.90%。直观地反映出当下高校学生所关注的新媒体平台较为集中,这为我们利用新媒体向高校学生进行红色教育提供了方向与途径的借鉴并可达到信息的集约化、宣传成本的最小化以及教育效果的最大化。

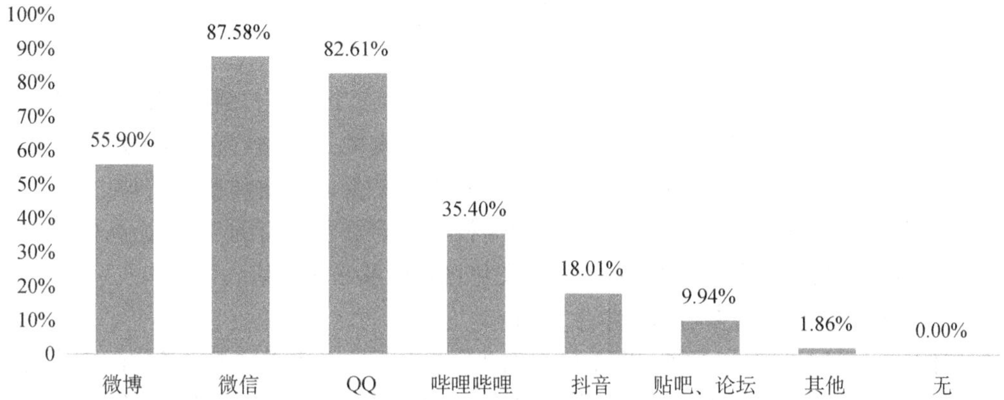

图 9 高校学生经常使用的新媒体平台

一方面,与传统媒体相比,更多的人会选择使用新媒体工具了解信息;另一方面,在利用新媒体进行红色教育方面,有 44.1%的调查对象认同新媒体能更好地宣传红色文化,仅有 4.97%非常不认同新媒体能更好地宣传红色文化的观点,反映出多数高校学生比较乐意使用新媒体学习红色文化。

由此看来,对高校学生的红色教育也将逐步由以传统媒体为主体改变为由新媒体所主导。虽然现在微信、微博等新媒体中不乏有一些与红色教育有关的公众平台,但是此类公众平台大多不够成熟,传播的范围也不广泛。因此,想要更好地传播红色文化,完善新媒体平台必不可少。对此,我们应建立红色教育相关的官方公众号、官方微博等新媒体工具,定时定期发布一些有关红色教育的知识,发布一些红色教育基地的信息与宣传内容,吸引更多读者参与到红色教育的学习中来,潜移默化地将红色文化渗透到高校学生的生活中。

4.2 运用创新的形式,提高高校学生接受度

传统媒体大多会用纯文字的表达方式来进行红色文化教育,高校学生往往会拒绝此类太过枯燥的教学方式,使得红色文化不能在高校学生群体中很好地渗透和传递。因此,新媒体工具必须运用更丰富、更创新的形式。例如拍出内容真实感人的革命纪录片,抑或是制作一些不

违背革命历史的红色动漫、漫画、微电影、短视频等，利用更多丰富精彩并且图文结合的方式向高校学生介绍红色文化，用更新奇有趣的推送传播红色文化，讲述革命精神。此外，也许我们还可以通过制作一款红色游戏软件的方式，将革命历程通过游戏的方式表达出来，并且通过微博、微信等新媒体工具进行宣传与推广，让高校学生在游戏中感受老一辈革命战士百折不挠、艰苦奋斗的革命精神，使高校学生能够对红色文化理解得更加透彻、更加深刻，更加容易接受这种教育方式，从而激发高校学生的爱国热情，让高校学生在红色教育中树立正确的理想和信仰。

4.3　撰写内容更生动，激发高校学生兴趣

在利用新媒体加大传播力度的同时，微博、微信等新媒体工具在推送内容的选择上要更加重视。如图 8 显示，关于“高校学生对使用新媒体参加红色文化宣传的意向行为”的看法，有 43.48%的调查对象选择“对内容有兴趣才参加”。反映出如今再利用新媒体工具进行红色教育时，红色文化内容的选择极其重要，想要高校学生主动关注红色文化的内容，那么在推送中就要更多地编写一些高校学生感兴趣的红色文化主题，树榜样、立典型，在朋辈之间寻找富有红色精神的同学，借同辈的优秀事迹在高校学生中传播红色教育，为高校学生推介树立红色偶像。

推陈出新，具有感染力以及真实性是选择发布内容的三个要点。例如，微博、微信等公众平台可以推送一些长辈们以及老红军战士们所讲述的真实的过去的红色革命故事，使高校学生从中收获更为深切的感触，从而树立正确的史观，真正感受老一辈的革命精神。此外，还可以通过一些红色剧目或是革命诗歌的推送激起高校学生对红色教育的兴趣，让高校学生能够自发地关注和感受红色文化的精神力量，打造文化自觉以及文化自信。

4.4　利用新媒体功能，多与高校学生互动

新媒体技术发展迅速，以微博、微信为代表的新媒体工具也能通过各种各样的方式与高校学生群体进行互动和沟通，例如微信公众号评论、微博话题互动、微博热搜、转发评论等。如图 10和图 11 所示，一是在微信使用方面，高校学生较喜欢评论、转发各种信息，充分反映了当代高校学生喜欢关注和被关注，喜欢及时与真实沟通的意愿；二是在新媒体功能发展方面，大多数高校学生认为用新媒体参与热点互动的前景可观，反映了新媒体应用平台在高校学生日常交流、网上信息沟通中是易于被接受和受欢迎的。

利用此类互动方式既可以让高校学生在新媒体工具中自由发表自己对于红色文化的看法，了解高校学生对红色教育的认知程度，从而发现高校学生对红色文化的理解所存在的误区，修正错误思想，正确地引导其对红色文化的认识，传播红色精神；还可以把理论转换为高校学生身边可感知到的事物，把“要我学”转换为“我要学”，在浓厚的学习氛围中不断触发高校学生的思考，提升高校学生的思想与精神力量。

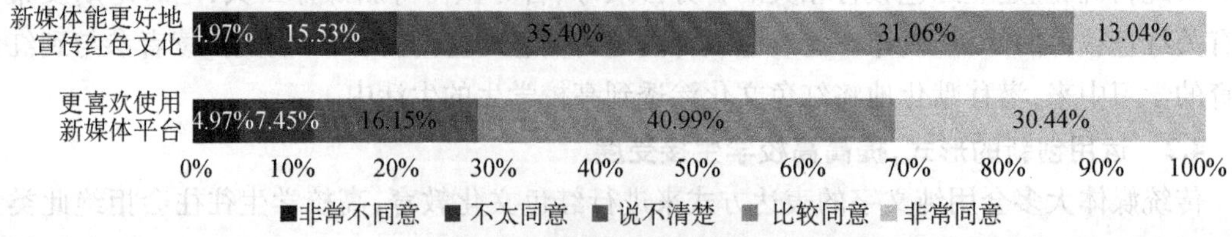

图 10　高校学生对新媒体应用的看法

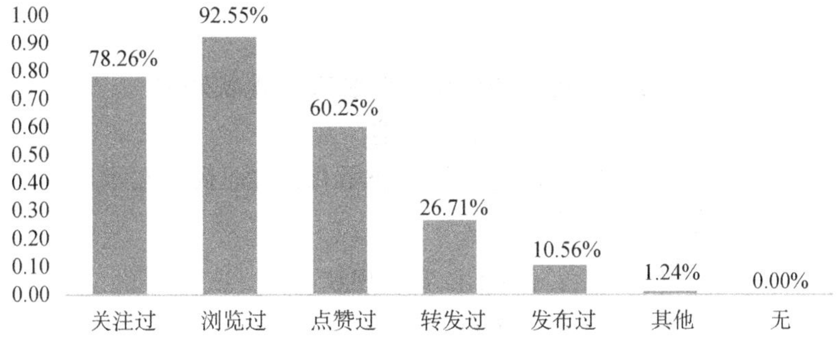

图 11　高校学生接触新媒体红色教育时的网络行为

4.5　社会组织共传播，转变高校学生思想

若想要更好地利用新媒体在高校学生群体中进行教育，除了使平台完善成熟之外，还离不开社会组织的共同传播。学校以及其他一些社会爱国组织可以向高校学生推荐红色教育相关的新媒体，让红色教育的传播更为广泛，让更多的学生接触红色文化，鼓励高校学生多多学习红色精神，并且可以让高校学生在新媒体的推送中更多地了解到中国革命历史，接触到红色教育基地，并能根据自己的兴趣参与到基地的实践与教育中来，跟随着红军的脚步重走长征路，体验红军战士艰苦朴素的生活，感受红军战士坚持不懈的革命精神。理论与实践相结合，必能将红色精神深深地扎根于高校学生的脑海中，让高校学生更好地接受红色文化的洗礼，使伟大的红色精神得以传扬。

5　结语

新媒体时代为高校学生开启了红色教育的新篇章，提升教育的有效性和广泛性，需要积极探索红色教育与新媒体的有机契合。针对当下红色教育存在的"形式单调、内容枯燥与严谨度不够以及宣传力度不足"等问题，通过"完善新媒体平台，创新红色教育开展形式，撰写更生动的红色文化内容以及社会组织协同发力促进红色文化的传播"四大途径，使红色教育更富吸引力和创造力，从而坚定高校学生的理想信念，筑牢中华民族的精神家园；实现红色教育的有效传播与广泛弘扬，推动红色文化事业的蓬勃发展；提升主导意识形态工作的引领力，助推新时代党执政使命的圆满完成。

参考文献

[1] 季海菊.新媒体时代高校思想政治教育研究[D].南京：南京师范大学，2013.

[2] 周立.当代大学生"红色文化"教育的路径研究[D].上海：华东师范大学，2010.

[3] 李林英，郭丽萍.新媒体环境下高校思想政治教育教学研究[M].北京：人民出版社，2015.

[4] 李妙.运用新媒体新技术创新高校思想政治工作[J].中国集体经济，2019(17)：158-159.

[5] 陈俊.红色文化在高校学生党建工作中的价值及运用[J].长春师范大学学报，2019，38(3)：10-13.

[6] 罗丽琳，蒲清平.红色文化的思想政治教育基因及其时代价值[J].新疆师范大学学报(哲学社会科学版)，2018(6)：22-23.

[7] 张磊，李成权.互联网时代创新高校红色教育的路径研究[J].辽宁工业大学学报(社会科学版)，2018，20(5)：89-91.

附录

新媒体时代高校学生红色教育的现状研究
调查问卷

调查不记名,您不用担心个人信息泄露,恳请您用几分钟时间填写本问卷,您的真实回答对我们非常重要。感谢您的支持与配合!

Part 1. 行为现状

1. 您经常使用的新媒体平台是?(最多选 3 项)

A. 微博　B. 微信　C. QQ　D. 哔哩哔哩
E. 抖音　F. 贴吧、论坛　G. 其他
H. 我不常使用新媒体平台

2. 您平时获得红色教育的方式主要有?(多选)

A. 课堂渗透　B. 讲座传授
C. 重走红色胜地,如延安、井冈山　D. 观看红色影视,如《上甘岭》《建党伟业》
E. 参加红色活动,如参观革命旧址、参与主题演讲　F. 主动搜索了解
G. 登录官网学习　H. 浏览社交平台
I. 其他　J. 我没接受过红色教育

3. 您在新媒体平台上关注、浏览、点赞、转发或发布过一些红色教育内容吗?(多选)

A. 我关注过　B. 我浏览过　C. 我点赞过　D. 我转发过
E. 我发布过　F. 其他　G. 以上都没有

4. 您通过新媒体平台了解红色文化知识的初衷是?(多选)

A. 学业与工作要求　B. 个人兴趣爱好　C. 提升个人素质　D. 出于好奇
E. 纯属偶然　F. 其他

5. 您在近期生活中通过新媒体平台获得红色教育的平均次数大约是?

A. 5 次及以上/月　B. 3~4 次/月　C. 1~2 次/月　D. 少于 1 次/月
E. 基本没有

Part 2. 态度现状

(认知/知识:6—8 题,情感/偏好:9—11 题,意向/预期:12—14 题,开放问答:15 题)

6. 针对新媒体在生活中的应用,请您根据对下列语句的认同程度,在相应空格内上打√

语　句	非常不同意	不太同意	说不清楚	比较同意	非常同意
与传统媒体相比,我更喜欢使用新媒体平台了解信息					
我经常使用新媒体评论所关注的信息					
我更喜欢浏览而不是转载或评论信息					
名人发布的信息可信度更高					
我认为使用新媒体参与热点互动前景可观					
新媒体中大家的观点都比较客观					
新媒体舆论能更好地宣传红色文化					

7. 您对使用微博、微信等新媒体平台对高校学生进行红色教育有何看法？（多选）

A. 即时便捷，互动性强　　B. 接受度高，幽默活泼

C. 内容丰富，形式多样　　D. 容易搞乱历史和颠倒是非

E. 碎片化阅读印象不深　　G. 不感兴趣，更喜欢传统教育方式

H. 保持中立，新旧教育方式都能接受　　I. 其他

8. 您认为使用新媒体在高校学生中开展红色教育的途径有哪些？（多选）

A. 宣传红色教育及革命精神

B. 推送红色教育活动信息

C. 为高校学生提供对红色教育提出看法、建议的平台

D. 解答高校学生关于红色教育所提出的问题

E. 宣传红色旅游等以推动“红色消费”

F. 其他

9. 您认为微信、微博等新媒体对您了解红色文化有帮助吗？

A. 没有帮助　　B. 有一点帮助　　C. 非常有帮助

10. 您认为如今有很多高校学生不能主动利用新媒体工具关注红色文化的可能原因有？（多选）

A. 不知道相关了解途径　　B. 对发布内容不感兴趣

C. 版式设计缺乏创意　　D. 内容有纰漏

E. 更喜欢其他途径的了解方式　　F. 其他

11. 您认为以下哪些新媒体应用能更好地促进高校学生红色教育的发展？（多选）

A. 微信公众号推送　　B. 微博话题互动　　C. 微博有奖转发　　D. 微博互粉

E. 微信朋友圈、QQ 空间说说、博客、论坛等　　F. 其他

12. 遇到有人在微博、微信中歪曲红色革命历史或者玷污红色革命英雄，您是否会主动发声抵制这种声音，阻止其继续扩大不良影响？

A. 经常会　　B. 偶尔会　　C. 基本不会

13. 如果有机会让您利用微博、微信等新媒体平台参加红色教育的宣传和推广，您会？

A. 积极参加　　B. 参加的人多我才参加

C. 对内容有兴趣才参加　　D. 与我无关

14. 您希望新媒体使用什么样的方式来进行红色教育？（多选）

A. 红色经典翻拍，红色动漫制作

B. 红色文化经典系列推送

C. 红色短信、红色微博内容传送

D. 建立有关红色教育的数字资源库

E. 在微博、微信等新媒体平台上开展有关红色教育的互动活动

F. 其他

15. 您认为在未来，新媒体将如何更好地在高校学生中开展红色教育？

Part 3. 基础信息

16. 您的性别是？

A. 男　　B. 女

17. 您的年级是？

A. 大一/大二　　B. 大三/大四　　C. 硕士研究生　　D. 博士研究生

18. 您的学校类型是?

A. 985/211 本科　　B. 非 985/211 本科　　C. 专科

19. 您的专业类别是?

A. 理学　　B. 工学　　C. 农学　　D. 医学

E. 哲学　　F. 历史学　　G. 文学　　H. 教育学

I. 法学　　J. 经济学　　K. 管理学　　L. 其他

20. 您学校所在地是?

A. 东北(黑吉辽)　　B. 华北(京津晋冀蒙)

C. 华东(江浙沪皖闽赣鲁)　　D. 华中(豫鄂湘)

E. 华南(粤桂琼)　　F. 西南(川贵滇渝藏)

G. 西北(陕甘青宁新)　　H. 其他

21. 您的政治面貌

A. 中共党员　　B. 中共预备党员　　C. 共青团员　　D. 群众

E. 其他党派或无党派人士

“一带一路”建设的理论逻辑与创新性发展
——基于新时代中国特色社会主义政治经济学的视角

韩 莹

摘 要 在21世纪的今天,面对风云变幻的各国关系,面对逆全球化思想的猛烈冲击,面对深刻变革的国际格局,在经济全球化浪潮下不断崛起的中国,站在新的历史条件下提出要推动建设人类命运共同体,进一步提出“一带一路”倡议,在全球范围内获得了广泛的关注与支持,是划时代的实践创新。站在新时代中国特色社会主义政治经济学的角度,对“一带一路”倡议的理论逻辑进行分析。“一带一路”建设的创新性发展是发展更高层次的开放型经济,加快构建开放型经济新体制,是坚定不移推动经济全球化进程的重要平台。

关键词 一带一路; 理论逻辑; 创新发展; 中国特色社会主义政治经济学

Theoretical Logic and Innovative Development of "Belt and Road" Construction
— Based on the Political Economy of Socialism with Chinese Characteristics in the New Era

Han Ying

Abstract In the 21 century, facing the changing relations of various countries, the fierce impact of the idea of anti-globalization, the international pattern of profound changes, and the rising China under the tide of economic globalization, Standing under the new historical conditions, it is an epoch-making practical innovation to promote the construction of human destiny community and the "Belt and Road" initiative. From the angle of political economy of socialism with Chinese characteristics in the new era, this paper analyzes the theoretical logic of Belt and Road initiative. The innovative development of "Belt and Road" construction is an important platform for developing a higher level open economy, speeding up the construction of a new open economy system, and unswervingly promoting the process of economic globalization.

Key words Belt and Road, Theoretical logic, Innovation development, Political Economics of Socialism with Chinese characteristics

1 引言

中国不只是构建人类命运共同体的倡导者,更是实践者,积极打造“一带一路”发展平台。

作者简介 韩莹,女,1995年10月出生,河南郑州人,同济大学马克思主义学院马克思主义理论专业2018级硕士研究生,主要研究方向为马克思主义中国化。

2013年，习近平总书记在哈萨克斯坦、印度尼西亚的演讲中，先后提出要共建丝绸之路经济带与21世纪海上丝绸之路，即“一带一路”倡议。查阅相关文献可以发现，目前“一带一路”的研究主要体现在以下几方面：有学者对“一带一路”的意义、从构想到现实的问题与挑战、区域合作前景、人民币国际化、与地方战略对接等问题进行多角度解读，阐述“一带一路”的全球化、文明、战略、经济、政治、外交逻辑①；有学者以基础设施建设为路径重构区域经济关系，探讨区域经济增长的构建、转型和扩容问题②；有学者以年度报告的形式，研究国内区域的建设规划，与沿线国家在道路、产能合作、金融、贸易、文化、生态保护、非传统安全等领域的合作问题③，以政府与政治、企业与经济、文化与人文、媒体与传播的视角介绍“一带一路”的基础知识、存在的问题并提出建议④。上述研究成果对推进“一带一路”建设具有重要的理论价值和现实意义。我们可以看到，从新时代中国特色社会主义政治经济学的视角分析“一带一路”建设尚不多见，因而本文将以此为角度，系统阐述“一带一路”建设的理论逻辑与创新性发展。

2 时代呼唤“一带一路”倡议的提出

“一带一路”倡议的提出是划时代的实践创新。在21世纪的今天，面对风云变幻的各国关系，面对逆全球化思想的猛烈冲击，面对深刻变革的国际格局，在经济全球化浪潮下不断崛起的中国，站在新的历史条件下提出要推动建设人类命运共同体，进一步提出“一带一路”倡议，是对新时代中国特色社会主义政治经济学的创新性发展，将发展更高层次的开放型经济，加快构建开放型经济新体制，坚定不移推动经济全球化进程。

2.1 金融危机引发“共振”，时代呼唤解决方案

全球经济社会最大的时代背景是金融危机的肆虐引发的“共振”。东欧剧变、苏联解体以后，西方发达资本主义国家主导下的新一轮经济全球化浪潮席卷而来，更为密切的历史性交往使得各国的共同利益更加广泛，在经历了20余年的繁荣发展期后，2008年金融危机却如海啸般迅速席卷全球，全球经济社会由此受到严重灾难。随之而来的欧债危机，引发强烈“共振”，导致了世界性的经济衰退，人类经济社会被迫进入了大发展大变革大调整时期。世界格局正发生着剧烈的变化，谁都不可能在经济全球化浪潮中“独善其身”。

在金融危机的影响下，西方发达国家纷纷启动“再工业化”进程，更有甚者秉承着本国优先、以邻为壑的想法，试图采取贸易保护主义和孤立主义的政策，与其他国家进行零和博弈，以此隔绝那些可能来自其他国家的负面影响。众多后发国家如亚非拉等发展中国家，长期面对资本、技术等方面的巨大缺口，因而基础设施比较落后，人民生活水平总体不高，社会发展能力还比较欠缺。金融危机带来的“共振”使这些还未在国际分工体系中有一席之地抑或是在国际分工体系中处于在低端位置的国家未来的发展动力更加不足。各种问题相互渗透、各种矛盾与难题交织将整个世界紧紧地捆绑在一起，对当今世界各国的发展造成了极大的威胁，时代的艰难前行呼吁有效的解决方案。我们现行的全球治理体系仍旧是由西方发达国家主导的，而如今西方中心主义已日渐式微，并不是西方发达资本主义国家的绝对实力衰落，而是在经济

① 王义桅.“一带一路”：机遇与挑战.北京：人民出版社，2015；梁海明.“一带一路”经济学.成都：西南财经大学出版社，2016；秦玉才等.一带一路”读本.杭州：浙江大学出版社，2015.

② 朴光姬.“一带一路”与区域经济增长机制的构建、转型与扩容.北京：社会科学文献出版社，2016.

③ 李永全.“一带一路”建设发展报告.北京：社会科学文献出版社，2016.

④ 赵磊.“一带一路”年度报告，北京：商务印书馆，2016.

全球化浪潮中，对西方中心主义的全球治理体系的质疑之声越来越多，广大发展中国家的崛起对西方奉行的“单边主义”产生了制衡。毋庸置疑，依靠传统发达国家引领世界经济走出困局变得几无可能。“而一些国家受金融危机深度影响，经济破产，政府瘫痪，人民饱受战火和疾病的威胁。这并不是单个国家有能力单独应对的。”①而中国在应对金融危机时，积极应对挑战，在逆境中表现出了较为强势的增长，为全球经济的稳定与复苏做出了巨大贡献。“连续多年对世界经济增长贡献率超过百分之三十，成为世界经济增长的主要稳定器和动力源。”②时代呼唤解决方案，越来越多的国家因而也将目光转向了中国。

2.2 中国积极搭建“一带一路”发展平台

2013 年，习近平总书记在哈萨克斯坦、印度尼西亚的演讲中，先后提出要共建丝绸之路经济带与 21 世纪海上丝绸之路，即“一带一路”倡议。此后习近平总书记在多个场合对其进行了深刻阐释，积极打造“一带一路”发展平台。“我们提出‘一带一路’倡议，就是要继承和发扬丝绸之路精神，把我国发展同沿线国家发展结合起来，把中国梦同沿线各国人民的梦想结合起来，在‘一带一路’建设国际合作框架内，各方秉持共商共建共享原则，携手应对世界经济面临的挑战，开创发展新机遇，谋求发展新动力，拓展发展新空间，实现优势互补、互利共赢，不断朝着人类命运共同体方向迈进。这是我提出这一倡议的初衷，也是希望通过这一倡议实现的最高目标。”③

面对全球金融危机，中国通过自身几十年的发展经验，深知开放的格局来之不易，大国的责任不容后退。有效的国际合作模式是维护世界经济稳定、促进全球经济增长的关键。当世界面临大调整时，“低估这期间所要求的国际合作规模显然不明智”，实行“以邻为壑”的“国家主义”必然导致“凄惨落幕”，“人类大家庭的团结和睦”才能够“狭路相逢”勇者胜④。“中国的发展得益于国际社会，也愿为国际社会提供更多公共产品。”⑤面对金融危机给世界经济发展带来的挑战，中国坚持以自身发展为契机，寻求让更多的国家搭上中国发展快车的途径，帮助其实现发展目标。“一带一路”的共建就是世界各国共同繁荣的机遇之路。共建“一带一路”提出 5 年以来，合作取得了重要成果，为增长世界经济开阔了空间，为加强国际合作打造了平台，为构建人类命运共同体作出了新贡献。特别是首届高峰论坛以来，在各方共同努力下，政策沟通范围不断拓展，设施联通水平日益提升，经济贸易与投资合作又上了一个新台阶，资金融通能力继续加强，人文往来也更加密切。在第二届“一带一路”国际合作高峰论坛中，习近平总书记再一次强调世界各国人民共同开创共建“一带一路”的美好未来。“共建‘一带一路’倡议，目的是聚焦互联互通，深化务实合作，携手应对人类面临的各种风险挑战，实现互利共赢、共同发展。”⑥

“一带一路”倡议源于中国，但属于世界。在共同努力下，“六廊六路多国多港”的互联互通架构已经基本形成，首届高峰论坛的各项成果也已经落实，一大批合作项目落地生根，150 多个国家和国际组织与中国签署了共建“一带一路”的合作协议。此倡议同联合国、东盟、非盟、欧盟、欧亚经济联盟等国际和地区组织的发展和合作规划对接，同各国发展战略对接。该平台为完善全球经济治理拓展了新实践，为增进各国民生福祉作出了新贡献，成为共同的发展之路、机遇之路、繁荣之路。

---

① 刘鹤.两次全球大危机的比较.管理世界，2013(3).
② 习近平.开放共创繁荣，创新引领未来.人民日报，2018(3).
③ 习近平.第一届“一带一路”国际合作高峰论坛上的开幕词.
④ 罗斯托.经济增长理论史：从大卫·休谟至今.陈春良译，杭州：浙江大学出版社，2016.
⑤ 习近平.中国发展新起点，全球增长新蓝图.人民日报，2016(3).
⑥ 习近平.第二届“一带一路”国际合作高峰论坛上的讲话.

3 理论逻辑:“一带一路”的政治经济学释析

对“一带一路”沿线国家的投资是我国在新的历史条件下经济发展的要求,也是新时代中国特色社会主义政治经济学对马克思政治经济学的创新性发展。“一带一路”建设是社会生产关系不断适应生产力发展的要求,是中国创立的合作共赢的具有中国特色的资本输出模式,它促进生产要素资源在全球的共享和再分工,这对国际政治经济新格局的建立可以起到重要作用。

3.1 “一带一路”是新时代生产关系适应生产力的发展要求

随着40多年来的改革开放,我国社会物质生产不断丰富,生产力水平不断提高,2020年,我国全年国内生产总值突破100万亿元,人均GDP突破1万美元,实现了较大增长。社会现存生产关系已不能满足现有生产力的需求,会引发新的社会矛盾,生产关系也必然会发生变化,促成新的生产关系的产生。国家之间发生经济联系,是社会生产力,特别是生产社会化和商品经济发展的必然产物,也是世界市场发展的必然结果。中国置身于世界市场体系之中,置身于经济全球化的浪潮之中,就不可避免地要发展对外经济关系。“一带一路”建设旨在促进经济要素自由有序流动、资源配置更加高效以及世界市场深度融合,让沿线各国人民共享“一带一路”发展成果。在生产力高速发展的前提下,需要生产关系的变革,以适应生产力的发展。“一带一路”沿线国家大部分属于经济欠发达的发展中国家,拥有广袤的土地资源、丰富的人口资源、充沛的石化能源,正好与我国的发展形成资金、技术和能源的互补,合作前景十分广阔。

建设“一带一路”发展平台是适应我国生产力发展对国际生产关系调整的有效举措。我国与“一带一路”沿线国家进出口增势良好,对“一带一路”沿线国家合计进出口增长13.3%,高出货物进出口总额增速3.6个百分点。国家发改委《关于2018年国民经济和社会发展计划执行情况和2019年国民经济和社会发展计划》中表明“一带一路”倡议提出以来,与沿线国家之间的合作取得了扎实进展。

3.2 “一带一路”倡议是中国特色的资本输出模式

在私有制条件下,资本家占有生产资料,其生产的目的是最大限度地获取剩余价值。故而无论是早期的殖民扩张,还是现在的国际贸易,都是发达资本主义国家在全球范围内获取剩余价值和不断进行资本积累的手段。西方发达资本主义国家通过资本、技术等方面的垄断,在全球范围内通过不平等交换获取巨额垄断利润,形成国际间不平等的生产交换关系。

在社会经济关系不断发生变化的时代背景下,“一带一路”倡议以平等交换、互惠互利、共同发展为目的积极参与国际交换与分工。其重点是利用中国在装备制造业、机械制造业等行业特定的比较优势以及丰富的基础设施建设经验带动沿线国家的基础设施项目建设,着力于为世界提供更多的国际公共产品,用电力、铁路、高铁、港口等基础设施所带来的“互联互通”增强世界的联动性。社会主义的本质是解放和发展生产力,消灭剥削,实现共同富裕,这一本质既适用于国内生产,也同样体现在“一带一路”的建设中,其坚持平等互利的合作原则,让各国人民共享发展成果,在此过程中,严格遵循市场经济原则并遵守国际商业准则。习近平总书记明确指出:“我们推动共建‘一带一路’目的是支持各国共同发展,而不是要谋求政治势力范围。‘一带一路’建设秉持的是共商共建共享原则,不是封闭的,而是开放包容的;不是中国一家的独奏,而是沿线国家的合唱。”[①]共建“一带一路”,关键是互联互通,实现共同发展繁荣。

---

① 习近平.第二届“一带一路”国际合作高峰论坛上的讲话.

因而我们的“一带一路”建设重在经济援助,并无附属政治条件约束。与西方资本主义国家获取最大剩余价值和不断资本积累的对外经济模式不同,中国的“一带一路”倡议是一种合作共赢、互惠互利的资本输出模式。

3.3 “一带一路”建设是资源的共享与再分工

随着科学技术和工业化水平的不断发展,劳动时间和劳动量作为社会财富创造的决定因素方面的影响力会越来越小,而科学技术作为社会财富创造的动因力量在生产中的应用所产生的效用越来越大。发达资本主义国家在经济全球化的浪潮中可以依靠自身发达的生产力以及对知识、技术、人才、信息等生产要素的垄断,在世界范围内对广大发展中国家进行剥削和压榨。显然,这种由西方发达国家主导的全球治理体系不适应经济全球化不断发展的需要。

在《推动共建丝绸之路经济带和21世纪海上丝绸之路的愿景与行动》中明确指出共建“一带一路”旨在促进经济要素有序自由流动、资源高效配置和市场深度融合,推动沿线各国实现经济政策协调,开展更大范围、更高水平、更深层次的区域合作,共同打造开放、包容、均衡、普惠的区域经济合作架构。“一带一路”充分发挥国际市场这个大平台,坚持市场运作的原则,更好促进生产要素的流动和资源的配置,打造新型价值链,促进大合作、大发展、大繁荣。我国适时推动“一带一路”建设,致力于提升沿线各个国家的国际竞争力。通过人才流动、设备提供、技术输出等方式,促进各生产要素在全球范围内的流动,使得沿线国家逐渐提升生产要素的占有优势,不断提升其在国际分工的竞争能力。同时,“一带一路”倡议致力于促进区域间合作,营造协同发展的良好环境。“一带一路”为沿线国创建互联互通的合作环境,致力于区域协同发展。“一带一路”沿线各国由于基础设施差,相互往来和合作环境差,通过通路、通航、通信等工程的建设,为各国的经济贸易合作创造条件,在相互合作中实现国际资源的共享和再分工。“一带一路”倡议通过沿线经济一体化的发展,建立新的稳定的经济圈,且这个经济圈将涵盖中亚、西亚、南亚和东南亚且辐射到非洲部分地区,由此推动国际政治经济新格局的发展。

4 “一带一路”建设的创新性发展

“一切划时代体系的真正内容都是由于产生这些体系的那个时期的需要而形成起来的。”①从现代经济学的发展历程看,每一个理论的形成和发展都与实践中的重大经济社会事件密不可分。如亚当·斯密的比较优势、要素禀赋、“经济人”等理论假设至今依然是西方主流经济学坚不可摧的公理,是由于18世纪的英国工业革命方兴未艾,他在当时的时代背景下认识到分工带来的巨大收益以及市场经济的巨大作用;马克思也是在工业革命的浪潮中深入研究资本主义生产方式以及和它相适应的生产关系和交换关系,并揭示了资本主义生产方式的运行机制及其基本矛盾,得出了资本主义必然灭亡的历史趋势,使社会主义由空想变为了科学。在经济全球化浪潮中,“一带一路”建设在全球经济社会取得了巨大成果,为中国特色社会主义政治经济学理论创新性发展提供了实践基础。

4.1 “一带一路”引领新的全球化路径

工业革命以来,世界经济全球化进程不断深化,迄今已完成的全球化进程可以划分为两个阶段。工业革命爆发到第二次世界大战结束可以说是第一次经济全球化阶段,在第一次全球

① 马克思,恩格斯.马克思恩格斯全集,第二版第三卷.北京:人民出版社,2002:544.

化进程中，主要是以英国为首的西方资本主义国家。“各个相互影响的活动范围在这个发展的进程中越是扩大，各民族的原始封闭状态由于日益完善的生产方式、交往以及因交往而自然形成的不同民族之间的分工消灭得越是彻底，历史也就越是成为世界历史。”①地理大发现使得世界日益联系在一起，资本在迅速扩张，资产阶级的殖民扩张，不断争夺原料产地和销售市场，各个国家被迫卷入世界性普遍交往之中，推动着地域性历史向世界历史的方向前进，为了获得更多物质资料的资产阶级不断搜刮各国财富。资产阶级在历史上起到过的非常革命性的作用就是把一切封建的、宗法的和田园诗般的关系破坏了，“由于开拓了世界市场，使一切国家的生产和消费都成为世界性的了”②。但这种残忍的疯狂扩张最终引起了两次世界大战，给世界各国人民带来了沉重灾难。其后随着世界经济格局的变化和国际经济中心的变迁，第二次世界大战以后至2008年成为第二次经济全球化阶段，以美国为首的西方发达资本主义国家为主。两次全球化进程都在很大程度上重塑了全球经济面貌，促进了全球经济繁荣，加强了世界各国之间的相互关联。但究其根本，两次全球化进程都是由英美等发达资本主义国家推动的，是为了解决其内部矛盾。因而当全球性金融危机爆发以后，部分发达国家第一反应是通过转嫁矛盾来缓解危机所带来的危害。当危机影响持续加深并且可能产生来自其他国家的负向反馈时，为了维护自身的利益，当年为了推进经济全球化和贸易自由化而不惜发动战争的全球化“缔造者们”竟然采取了“逆全球化”措施（2008年金融危机后，英国“脱欧”，美联储通过启动量化宽松计划使得美元快速贬值，特朗普政府秉持“美国优先”的政策，并采取退出TPP和提高关税等贸易保护措施）③，贸易保护主义纷纷抬头并发动大规模贸易战，重创后发国家和新兴经济体以转嫁危机，传统的全球化路径难以为继。

在此背景下，中国作为在第二次全球化发展阶段中取得成功的发展中大国，秉持“经济全球化是社会生产力发展的客观要求和科技进步的必然结果”④，在全球化的浪潮中不能故步自封，世界各国只有加大开放才能共同走出危机，实现共同发展与繁荣。中国准确把握金融危机爆发以来人类社会长远利益的共同矛盾，推动共建“一带一路”发展平台，通过合作谋求共赢，推动构建人类命运共同体。中国开辟了一条新型经济全球化道路，开启了人类社会经济发展的第三次全球化进程。首先，这是工业革命以来第一个由发展中国家主导的以构建人类命运共同体为出发点和落脚点的经济全球化进程，不论对中国还是对世界来说都是一个全新的议题；其次，在这次全球化进程中，中国作为倡导国并不追求占取其他国家的发展成果，而是以共商共建共享的联动发展理念，欢迎世界各国搭乘中国高速发展的快车，通过基础设施项目建设帮助沿线国家培育实现自身发展；再次，中国并没有试图以自己的形象，为自己创造出一个与自己国家价值观一致的世界，而是“履不必同，期于适足；治不必同，期于利民”，鼓励其他国家“顺应大势、结合国情，正确选择融入经济全球化的路径和节奏”⑤。可以说，“一带一路”实践为中国特色社会主义政治经济学理论发展贡献了力量。

4.2 “一带一路”催生新的经济治理体系

长期以来，一些政客错误解读我们所倡导的“一带一路”建设，将此倡议与“马歇尔计划”混为一谈，妄图给“一带一路”打上“霸权主义”和“新殖民主义”的标签。这种观点忽视了“马

---

① 马克思，恩格斯.马克思恩格斯选集，第三版第一卷.北京：人民出版社，2012：168.

② 马克思，恩格斯.马克思恩格斯选集，第三版第一卷.北京：人民出版社，2012：404.

③ 佟家栋，刘程.“逆全球化”浪潮的源起及其走向：基于历史比较的视角.中国工业经济，2017(6).

④ 习近平.共担时代责任，共促全球发展.人民日报，2017(3).

⑤ 习近平.共同开创金砖合作第二个“金色十年”.人民日报，2017(2).

歇尔计划”是在美苏争霸的冷战时期美国为了占领欧洲市场而提出的这一历史背景,美国的目的是以自己形象重塑一个欧洲,所以用自己的财政资金对本已处于发达国家行列且与自己政治立场契合的欧洲国家进行有条件的生产力恢复性援助。“一带一路”倡议绝“不是对外援助计划,而是共商共建共享的联动发展倡议”①,它是由中国发起的以发展中国家为主体的新的国际合作模式,是为了促进新的经济治理体系的发展。

在金融危机席卷全球,经济环境持续恶化,逆全球化浪潮此起彼伏,国际社会大发展大变革的今天,“一带一路”是中国为带领世界走出危机的划时代的实践创新。它的重点对象是那些不具备经济发展的良好环境,缺乏实现经济快速发展所必需的先行资本的后发国家。以往发达国家在发展中国家进行建设的主要目的是造成以全人类互相依赖为基础的普遍交往以及进行这种交往的工具,进而增强在全球范围内进行扩张与掠夺的便利性,无意为这些国家提供促进其生产力增长的正常的基础设施。长此以往,后发国家陷入债务危机的可能性增大,反而得不偿失。而中国作为世界上最大的发展中国家,推动“一带一路”建设之所以将重点放在有利于后发国家发展生产力的基础设施方面,一方面是基于自身几十年的发展经验,审慎考虑沿线发展中国家的可持续发展;另一方面是具有广阔的国际视野以及坚强的责任担当,希冀通过为后发国家提供发展必需的基础设施,帮助其打破限制发展的瓶颈,从而实现有效的资本积累和培育长远的发展能力。在过去的几十年,全球经济格局发生着深刻变化,但是由世界银行和国际货币基金组织等机构和组织塑造的国际经济治理体系,并没有与时俱进地去适应这种新变化。而面对风云变幻的各国关系,面对逆全球化思想的猛烈冲击,面对深刻变革的国际格局,我们亟需新的国际治理体系的产生。发达国家一直在两大国际金融机构中占据着垄断地位,这种缺乏代表性和包容性的全球经济治理体系,没有有效地为后发国家基础设施建设、生产能力培育等方面的发展提供及时有效的金融支持。1997 年亚洲金融危机爆发时深陷泥淖的亚洲国家就曾迟迟得不到国际金融援助,这种现象到 2008 年全球金融危机时期不但依然存在,反而越发严重②。由此,为了弥补和解决当前全球经济治理体系的政治偏向、功能缺失与落伍于时代,并缓解亚洲基础设施建设的资金短缺等问题,中国在金砖国家银行、上合组织开发银行等金融平台的组建和运营的经验基础上,积极推动亚洲基础设施投资银行和丝路基金的成立,为重塑全球经济治理体系注入了重要的中国力量,这也是中国为促进新的经济治理体系发展所做的努力。

4.3 “一带一路”建设倡导新的义利观

在 2013 年习近平主席出访非洲之际,就提出“正确义利观”的重要命题。“义,反映的是我们的一个理念,共产党人、社会主义国家的理念。这个世界上一部分人过得很好,一部分人过得很不好,不是个好现象。真正的快乐幸福是大家共同快乐、共同幸福。我们希望全世界共同发展,特别是希望广大发展中国家加快发展。利,就是要恪守互利共赢原则,不搞我赢你输,要实现双赢。我们有义务对贫穷的国家给予力所能及的帮助,有时甚至要重义轻利、舍利取义,绝不能唯利是图、斤斤计较。”③学术界普遍认为义利观是指处理经济活动中不同利益之间经济关系的理论主张。自古以来,中国就强调重义轻利、先义后利,孔子指出“君子喻于义,小人喻于利”;墨子认为“义,利也”,强调“必顺虑其义,而后为之行”;孟子则提出“王何必曰利,亦有仁义而已矣”;朱熹强调“必以仁义为先,而不以功利为急”。这些都凸显了中华民族传统

---

① 习近平.共同开创金砖合作第二个“金色十年”.人民日报,2017(2).

② 郑伟,桑百川.“一带一路”倡议的理论基础探析——基于世界市场失灵的视角.东北亚论坛,2017(2).

③ 王毅.坚持正确义利观,积极发挥负责任大国作用.人民日报,2017(7).

文化中处理“义”与“利”的行为准则。而西方的“义利之辩”于毕达哥拉斯、苏格拉底和德谟克利特时期便存在着长期的激烈讨论。马克思和恩格斯指出,正确理解利益是整个道德的基础,必须使个别人的私人利益符合于全人类的利益。

随着“一带一路”建设实践不断深化,各方利益交织,这一命题向世界传递了中国的“正确义利观”,体现出大国的责任与担当,有利于与世界各国共创良性互动、互利共赢的发展格局,有利于吸引更多的国家参与共建“一带一路”倡议。“义利观”命题的提出,为“一带一路”经济学理论体系未来的发展甚至整个经济学未来发展走向提供了一条与现行西方主流经济学理论不同的全新发展思路。现行西方主流经济学自亚当·斯密以来,特别是经过“边际革命”“经济人”假设作为探究人类经济行为的出发点,以此推演出整个经济体系的动态发展过程。“经济人”假设本是简化问题分析的需要,却忽视了在特定历史时点的行为特性,过分强调个体对利益追求的绝对理性,人与人之间的普遍联系被忽略。“经济人”假设导致国际经济环境内国与国之间关系也蒙上了“经济人”色彩,某些国家一味追逐本国利益最大化,全然不顾其他国家的发展情况和全人类的共同发展。同时,随着经济全球化和区域一体化的深入发展,各国之间的关系已经不再是“你退我进”“你输我赢”“你少我多”的对立竞争关系,零和博弈已经不适应各国经济发展的需要,世界关系更多地表现出来的是“你中有我、我中有你、一荣俱荣、一损俱损”①的紧密关系。传统的“经济人”思维不可避免地存在过时性与狭隘性。而新的义利观具有很好的时代适应性与历史包容性,是对经济环境动态发展变化的重要判断,也是对经济学发展理论基石的重要探索与贡献。义利观强调合作共赢,认为“国不以利为利,以义为利也”,要“坚持正确义利观、以义为先、义利并举,不急功近利,不搞短期行为”;欢迎各国通过“一带一路”搭上中国发展的“快车”②。这不仅是对“经济人”假设的片面性的弥补,更是从理论基点层面的超越。它将使得私人利益与他人利益或者社会利益紧密联系起来。

“一带一路”丰富了中国特色社会主义政治经济学关于“社会主义国家对外经济关系”的内容,彰显了具有中国特色的开放型经济体系的全新格局。站在新时代中国特色社会主义政治经济学的角度,对“一带一路”倡议的理论逻辑进行分析,其创新性发展是发展更高层次的开放型经济,加快构建开放型经济新体制,是坚定不移推动经济全球化进程的重要平台。对于中国在更大范围、更广领域、更高水平上推进对外开放,实现全面建成小康社会的奋斗目标具有重要的历史与现实意义。

参考文献

[1] 马克思,恩格斯.马克思恩格斯选集第一卷[M].2 版.北京:中央编译局,2012.

[2] 习近平.习近平谈治国理政[M].北京:外文出版社,2014.

[3] 曹锦清.如何研究中国[M].上海:上海人民出版社,2004.

[4] 王义桅.“一带一路”:机遇与挑战[M].北京:人民出版社,2015.

[5] 梁海明.“一带一路”经济学[M].成都:西南财经大学出版社,2016.

[6] 朴光姬.“一带一路”与区域经济增长机制的构建、转型与扩容[M].北京:社会科学文献出版社,2016.

[7] 李永全.“一带一路”建设发展报告[M].北京:社会科学文献出版社,2016.

[8] 赵磊.“一带一路”年度报告[M].北京:商务印书馆,2016.

---

① 习近平.共创中韩合作未来共襄亚洲振兴实业.人民日报,2014(2).

② 习近平.借鉴历史经验创新合作理念,让“一带一路”建设推动各国共同发展.人民日报,2016(1).

新时代高校思想政治理论课教学创新研究
——以符号互动理论在案例教学实践的运用为例

韩 莹

摘 要 全国高校思想政治工作会议中指出，立德树人是高校办学的根本任务，而思想政治理论课是落实立德树人根本任务的关键课程，是不可替代的课程，思政课老师更是承担着塑造灵魂、塑造生命、塑造新人的历史重任。人际互动是社会产生的条件，师生互动更是课堂存在的基础，案例教学法是在高校思政课中被广泛采纳的方法。符号互动理论主张社会活动是各种符号相互作用的过程，故而该理论在以互动为内核的思想政治理论课案例教学中具有适切性与启发性。在符号互动论的视野下，通过探求高校思政课案例教学与符号互动理论的适切性，以把握思政课案例教学中的符号互动理论的运用，应该从案例文本的创作、教学语言的锤炼、互动方向的控制、高端情感符号的培育等创新性角度"有意味"地回应热点问题，做到"能讲"又"会讲"，关注"沉默者"的互动反馈，增加师生互动的深度以创造一个良好的课堂互动环境，促进教学效果的优化，以期提升思想政治理论课教学的有效性与实效性。

关键词 新时代；思想政治理论课；符号互动理论；案例教学

The Innovation of Ideological and Political Theory Teaching in Colleges and Universities in the New Era
— Take the Application of Symbolic Interaction Theory in Case Teaching Practice as an Example

Han Ying

Abstract The national conference on ideological and political work in colleges and universities points out that the Ideological and Political Theory course is the key course to carry out the fundamental task of setting up a university, and it is an irreplaceable course. Ideological and Political teachers are responsible for shaping soul, shaping life, shaping new people. Interpersonal interaction is the condition of society, and teacher-student interaction is the basis of classroom existence. Case teaching method is widely adopted in Ideological and Political courses in colleges and universities. The theory of symbolic interaction advocates that social activities are the process of various symbolic interactions, so this theory is appropriate and enlightening in the case teaching of Ideological and Political Theory course with interaction as the core. In order to grasp the application of the symbolic interaction theory in the case teaching of Ideological and Political courses in colleges and universities, we should respond to hot issues from the creative angles of case text creation, teaching language training, interactive direction control, cultivation of high-end emotional symbols, so as to be able to speak and speak, pay attention to the

---

作者简介 韩莹，女，1995年10月出生，河南郑州人，同济大学马克思主义学院马克思主义理论专业2018级硕士研究生，主要研究方向为马克思主义中国化。

interactive feedback of the silent, increase the depth of teacher-student interaction in order to create a good classroom interaction environment and promote the optimization of teaching effect, so as to improve the efficiency and effectiveness of ideological and Political Theory teaching.
Key words New Era, Ideological and Political Theory, Symbolic Interaction Theory, Case teaching

1 引言

习近平总书记在学校思想政治理论课(以下简称“思政课”)教师座谈会中强调:“新时代贯彻党的教育方针,要坚持马克思主义指导地位,贯彻新时代中国特色社会主义思想,坚持社会主义办学方向,落实立德树人的根本任务……努力培养担当民族复兴大任的时代新人,培养德智体美劳全面发展的社会主义建设者和接班人。”①党的十八大以来,全国高校思想政治工作会议、全国教育大会、学校思想政治理论课教师座谈会等会议相继召开,对高校思政课的教育工作做出了一系列的部署。并且“我们对高等教育的需要比以往任何时候都更加迫切,对科学知识和卓越人才的渴求比以往任何时候都更加强烈”②。可见,当前以习近平同志为核心的党中央对高校思政课的教育教学是高度重视的。新时代高校思政课的实践教学更凸现其重要性。

对于思想政治教育本身来讲,是教育双方借助于各种符号系统所传递的教育信息而相互作用、相互沟通和相互理解的精神交往过程。师生互动是课堂的基础性存在,而符号互动理论主张社会活动是各种符号相互作用的过程,故该理论在以良性互动为内核的思政课案例教学中具有适切性与启发性。通过以社会学中符号互动的相关理论和方法在思政课案例教学实践中的运用为例进行研究,把握思政课案例教学中的符号互动理论的运用,以期对增强思政课案例教学的实效性有所助益,促进新时代高校思想政治理论课教学的创新性发展。

2 高校思政课案例教学与符号互动理论的适切性

符号互动理论创立于20世纪30年代的美国,至今仍是有很大影响的理论流派。该理论的核心观点是:人类创造并运用符号,社会活动是符号相互作用的过程,心灵、自我和社会都是在符号互动中产生的。对于高校思政课案例教学的实践来说,作为师生互动的课堂实践,是可以被看作符号互动过程并运用符号互动的相关理论进行分析的。

符号互动理论的理论基础是由美国心理学家与哲学家杜威、詹姆斯等奠定的,而后库利与托马斯等人对其进行了发展。库利认为个人与社会是不可分离的,提出了“镜中自我”“参照群体”等一系列概念;托马斯则提出了“情景定义”的概念。而符号互动理论真正的开创者是米德,他将符号定义为“有意味的姿态”③。这种姿态是存在于符号发出者与接受者之间的共同反映,只有引起这种共同的刺激与反映,“姿态”才是“有意味的姿态”,或者说是“有意味的符号”。米德认为各种符号在沟通中产生重要作用的是“达到其最高级、最复杂发展阶段的语

---

① 习近平主持召开学校思想政治理论课教师座谈会强调用新时代中国特色社会主义思想铸魂育人贯彻党的教育方针落实立德树人根本任务[N].人民日报,2019-3-19.

② 习近平.习近平谈治国理政(第二卷)[M].北京:外文出版社,2017:376.

③ 乔治·赫伯特·米德.心灵、自我与社会[M].霍桂桓,译.南京:译林出版社,2012:44.

言"[①]，同时强调，就算人类所有的语言都可以是有意义的，但在沟通中并不都是有意味的，只有当一组语言在倾听者那里引发的反应与说话者所预期的反应相同时，它才是"有意味的符号"[②]。关于这种"意味"意义的产生与变化，继承了米德衣钵的布鲁默进行了深入探讨，他认为意义不是理所当然和固定不变的，而是"从一个人与其同伴进行的社会互动中衍生或者产生出来的"[③]。在这个过程中，布鲁默不仅对"有意味的符号"的范畴进行了扩大，同时提出"行动者根据他被置于其中的情境和他的行动方向，选择、审度、搁置、重组、转化各种意义"[④]。于是他在"刺激—反应"公式的前提下构建了符号互动的模式：刺激—解释—反应。而后，戈夫曼将关注点转移至互动的过程与结果上，提出了"拟剧理论"，他把符号具象化为戏剧中的剧本、演员、舞台、观众、表演、道具等术语，把行动者比作演员，认为表演是"特定的参与者在特定的场合，以任何方式影响其他参与者的所有活动"[⑤]。戈夫曼着重分析了个人与他人在交往中如何获得社会效果，符号互动理论更加重视对日常生活中的行为中，揭示了个人与个人、个人与他人、个人与社会等个体间的在情境中的相互作用的微观机制。

通过探讨符号互动理论的内在机理，可以看到，高校思政课案例教学与符号互动理论的适切性主要体现在以下方面：首先，从高校思政课案例教学对符号的依赖性看，高校教师与学生处于不同的需求与目的之下，总是会依据课堂教学情境中所能注意到的每一个客体（即具象化的符号），如物理客体——书本、桌椅、窗户、教室等；社会客体——学生、教师等相关人员；抽象客体——理论、观念、氛围等进行运用。其次，从高校思政课案例教学对符号的利用来看，高校教师总是会通过呈现案例文本符号以及其他符号不断刺激学生，学生会根据自己对于文本符号的自我解释对此作出相关的反应，在这种刺激的反应下，会对互动的另一方（教师或其他学生）产生新的刺激，由此接着新一轮的刺激、解释与反应。通过这一次次推进式的循环反应中，参与课堂教学的教师与学生会不断修正符号的意义，由此促进教学目标的达成。再次，从思政课案例教学的互动过程与有效性结果来看，要想在互动教学过程中取得实际效果，高校教师必须善于在与学生的符号互动过程中不断思考，不断改进自己的运用案例进行教学的方式，以不断促进思政课教学的创新性发展。

虽然符号互动理论对社会活动中的个人因素过分强调而忽视了社会制度的作用，对于宏观的社会现象并不能有效解释清楚。但也正是从微观层面出发，可以使其对于社会生活的研究相较于宏观理论显得更精准，也更有指导意义。当前，符号互动论已被广泛应用于学校教育、家庭生活、新闻传播等诸多领域。可以看到，符号互动理论的理论内核是高校思政课教学中的重要理论基础，而高校思政课更是充分利用了各种符号形式进行理论教学，不仅可以把高校的思政课案例教学看作是具象化的符号互动过程，这二者之间具有极强的适切性。

3 新时代高校思政课教学的符号互动性

当前，高校的思想政治教育工作处于更加突出的地位。在全国高校思想政治工作会议中，提出了立德树人是高校办学的"根本任务"，而思想政治理论课是落实立德树人根本任务的关

---

① 乔治·赫伯特·米德.心灵、自我与社会[M].霍桂桓，译.南京：译林出版社，2012：87.

② 乔治·赫伯特·米德.心灵、自我与社会[M].霍桂桓，译.南京：译林出版社，2012：32-33.

③ 赫伯特·乔治·布鲁默.论符号互动论的方法论[J].霍桂桓，译.国外社会学，1996(4).

④ 赫伯特·乔治·布鲁默.论符号互动论的方法论[J].霍桂桓，译.国外社会学，1996(4).

⑤ 欧文·戈夫曼.日常生活中的自我呈现[M].冯钢译.北京：北京大学出版社，2008：12.

键课程，是不可替代的课程，思政课老师更是承担着塑造灵魂、塑造生命、塑造新人的历史重任。高校思政课是师生互动交流的平台，故而，在新的历史条件下研究高校思政课案例教学的符号互动性，应当从把握互动符号以及控制符号互动过程出发进行探讨。

3.1 把握互动符号

高校思政课的案例教学中，教师在这一互动情景中担当着重要的角色。老师与学生是思政课堂的主体，教师在这一情境中起着引导性作用，教师不仅要在案例教学时考虑用怎样的符号才能激发学生的学习与互动的热情，更要考虑怎样把握符号才能准确表达自己的意愿并使得学生可以准确理解与接受符号。

3.1.1 把握情感符号

人作为情感性动物，在社会互动中总能通过各种形式体现出来。在互动交往中，人们总会带着或喜悦、或悲伤、或恐惧、或愤怒等的内在情绪或情感，通过个人的动作、神态、表情、语气等外在形式体现出来，这些具象化的情绪统称为情感符号。在互动情境中，一方面，人们会体现出积极、自信、热情的情感投入状态，这种积极的情感投入状态往往与互动情境相符，所以这些被我们视为人们的高端情感符号；另一方面，在情境互动中，人们产生了冷漠、消极、不主动的情感状态，这时往往促就与情境相互排斥的状态，这些便是我们所说的低端情感符号。

在高校思政课堂案例教学中，自由自觉地使用高端情感符号是教师在案例教学中的重要因素，教师出于自身的职业责任感，需要把握的就是高端情感符号。由于教师在课堂中需要主导与控制互动方向，所以用积极的态度进行教学是极其重要的。教师在课堂中激情、热情、主动地进行符号互动，可以将积极的情感态度传递给学生，学生在这种高端情感的刺激下更易作出积极的反应，这种反馈能够同时感染到老师与其他同学，激发学生的内在情感驱动力，这样的互动情境会使情感符号的利用更加有效，同时也更易达成思政课的运用案例教学的目标。而对于课堂中不积极的“沉默者”来说，高端情感符号的利用显得更为重要，如若教师采取低端情感符号面对学生，这些学生将在互动情景中更加冷漠与消沉。教师在思政课中不论是对案例文本的解读、相关理论的阐释，还是与学生课堂的讨论、与学生之间的互动，都需要依托于高端情感符号。

师生符号互动过程中，符号的发出与反馈是双向的，把握情感符号最重要的是要培养学生的内在高端情感驱动力。教师在教学中如果对学生的反馈漠不关心、消极冷漠，学生在下次的情景互动中将会发出同样的情感符号。故而教师需要把握积极主动的高端情感符号，以此不断提高学生的情感驱动力，提升案例教学的实效性。

3.1.2 把握文字符号

高校思政课的案例教学中的文字符号就是教师所创作的“案例文本”，这里的文字符号不是传统意义上文字，而是在教学中所使用的案例文本，这是进行案例教学的起点。教师在进行创作时，一定会考虑到师生互动应该涵盖的基本内容以及师生互动的基本方向，教师在进行互动时应当引起学生与教师预期一致的反应，故而教师创作的案例文本的文字符号应当是有“意味的”符号。

从案例文本引起的反应结果来看，一般会产生三种结果：一是学生在互动情景中积极接受并准确理解了文字符号，这是与教师期冀的反应相一致的结果；二是由于学生在接收时对教师的案例文本进行自我解读时产生了曲解，没有正确理解老师真正的文本创作意图；三是学生用冷漠消极的情感态度面对老师的文字符号，即面对老师的案例文本，学生不做出反应或拒绝进行反应。从米德所提出的“有意味的符号”来看，只有学生作出第一种积极的反应结果，才是真正有意义的案例文本与文字符号。对于高校教师来说,要想规避后面两种反应结果产生,必然需要将自己的文字符号的创作意图明确清晰地表达出来。按照布鲁默的符号互动模式来说,这一过程是刺激—解释—反应的互动模式,所以学生对教师作出反应依托的并不是原始的刺激信号而并是解释这一环节。在师生的文字符号互动中含有案例文本本身具有的文本意义、符号发送者的主观意图以及接受者的解释意义。对于学生来说,在教师的案例文本中,他接受的仅仅是这一文本意义本身,但是对该文本的解释是不同的,当学生在解释中不能与教师的意图一致,将产生第二种互动反应结果。当然,当学生对文本意义本身就已经产生怀疑,认为其没有认知意义,那么将会产生第三种互动结果。

由此,在创作案例文本时教师的文本意义与意图意义就需要明确表达清楚,不仅要用准确严谨的文字符号表达意图,使得文本意义与教师的主观意图是一致的。还要考虑学生的接受情境,在思政课案例教学中运用多样的文字符号促使学生更好地解释文本,确保解释意图与教师创作的案例文本本身的意图是一致的。

3.1.3　把握语音符号

米德指出,不管是何种身体姿态、表情动作,都不会像语音姿态那样可以承载符号发出者与接受者共同意义,即是说声音符号更能使人们在与他人互动沟通中把握文本意味,原因就在于"一个人通过声音姿态比通过面部表情更容易使自己介入并把握自己"[①]。因为"声音刺激的重要意义在于这样一个事实,即个体能够听到他所说的事情,并且在听他所说的事情的过程中,他就倾向于像其他人做出反应那样做出反应"[②]。

在思政课堂中,语音符号是教师教授知识的重要桥梁。对于教师来讲,即使随着网络信息技术的发展,多媒体、视频、音像等现代网络技术可以在课堂中发挥一定的作用,然而教师对知识进行传递与价值传导时主要还是要依托于语音符号,即教师的"讲话"。教师的语音符号是不能被取代的,决不能因为某些音频的较强的表现力而忽视语音符号的运用。学生在课堂中接收老师传出的最直观的信号即是语音符号,教师在表达"有意味的文本符号"时,通过"讲话"将文本意义与意图意义传递给学生,学生通过语音符号对案例文本进行解读,内化为自己的解释意义,由此更好地接受到教师的案例文本。教师在课堂教学中一定要具备积极的语言技巧,通过形象生动的案例文本入手,将思政课中抽象枯燥的概念与理论讲述得更为生动有趣,使学生更愿意倾听。思政课堂中师生双方互动语言符号需要真实与质朴,如若沉溺于宏观叙事的话语体系中,并用高腔大调与空洞乏味的套话粉饰自己的语言符号,极易丧失语言话语权,同时也会在表达中掺杂更多虚幻的情感符号,将会迷失思想政治教育原本的目标。

教师的"讲话"作为教育教学的核心媒介,通过声音符号进行互动沟通。由此使得教师能够站在学生的角度解释互动符号,通过文本的解释过程来判断文本意义是否与教师所要传递的意图意义相符合,由此可以在不断地沟通解释中及时做出动态性的调整而传递案例文本的意义。

3.1.4　把握多媒体符号

习近平总书记在全国高校思想政治工作会议中表达了互联网对高校思想政治教育的重要作用。我们当前正处于一个信息化的大数据时代,随着网络信息化的不断推进,多媒体符号作为高校思想政治教育的一个崭新阵地,在很大程度上不断地在改变着传统的思想政治教育的

---

① 乔治·赫伯特·米德.心灵、自我与社会[M].霍桂桓,译.南京:译林出版社,2012:65.

② 乔治·赫伯特·米德.心灵、自我与社会[M].霍桂桓,译.南京:译林出版社,2012:70.

模式。可见,信息网络对当代高校思想政治教育工作的开展有着重要意义。科学技术的日益发达、教学条件的日益完善,为高校思政课堂中进行案例教学时的多媒体符号的丰富应用创造了更好的条件。

高校思政课的教育内容是使得思想政治教育者和受教育者相互连接的重要媒介。因而,提高高校思想政治教育效果的最有效的途径是从教育内容入手,而运用多媒体符号能够更好地整合高校思想政治教育的内容。要确保信息网络背景下高校思想政治教育内容的真实性,就必须在运用多媒体符号时规避各种虚假不实信息的传播。在信息网络的大背景下,教育者和受教育者可以用更多的方式进行交流,不再局限于面对面的交流,但高校思想政治教育的内容并不是凭空产生的,其源于现实生活,并实践于现实生活。网络空间的时效性和及时性,可以使得高校的思想政治教育工作者根据社会实践的发展和受教育者实际的思想意识形态进行与时俱进,准确把握受教育者思想的变化,从而对教育内容进行创新。

从多媒体符号的作用来看,随着单一的文字符号呈现的状态被集图画、音乐、影像等多媒体符号的展示方式所取代,案例教学的表意更加明确,多媒体符号相互配合并共同作用于解释过程。可以利用图片、微视频、网络课堂等多种多样的多媒体符号对教育内容进行传播,这些方法让高校思想政治教育内容的传播更加生动活泼,使受教育者能够更好更快地接受教师所要传递的文本意图。

需要注意的是,不能为了追求教学形式上的多变而无视教学的需要滥用多媒体符号,这样只会适得其反。由于多媒体符号中的影音、图片等多是对教学方式的补充,在不同情境中更是有着不同的应用目的。而对于大多并非原创性的多媒体符号,如若不加以认真甄别与筛选,一旦符号表意不明确,接受者对文本的解释意图的理解可能会发生偏差。

3.2 控制互动过程

以戈夫曼的拟剧理论为视角,师生双方的互动过程就像是一场戏剧演出,教师与学生是在舞台表演的演员,同时又都是这出场演出的观众。我们以拟剧理论为例,可以将控制思政课的互动过程比拟为控制舞台的过程。

一方面,教师扮演好编剧与导演的角色。高校思政课的案例教学不同于其他课程的案例教学的突出特点就在于思政课程要“体现社会主流意识形态的内在要求,具有政治导向性”①。所以在这场情境互动中,教师必须要控制好演出方向,不能偏离思想政治教育的主流意识形态的轨迹。当前随着信息网络技术的发展,由于网络的虚拟性和匿名性,高校思想政治教育中现实人身份的“缺失”,师生双方在信息网络中进行的交往活动将会弱化教育者和受教育者之间的关系。因为教育者和受教育者双方的那种面对面交流的机会随着数字化和符号化的网络人机交往模式的增加而减少,虽然在短期内可以在一定程度上反映出受教育者的意识形态的变化,但长期发展下去,双方在现实中的相互交流的减少,还是会导致双方在现实生活中的关系越来越疏远。而在当代信息网络多元文化的背景下,受教育者的意识形态在这种相互博弈与制衡的多元文化的环境下更容易受到侵蚀,西方资本主义国家为了输出自己的意识形态,会借助信息网络进行文化霸权主义的渗透,将西方的意识形态强加于受教育者身上。在此过程中,资本主义国家利用受教育者追求自由与个性的心理状态,大肆传播功利主义、享乐主义等非主流文化,这些负面意识形态通过信息网络的宣传,蒙蔽了受教育者的内心,使他们不断被这种

---

① 杨慧民.高校思想政治理论课案例教学操作模式探析——以“一切从实际出发”教学内容为课例[J].思想理论教育导刊,2010(11):63-67.

物质主义的意识形态所影响。

由于当代高校的学生会接触到更为复杂的信息，他们在这场演出中会展示出自身强大的表现欲望，或是跳跃的思维方式，或是标新立异的表演，在互动与谈论的过程中会纠缠于无关紧要的问题，这就需要教师发挥自己的导演与编剧角色，及时改变剧本以控制互动的方向。不管是通过转移学生的关注点，还是巧妙打断学生的表演，抑或是了无痕迹的引导，都要最终将学生焦点聚焦于自身的教学主题之下。反之，若是在此过程中教师未能找到良好的切入点以有效地将学生的表演引导至导演的方向上，可能会掉入学生的表演陷阱，使自己变成局外人，从而导致教学质量低下，无法把握自己的导演与编剧的角色。

另一方面，教师扮演好演员与观众的角色。在思政课堂的情境中，师生互为表演者与观众，故而在这场表演中要扮演好演员与观众的角色。学生在接收到大量的信息后，常常因为各种原因无法将自己的认知内容化为自己行动的一部分，主要表现为三种情况：一是认知的内容在受教育者的认知水平范围之内，但其并不认可和赞同，由此产生抵触心理，具体来讲是因为“知而无信”，受教育者虽然对教育内容完全知晓，但其主观上不同意、不认为是正确的，并没有发自内心地接受，这种认知也只是表面的、肤浅的，只是形式上虚假的认知，所以在这种情况下，受教育者便不会将相关认知化为自身行动；二是同样有道德认知，但认为这些内容对自己毫无意义，于是表现为不作为，这是因为受教育者“知而无情”，即受教育者明白教育者的要求是什么，但与自身已有的认知、坚持的观念并不一致，认为认知的内容对自己完全没有价值，根本提不起兴趣，这种情况下的知行转化也是难以实现的；三是受教育者完全认可认知的内容，然而由于各种现实原因，最终还是没有转化为行动，原因是受教育者“知而无意”，受教育者虽然认可教育者的要求并认同它的正确性，但在实践具体行为时，一旦遇到困难和阻碍就宣告停止。这种情况下，教师要呵护好学生的表演欲望，摒弃以“旁观者”与“旁听者”的角色置身事外。教师不仅要传递案例文本，还要从观众的角度出发，肯定与鼓励学生的正确的知行表演，在学生面临困境时以演员的身份帮助其排除障碍。

可见，在这场拟剧“表演”中，学生必须要灵活运用多样的表演形式以展示自己的知行状态，并将所获取的知识内化于心、外化于行，给教师与其他学生留下积极主动的良好印象。同时，教师要在编剧、导演、演员、观众等多重角色之间不断转化并对互动过程进行正确控制与引导，以实现教学目的。

4 符号互动理论对思政课教学创新性发展的启示

4.1 案例文本的创作：“有意味”地回应热点问题

在进行课堂授课的案例文本创作时，要达到米德所提出的“有意味的姿态”，必然要选取更加贴近学生、贴近现实、贴近生活的案例进行文本阐释。对于案例文本的创作，应当聚焦于学生的思想热点问题与社会的热点问题进行，这样创作出的文本更加具有时效性、鲜活性、指向性等特点。

热点问题总是通过正面的或负面的热点事件体现出来。一方面，对于正面的热点事件，要积极地将其利用于案例文本中，这样能够将思政课所要表达的主旋律更清晰地表达出来。正向的热点事件本身就持有一定的宣传意义，或是平凡人中的英雄，或是保家卫国的军人，或是救死扶伤的医生等，都能以正面的形象给予学生以启示。比如近期暴发的新冠肺炎疫情给我国带来了严重的挑战，但在这种情况下，全国上下齐心协力，奔赴一线，打响了抗击疫情的战役。在这场战役中,不管是处于一线的医生护士、军人警察,还是为抗疫捐助的平凡的个人与团体,都是这次热点事件中的正面力量。教师通过"云上课",将案例文本符号传递给学生,能够给学生带来正向的积极心态。另一方面,对于负面的热点事件也是不能回避的。在符号传播中,负面事件往往由于自身的小概率与非主流的特性而更加"突出",会对学生的社会心态产生不良的影响。在这种情况下,教师有选择性地将负面热点问题汇入案例文本中,增强学生对于问题的谈论力度。教师在此时要加强对该问题的阐释,探讨负面问题背后的意义,可以帮助学生建立更加健康积极的社会心态。

概言之,案例文本作为案例教学的起点,对于思政课堂中的案例教学具有基础性意义。"有意味"地回应社会热点问题,创作出文本意义、解释意义与意图意义相符合的案例文本,更有利于让受教育者理解思想政治教育的内容。

4.2 教学语言的锤炼:既要"能讲"又需"会讲"

教学效果深受教师的语音符号的影响,教师的讲话"一方面,要讲求语言的精炼,这是对语言的真理性要求;另一方面,要有独特的风格,或幽默或朴实或精致,这是对语言的艺术性要求"。① 高校教师对于语音符号运用的能力与水平很大程度上影响着思政教育的实效性,这就要求高校教师要不断加强对教学语言的锤炼,做到既"能讲"又"会讲"。

语音符号即语言符号,反映了一个人的知识储备与思维能力。要做到"能讲",就要追求语言的精炼,语言要具有真理性。高校教师要在思政课教学中不断与时俱进,要因事而化、因时而进、因势而新。只有不断挖掘与拓展自身知识的深度和广度,不断提升思想政治理论的深度与高度,拥有充足的语言符号储备,才能在思政课堂中将所要传授的知识应用得游刃有余,在符号互动中对于学生的疑问能够进行探讨与解惑。要做到"会讲",就要追求语音符号的艺术性。高校教师在传递文本符号时,需要不断提升自己的语言技巧,既不能枯燥乏味地照本宣科,也不能用粗俗不规范的网络话语迎合学生。语言符号艺术性追求的实现不可能一蹴而就,需要在日常教学中、学习生活中日积月累,因此教师应不断打磨与升华自身的语言追求。艺术性的语音符号能够使学生在互动中更易接受教师所传递的案例文本,在思考中不断将思想政治教育的内容内化于自身的行为意识。

总之,语音符号的使用,既要理性,又要给以学生品味的空间。对于语言符号的锤炼,不是要求教师在精炼语言中少说话,而是在语言的叙述中不重复赘述、拖泥带水,需要的是意义充沛的语言信息;而追求语言的艺术性,不是要求教师在使用语音符号时矫揉造作,而是要以生动优美、高雅鲜活的语言对学生进行潜移默化的影响。

4.3 互动方向的控制:关注"沉默者"的互动反馈

对于高校思政课教学来讲,教师有义务在互动中把握好符号互动的方向,掌握思政教学的正确意识形态方向。在教学中关注"沉默者"的互动反馈是极其重要的,只要在互动中充分掌握每一名学生的学习效果,才能真正促进思政课程的有效性。

由于在社会互动中,"根据参与互动的人数,可以划分为二人关系、三人关系和多人关系等不同的形式"②。故而师生互动也可以依此划分为师个互动、师组互动以及师多互动的形式,高校教师在这些互动形式中可以通过对于互动形式的应用控制好互动的方向。教师与学生的互动是最为直接也最为有效的互动形式;师组互动中,教师是在学生之间扮演中间者的角

① 张秋菊.探索思想政治理论课真理性与艺术性相结合的教学方法[J].思想理论教育导刊,2013(1):86-88.
② 郑杭生.社会学概论新修[M].北京:中国人民大学出版社,2009:130-131.

色，构建学生与学生、教师与学生之间相互交流的平台；师多关系中，一般指教师与整个班级学生的关系状态，这种关系状态虽然亲密性不足，但是具有讨论共性问题的公开性空间。教师要根据不同的情境状况去转化互动形式，当学生持有偏激的观点时，教师首先会通过师生之间的互动予以修正，让学生自主转变自身观点；当学生的观点独到新颖、具有创新性及有益性时，需要教师将这一互动形式转化为师多互动形式，让整个班级都能了解积极的观点；当师组互动中出现矛盾而影响互动进程时，要求教师依据具体的情况来进行仲裁与调解。

在师生互动中，常常存在一些“沉默者”，他们在案例教学的实践中往往极少参与到与同学、老师、文本符号的互动中，将课程看作是自行其是的“后台”。“人们彼此都是一面镜子，照映着对方。”①虽然少数沉默者并不能影响整体的教学进程，但是如若对这些学生保持关注与激励，“沉默者”可能会越来越多。“沉默者”的表现是教师教学质量的体现，教师应该以此为镜，不断探寻沉默背后的原因并采取针对性的措施进行补救，实现从被动到主动、从沉默到活跃的转变。

4.4 高端情感符号的培育：增加师生互动的深度

课堂教学不是教师个人的“独舞”，是学生与老师间有效的互动。教师在课堂中要用高端情感符号进行教学，学生也要在学习中运用高端情感符号，以积极的态度接受思想政治教育的内容，并将这些认知转变为内化于心、外化于行的情感驱动力。高校的思政课程案例教学是一个系统的符号环境，需要教师作为符号的发出者同学生作为符号的接收者一起激活符号文本的意义。

为了培育高端情感符号，需要增加师生互动的深度，将师生从课堂中短暂互动的时间维度中扩展为更加长久的“课前课后”的时间维度中，增加师生之间互动的广度与频度。教师与学生之间的互动可以不仅仅局限于课堂之中，在课堂之下的相关活动，如学生范围内的党团活动、社会实践等也可以参与，与学生一起探讨当下的热点与趋势。教师要善于通过参与学生的活动与了解学生的生活经验寻找与学生互动共处的文化情境，这样可以将思政理论知识生活化，使得学生产生情感共鸣，更好地理解相关知识。同时，教师要善于运用微信、微博、云课堂等新媒体符号，关注学生的个人生活与情感状况，成为学生真正的良师益友。只有教师与学生双方在符号互动中对彼此的符号相互了解，思政课堂中的互动交流便会更加通畅。教师不仅要通过多样的互动形式将自身的思维模式、语言特点以及行为方式等传递给学生，还要通过师生之间深度的互动消解学生与教师之间的隔阂。

教师在课堂教学时，应当深入理解自己创造的案例文本，深入挖掘符号背后的丰富内涵与意义，因而必须创造一个良好的课堂互动环境以实现教学效果的优化。教师与学生之间相互使用高端情感符号进行交流，可以避免教师成为学生眼中“独舞者”，学生成为教师心中的“冷漠者”。只有这样，在思政课的教学中师生之间的互动才会更加顺畅，培育高端情感符号的同时教师可以改变在学生心中的刻板印象，加强师生之间的关系。

正如习近平总书记在全国高校思想政治工作会议上明确指出的：“做好高校思想政治工作，要因事而化、因时而进、因势而新。把思想政治工作贯穿教育教学全过程，实现全程育人，全方位育人。”在符号互动理论的视野下，高校的思政课教学时创造符号、利用符号的交流互动过程。所以以符号互动理论与思政教育中的适切性为切入点，以把握思政课案例教学中的符号互动性为视野，从案例文本的创作、教学语言的锤炼、互动方向的控制、高端情感符号的培

---

① 查尔斯·霍顿·库利.人类本性与社会秩序[M].包凡一，王源，译.北京：华夏出版社，1989：118.

育等创新性角度"有意味"地回应热点问题，做到"能讲"又"会讲"，关注"沉默者"的互动反馈，增加师生互动的深度以创造一个良好的课堂互动环境，有利于提升思想政治理论课教学的有效性与实效性，不断促进新时代高校思想政治理论课的创新性发展。

参考文献

[1] 习近平.习近平谈治国理政(第二卷)[M].北京:外文出版社,2017.

[2] 乔治·赫伯特·米德.心灵、自我与社会[M].霍桂桓,译.南京:译林出版社,2012.

[3] 欧文·戈夫曼.日常生活中的自我呈现[M].冯钢,译.北京:北京大学出版社,2008.

[4] 郑杭生.社会学概论新修[M].北京:中国人民大学出版社,2009.

[5] 查尔斯·霍顿·库利.人类本性与社会秩序[M].包凡一,王源,译.北京:华夏出版社,1989.

中国传统天下观的历史来源与新时代朝向

康　睿

摘　要　梳理中国文化中的世界观，可以得见中国古人常将“天下”作为整体来思考，为古代中国文明的统一和存续奠定了精神基础。从中国的天下观入手来研究作为“天下缩版”的中国，其具有稳定性和持续性的悠久历史能够为思考当代及未来世界如何更好地存在提供智慧。作为一个文化实体的中国，其内含的天下体系保存容纳了中国自古以来在文化漩涡之中不断化解各种矛盾冲突而兼收并蓄、求同存异的智慧结晶。通过对中国传统的天下观进行现代性诠释，结合中国古代天下观中的正面价值与新时代的世界秩序诉求，能够为世界秩序的价值内核提供创新的思路构建。
关键词　中国传统天下观；新时代

The Historical Origin and Explanation in the New Era of Chinese Traditional View of the World

Kang Rui

Abstract　Clarifying the world outlook in Chinese culture, we can see that ancient Chinese people often thought of “the world” as a whole, laying a spiritual foundation for the unity and survival of ancient Chinese civilization. Starting from China's view of the world, we see China as a “reduction of the world”. Its long history of stability and sustainability can provide wisdom for thinking about how the contemporary and future world can better exist. As a cultural entity, China's built-in land under heaven system preserves and accommodates China's wisdom in resolving various contradictions and conflicts in the cultural vortex since ancient times, while absorbing differences and seeking common ground. Through the modern interpretation of the traditional Chinese view of the world and the combination of the positive values in the ancient Chinese view of the world and the demands of the world order in the new era, it can provide innovative ideas for the construction of the value of the world order.
Key words　Chinese traditions, View of the world, China's new era

1　引言

赵汀阳在《天下的当代性：世界秩序的实践与想象》一书中通过对天下观进行当代阐释，借用中国传统文化中思考世界的方式，将“天下”文明的遗产引入新时代的中国。“内含天下的中国”将研究中国历史和文明的存在和生长方式作为一种探求路径，从由秦到清的历史可以发现，中国自古以来就是一个内含天下的结构，国家运行的内部有着类似于当今世界的组成

作者简介　康睿，女，1996年5月出生，贵州贵阳人，同济大学马克思主义学院马克思主义理论专业2018级硕士研究生，主要研究方向为政治经济学。

方式。赵汀阳把中国几千年来的存续历史解释为一种“漩涡模式”的向心力作用，从哲学的层面解释了中国文明的内在凝力，并借中国存在的历史延续性，来思考当下和未来的世界如何更好地存在。

2 从天下去思考的中国

“天下观念”是古代中国政治文化中的一个重要的命题。《辞海》中有解释：“古籍中以家、国、天下连称，指积家成国，积国成天下，故三代统一诸国，称有天下；由统一而分裂，称失天下。所说天下，指全中国。统一天下，即统一全中国。”中国自从秦统一以来，天下的观念在政治上的实现就得以成为可能。而在此之前，“天下”这一概念在中国人的心中就早已根深蒂固。《中庸》中说道：“今天下车同轨，书同文，行同伦，舟车所至，人力所通，天之所覆，地之所载，日月所照，霜露所坠，凡有血气者，莫不尊亲。”所以在古代中国人的心目中常有一个高于近代民族国家观念的“天下观念”。正如钱穆在《中国文化史导论》中阐述道：“当时所谓的‘王天下’，其实即等于现代人理想创建的世界政府。凡属世界人类文化照耀的地方，都统属于唯一政府之下，受同一的统治。”这种心怀天下去思考的角度，使得中国古人在面对许多政治命题的时候常愿超越国家的疆界，来行道于天下，求天下之太平。

作为古代中国世界观的核心内容，天下观念是“天道—天理”的观念在政治上的体现，它导致了中国和欧洲在政治文化上产生最大的差别。这种重天下的观念使得古代中国在处理政治实体之间关系时习惯于从天下角度出发去看待问题，而没有以类似于近代西方“民族国家”那样的中观立场来思考问题。可以说，“天下”概念某种程度上为中华民族两千多年之久的政治历史相对稳定提供了思想渊源。在此前提下，中华民族在相当长的一段历史时期内文化的传承、经济的整体运行、社会管理机构的稳定以及对外的交往等都未遭遇过根本性的阻断与破坏。因此也可以说，这种从天下角度出发来思考的思维范式在秦汉时代的转变，曾帮助中华民族实现了从传统的暴力威权型统治向相对文明的伦理道德统治的转换。另一方面，正是由于没有发展出近代“民族国家”的观念，使得中国及中国人自古以来在思考问题时更倾向于考虑“人类”和“世界”这类意义的整体性概念，没有带着一种狭隘的“边界性”排外思维，而普遍具有一种天下一统的“大同理想”。冯友兰提道：“人们或许说中国人缺乏民族主义，但我认为这正是要害，中国人缺乏民族主义是因为他们惯于从天下即世界的范围看问题。”这种思维角度使我们在对外关系的传统中倾向于崇和尚礼。就增进和巩固中国多民族的团结和国家疆域的完整以及促进和平的对外交往而言，中国“天下观”的普世伦理精神也发挥了积极的作用。以“仁”和“礼”为核心内涵的“天下”精神不仅孕育了中华民族基因之中的世界主义情怀，而且在历史上对中华民族的整体向心力也起到了很大的凝聚作用。

3 中国何以内含天下

中华文明意义上的中国作为天下的“缩版”，是一部内含万民的共同历史。从考古学的角度看，最早时期的中国二里头文化中的文字、建筑及其他出土的资源都表明了古代中国对于“自然”和“天地”的尊崇。对于古代中国人而言，“天”并不是一个抽象的概念，而是一个实际的存在。“天圆地方”“天似穹庐”等都是古代中国人对于天在物质层面的想象。中国人对于“天”和世界的直观认识，不仅导致了“天下万物”都要来自并服从于“天”的思想的产生，同时也导致了世界上只有一个“天下”的结论[3]，因而复制了天地秩序的“天下”是中国古人心中具有神性意义的概念。按照古代中国的想象，天下之中是中国，所以“中国”的概念源于地理认知。《尚书·大禹谟》记，“皇天眷命，奄有四海”；《中庸》言，“尊为天子，富有四海之内”；而《诗经·小雅·北山》中则明确提出了“溥天之下莫非王土；率土之滨，莫非王臣”的观念。周朝时期周天子建立了具有“世界性”的天下体系，在这个体系之中，中国由于地理位置居中而为宗主国。秦始皇时代开创的行政一统的郡县制度，使天下收缩为中国，天下的故事转变为中国的故事。由此，当“天下”的概念逐渐被内化吸收为“中国”的概念，中国便继承了天下的基因而成为内含世界结构的国家。“天下无外”的理想化为了中国内部的多元兼容原则，所以此后的“中国”始终是多文化互化与共同建构的结果。尽管中国古代典籍中有“国家”的说法，但并无真正意义上的近代民族国家观念，而只有天下观念[4]。

从长时间历史文明发展的角度来看，正是由于这种“内含天下”的特殊结构使得中国形成了一个大规模的政治与文化聚集的存在。这种存在的根本原因在于吸引力，即为孔子所述的“近者悦，远者来”的原则。这种“合一”的吸引力致使中国成为一个竞争当中的共同选择，并在不断发展的过程中具有一种稳定性和连续性，从而使中国能够内生出一种“传统的凝聚力”，赵汀阳在书中将其定义为一种“旋涡模式的向心力”。纵然在中国整段历史发展的过程中有过无数的分合，但这种强大统一的动力使得中国的文明得以不断地传承和延续，且过程中的历史主体始终能够持续地互化与兼容，使中国得以有一种可以无限展开的历史性，即“生生而日新”。

从生存需要的角度来思考，人类行为主要是以理性目的为主导的。任何一种文明能够保持长续的生存能力在于它自身具有一种难以解构而自足的存在秩序[5]。中国之所以能够连续地存在，是因为其本身就是一种生长方法。存在的目的不是为了只存在于当下，而是为了保持存在、继续存在，进而永在。《周易》中的形而上学思想能够为理解中国思维方式的底色提供一种解释，其中的“变易”就是对于“何以永在”这一命题的回答：中国的存在之道在于不断地变通，通过变通使已存在的历史与习惯同未来可能发生的变化保持协调相容，使存在变得更具有解释力和适应力，从而能“以不变应万变”，存在得以永在。“因变而在”的中国因为具有了生长方式的无限性，能够像一个世界那样存在，从而具有“世界性”的包容能力。

19世纪中叶以来，随着近代民族国家的建立，世界秩序演变为以民族国家为本位的治理方式，中国传统的“天下观”在受到近代西方民族国家观念的冲击之后开始变得支离破碎。不少学者认为古代中国之“天下观”实质是一种“华夏中心论”：受到地理空间认识的限制，古代中国所认识到的“天下”并非现代意义上的“世界”，所以中国传统的“天下观”实质上是一种国家主义，而非具有普世情怀的早期世界主义。对此若以近现代西方思维来反观中国的古人将天下作为文化与政治的思考起点自然是难以成立的，因为按照近代的西方思考逻辑，欲求世界性的共同利益和国家、个人的福利兼得几乎是无可能的，似乎功利主义的思想与自由主义的主张之间总是存在着难以调和的张力。但若从古代中国人的思路出发，就不难发现中国人的特殊世界观，即认为人与天下皆为整体，人是一个小的天下，而天下是一个大的人，从人出发可以推及一个完整的天下，所以人与天下可以统一在一个和谐无外的观念之中。天下即是国家，国家即是个人的这种具有内外统一结构的传递性思维逻辑使得从个人的角度去思考国家与天下成为理所当然之事，带有整体性思维的世界观为古代中国处理整体与部分、集体与个人的关系提供了宝贵的智慧[2]。

4 以新时代天下观朝向世界

当代世界秩序的构建是以西方思维为主导的，但是从现实发展来看，现存的国际秩序并不能够很好地为解决国际冲突、缓解国际纷争起到正向的关键作用。冷战结束后，世界格局出现了“一超多强”的局面，美国在全世界实行“单边路线”和“新霸权主义”，表面上具有“世界性质”的联合国却常常居于被架空的地位。半个世纪以来冲突不断的中东问题和为争夺各种资源而引起的地区冲突与纷争都迫使我们对当今的世界制度进行反思。现代政治的最大应用范围是到国家的层面，国家之外的世界只有松散的战略而无有效的制度。以主权国家为基本利益考虑单位的世界秩序实际上维护的是部分国家的利益，而不是旨在实现世界整体利益的最大化。这种内含对抗性的现代政治逻辑注定无望终结世界的无政府状态和冲突问题[6]。基于此，反观中国传统文化中的“天下观”，将其中不符合时代的观念剥除，淡化其伦理色彩，通过挖掘中国历史中能够促进世界和平、人类幸福的文明基因，能够让中国传统中的“天下”为新时代世界秩序的构建贡献智慧。

以“天下之眼”观世界或许能够发掘构建新时代及未来世界秩序的新视角。在具有世界主义色彩的新“天下观”被提出之前，无政府状态下的国际秩序问题是西方国际关系理论研究的重点之一。围绕国际秩序的构建，西方学者提出了现实主义、自由主义和建构主义的三种理论范式。这三种范式无一例外地都提出要降低无政府状态的程度、建立和平稳定的国际秩序的思路构想。但在实际理论构建的过程中，这三种国际秩序范式都带有各自难以立足的弱点。现实主义与自由主义二者在构建国际秩序理论时都重点关注大国力量的博弈，而未对世界所有国家的现实安全利益予以全面关注。建构主义的提出虽然触及了普遍安全的问题，但是其提出的国际秩序方案则带有一种超脱现实的乌托邦色彩，难以在现实中达到真正的行之有效。在此背景下，从古代中国社会的资源中去寻找解决世界问题的方法与智慧，对传统中国智慧中的天下观加以新的时代精神进行再诠释，不失为一种有价值的理论创新。这样一种朝向新时代诉求的天下观不是一种对于古代中国传统天下观的简单复辟，将历史上存在过的天下秩序推及今天的世界，而是将这种理念进行时代性转化，将其作为某种世界秩序的共识基础内含于未来进行的世界制度的创新性构建之中。

萌芽于历史，但能够服务于现在和未来的新时代“天下观”首先具有和谐性。这种和谐性所期望达到的是一种“协和”政治，所谓“协和万邦”是指以兼容性去保证和平的政治，强调的是一种“多元共在”而非“单维统一”，追求的是一种和而不同。其次，新天下观应该有互利性的特质，它符合赵汀阳在书中所提到的“关系理性”，关注世界秩序中应含的共同安全（和平的世界）、共同发展（繁荣的世界）和共同文明（有德的世界）。最后，一个切实可行的新天下观还具有稳定性：从谋求世界整体利益的角度出发，旨在实现人类共同的福祉，以获取世界范围内的“帕累托最优”为终极目的，所以在解决当前秩序中所面临的种种问题时，能克服带有地缘政治中排他思维的短视，避免国家之间的冲突，从而塑造一个不断接近和朝向于人类理想中可能的“最好世界”。

新时代天下观中的“以天下观天下”比起“以国家观天下”的思维起点对于构建一个相对和谐有效的世界秩序更有理论延展性和事实合理性，因为其更适合于当代的全球化环境，能为世界各国人民在地球这个共同的家园和谐生存提供理论基石。中国也许是这个具有多元价值的新时代天下观念的诞生地，但它并不是服务于局限狭隘地满足中国的国家利益和现实需求，而是能为世界将自身纳入一个完整的视野，以为建立有利于全体人类发展进步的理想世界秩序提供一种有价值的思考范式。

参考文献

[1] 李扬帆."天下"观念考[J].国际政治研究,2002(1):105-114.

[2] 张耀南.论中国哲学的"世界主义"视野及其价值[J].北京大学学报(哲学社会科学版),2005(3):15-24.

[3] 杜永吉,徐长安."天下观"与"文化中国"的历史建构[J].河北学刊,2002(6):140-144.

[4] 安树彬.从传统天下观到近代国家观[J].华夏文化,2004(1):24-27.

[5] 陈进国.内含天下的中国与外延中国的天下——评赵汀阳《惠此中国:作为一个神性概念的中国》[J].江海学刊,2017(6):75-81.

[6] 赵汀阳.天下的当代性:世界秩序的实践与想象[J].中国哲学史,2016(3):128.

人文学院

网络直播中的主体展示与客体窥视

鲍　佳

摘　要　自“中国网络直播元年”2016 年开始,全民网络直播时代开启。直播使得每个人都有可能成为“去中心”浪潮下的小小焦点,通过自我展示赢得他人关注,并获得物质回馈与精神满足。与此同时,直播也使得移动端另一边的观众从“遥不可及地观看”转为“窥探式地参与”,在直播所营造的“即兴的亲昵”氛围中,实现视觉与心理的双重满足。传受双方通过自我释放建立群体关系的身份认同,却也潜藏着众多隐患。本文以网络直播中的“展示与窥视”为切入点,探讨这场集体狂欢背后的文化内涵。

关键词　网络直播;展示;窥视;互动

The Displaying and Peeping in the Online Live Broadcasting

Bao Jia

Abstract　Since 2016, the first year of China's online live broadcasting, the era of national online live broadcasting has begun. Live broadcasting makes everyone possible to become a small focus under the trend of decentralization, and more likely to win the attention of others through self-display, so as to obtain material feedback and spiritual satisfaction. Meanwhile, live broadcasting also makes the audience who sit on the other side of the mobile terminal change from "remote viewing" to "prying participation", and the "improvised intimacy" atmosphere created by live broadcastingrealizes the double satisfaction of vision and psychology. However, there are still many hidden dangers in the identity of both sides through self-releasing. This paper takes the "display and peep" in the live network as the starting point to explore the cultural connotation behind the collective carnival.

Key words　Live broadcasting, Display, Peep, Interaction

1　引言

互联网的迅速发展,使得人们逐渐摆脱传统媒介的限制,开始走向全新的传播纪元。而自“中国网络直播元年”2016 年开始,网络直播作为一种重要的视像传播方式,逐渐在社会生活的各个领域蔓延开来。尽管网络直播一开始是基于社会实际需要应运而生,是建立在人们寻求直观化、便利化的社交需要基础之上的。但是,若我们深究社交背后的原因便会发现,网络直播的社交需求,其最终指向都是欲望化的。这与拉康“欲望是将主体组织起来的重要手段”这一观点不谋而合。直播屏幕前表达的欲望,与屏幕后窥视的欲望,二者交织共生,相互依存。

作者简介　鲍佳,女,1997 年 8 月出生,内蒙古呼和浩特人,同济大学人文学院艺术学理论专业 2019 级硕士研究生,主要研究方向为当代艺术批评与实践。

2 主体展示:表达的欲望

2.1 展示的背后:“自恋情结”

作为心理学研究的重要范畴之一,“自恋”曾被弗洛伊德描述为“自己对于自我投注力比多(libido,泛指快感)时兴奋的状态。”①后心理学家科胡特将其补充为“自恋是人类的一般本质。”可见,适时且适当的自恋是一种了解自我、表达自我的状态,特别是在当代社会,自恋甚至已经成为一种集体特质,世界也是由自恋的个体所组成的舞台景观。② 那么从这个意义来讲,“人人随时都可以观看与被观看”的网络直播平台,便成为“自恋情结”得以宣扬的不二阵地。

长期以来,中国传统文化一直教导我们“温良恭俭让”,行事低调、谦卑才不为人诟病,每个人应在公众面前保持谨慎和优雅,避免进行大胆、夸张的个人展示。然而时代的进步不仅带来了技术的变革,也使得人之主体获得身体意识及文化意义上的解放。

对于网络直播的主体——网络主播来说,直播为其提供了一个展示自我的平台,开通直播即意味着自我表现与张扬个性。而这种展示又有别于以往由滤镜、美颜贴纸带来的静态容貌与身材展示。网络直播可以使主播不受时空限制,通过声音、仪态、谈吐、才艺等更加全面、多元地展示自我,不再止步于做“美丽的花瓶”,进而全面深化了“自恋”的内涵。

2.2 展示的实质:隐私消费

值得注意的是,网络直播中的展示主体同时也是个人隐私的主体,他们在这块小小的屏幕上全面、全力展示出的言谈举止和生活状态,正是其私人领域的一部分。可见,网络直播中的主体展示均逃不开一个统一的指向:隐私消费。

无论是明星、网红还是素人,他们在网络直播中既展现真实,亦进行表演。名人在直播中对自己的作品、观念、心情乃至个人事务进行有选择的曝光,既扩大宣传,又集聚人气;而素人在直播中分享吃穿用度和心情,既渴望通过自曝隐私而走红,也包含着社交媒体中的交往本意。可见,网络直播中的主体展示,实际上是借由隐私消费来传递一种社交意愿,从中建立并维持某种联系,以此获得与他人、与社会的亲密连结感,从而维护自己的社会关系甚至实现变现。

因此,隐私消费在直播中最为直观的作用便是“解构”:一是通过隐私的展示来实现自我认同,借由别人的关注来建构自身,将自己当成表演者,将他人当作观众,并通过观众的反馈来完成自我认知;二是通过私人生活,私人体验的展示来拉近与观众的距离,在虚拟的社交网络中提升粉丝黏度,打破高高在上的壁垒,实现扩大圈群或流量变现的目标;三是以隐私来解构名人,为普通人提供“名人落入凡尘”之后的某种类比或认同,以此为参照来探讨自身,缓解日常生活中的压力,获取短暂的欢愉。

3 客体窥视:即兴的亲昵

《2019 年第三季度中国移动直播市场研究报告》数据指出,2019 年第三季度中国移动直

---

① 弗洛伊德.释梦[M].北京:商务印书馆,2018:46-47.

② Abercrombie, N. & Longhurst, B. Audiences: *A Sociological Theory of Performance and Imagination*. London: Sage, 1998, p.175.

播用户性别分布中，男性用户占比 68.7%，女性用户占比 31.3%，男性用户占比远高于女性；虎牙直播和斗鱼直播的统计数据也显示，直播用户中 30 岁以下、中低收入的男性更喜爱直播。因此，这些年轻、有闲、空虚或失意的直播观众，正是在对主播的窥视中，在双方营造的“即兴的亲昵”中，获得一种虚拟的、聊以自慰的亲密感（图 1—图 3）。

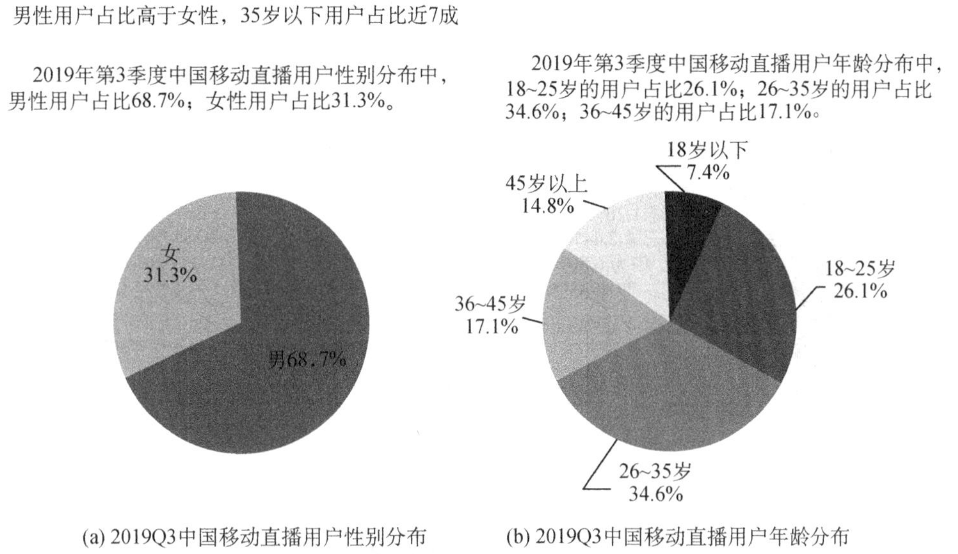

图 1　2019 年第三季度中国移动直播用户性别及年龄分布①

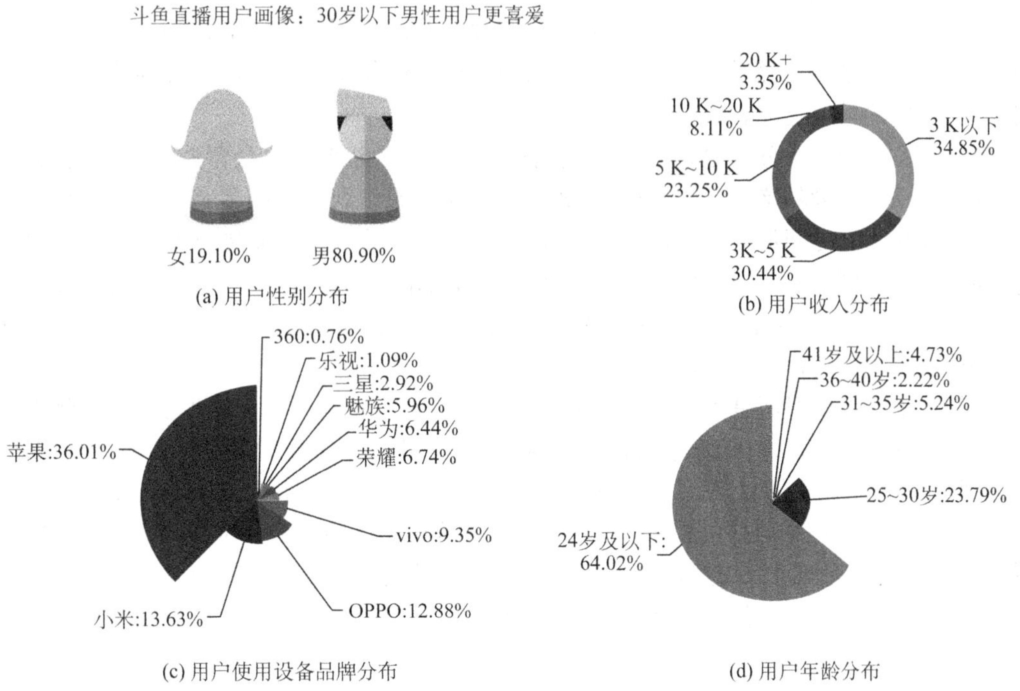

图 2　斗鱼直播用户画像②

① https://mp.weixin.qq.com/s/xUScfJ75RrUcaqah-hNYzg.

② https://report.iimedia.cn/repo13-0/38935.html.

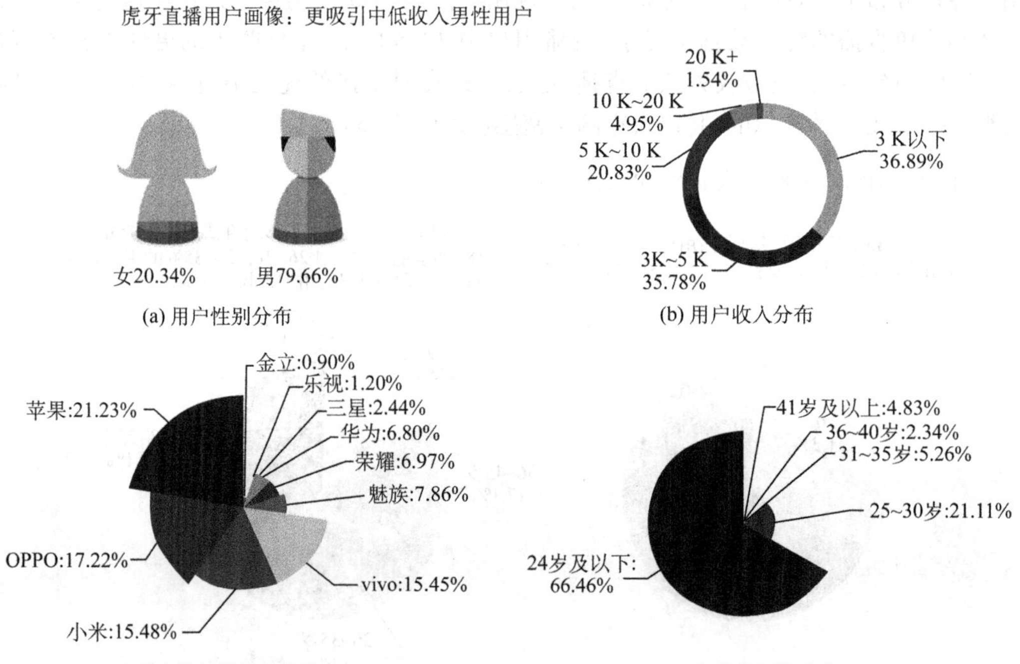

(a) 用户性别分布　(b) 用户收入分布
(c) 用户使用设备品牌分布　(d) 用户年龄分布

图3　虎牙直播用户画像①

3.1　视觉的满足，窥视的快感

随着年龄和阅历的增长，人在逐渐社会化的过程中，以法律、道德等条件约束自己，使得行为规范自律。但是，窥视欲作为人类与生俱来的一种天性与本能，作为一种隐蔽的心理机制，它根植于我们的思想之中。

若将劳拉·穆尔维分析电影观看机制时的观点——“电影为观众营造一种封闭的世界，为观众创造一种与世隔绝感，并激发男性观众的窥淫幻想。观众席的黑暗与银幕上移动的光影图案的耀眼明亮之间形成了极端对比，这也有助于增强观众独自窥视的错觉”。② 投射到网络直播中，我们可发现，当公共性的电影荧幕走向私人化的手机屏幕时，人们观看影像的方式从对电影银幕的仰视、对电视荧幕的平视，转变为对手机屏幕的俯视。③ 移动端的可移动性更加使得用户窥视行为存在无限可能。

空间狭小的手机界面呈现的大多是主播本人的近景或特写镜头，这种宛若视频聊天的形式带来了一种全新的视点，无形中增强了主播与受众的联系，增强亲密感与信任感。④ 那些在现实中收入较低、闲居在家、人际交流较少、羞于表现，甚至可能在日常生活中都不敢直视女生的“宅男”们游弋在网络直播的世界里，他们可以隔着屏幕随意且贪婪地观看美丽主播，窥探她们的生活细节，甚至可以幻想自己也被女性观看，特别是在发送弹幕或打赏礼物时得到主播的青睐与关注，更是给予观众极大的视觉与心理双重满足。

① https://report.iimedia.cn/repo13-0/38935.html.

② 劳拉·穆尔维.视觉快感与叙事性电影[C].李恒基，杨远婴，译.北京：三联书店，2006：638.

③ 陆绍阳，杨欣茹.俯视手掌的权力：重回男性凝视的网红直播视频[J].新闻爱好者，2017(2).

④ 董雨虹，高祥华.参与式文化下网络直播流行的文化解读[J].齐齐哈尔大学学报，2019(4).

3.2 窥视本质上也是一种参与

首先，这种参与感体现在：通过窥视与外界产生关联，借此消除精神的空虚，获取虚拟的陪伴。主播多将自己的直播间标题设置为“快来这里看看”“和我一起×××”，这对于孤独空虚的某些受众来讲，着实是一种有效的陪伴。当受众在窥视他人的生活时，其自我封锁的结界也随之被打破，人不再是单一、孤独的个体，即使“我”只是屏幕那端一个微不足道、籍籍无名的旁观者，“我”也能在虚拟的网络世界中，在刷屏的弹幕中找到共鸣，从而填补现实中的落寞与空虚。近乎无延时的“窥屏”，背后依然是静默的在场。

其次，在窥视中明确自身定位也是参与感的重要来源。每个人都渴望藏匿自己的隐私，但同时又好奇别人的隐私。越多地了解别人的信息，就越能避免由信息不对称造成的心理恐慌，从而获得安全感和优越感。主播进行的网络直播往往多种多样，才艺表演、吃播、猎奇、出游、穿搭……应有尽有。受众经由一块小小的屏幕，得以窥见主播的生活，再与自身进行比较，或产生“我不如他/她”的失落感，或产生“我更优秀”的自信感。无论哪种对照结果，都会使观者更明确自身的定位，最终成为自己的生活中的一个观察者。

4 展示与窥视：自我释放的即时出口

值得一提的是，网络直播中无论是主体展示还是客体窥视，都绝非仅仅停留在视觉层面的“看与被看”，实际上，二者共同构筑的是一个现代人寻求自我释放的即时出口。

“互动”作为社交媒体的基本特点，在网络直播中得到了极大程度的发挥。观众通过弹幕、打赏等形式与主播沟通交流，主播实时了解粉丝意图，随之对直播进行调整，一个完整的互动社区闭环形成。它实现了互动与反馈的同步进行，且反馈式生产不仅仅经由文字转换，而是通过“一对多”的图像和声音双重呈现，强化视听感与直观性，弹幕的即时性更是使得传受主体时时动态交换，实现共同在场。

在这个小小的虚拟直播间里，每个人在现实生活中的身份都被暂时隐去，主播就像被专业团队打造出的明星一样，举手投足都被曝光在公众面前，他们尽情展示自己的光芒，享受着关注、奖励与赞美，享受着不存在的镁光灯带来的耀眼与虚荣，享受丰厚的物质回报和极高的精神奖励，自我价值得到充分实现；而观众则在无趣繁琐的生活里，得以窥见他们不曾拥有的靓丽人生，甚至能与充满魅力的主播对话。因此，直播成为观众释放自我情绪及压力、弥补现实生活中“意难平”的不二出口。他们一边贪婪地窥视，一边发送弹幕，若弹幕内容即时引起他人关注，他们便会受到鼓舞并且更加积极地表达，认为自己可以影响直播的走向，感到能够主宰并胜任某项内容生产，从而深度卷入网络直播之中。①

可见，直播使得每个人都作为共同在场的一分子发挥自己的作用，借此建立群体关系的身份认同，这种“通过别人看见自己”的方式，共同塑造了一场关于“展示与窥视”的集体狂欢。但这种狂欢又是否会招致某些问题呢？

首先，性别议题再次出现。尽管技术和观念的进步使得女性文化意识觉醒，逐渐摆脱男权束缚，并借助互联网的开放性和互动性来进行自我表达和自我诉求，渴望展示独立、智慧的女性形象，但依然有不少女性主播深谙“直播受众多为有闲男性”这一捷径，将身体展示中的情色取向作为取悦男性观众的标杆，以此来赚取男性观众赠予的各种直播奖励。此时的展示背

---

① 王春枝.参与式文化的狂欢：网络直播热潮透析[J].电视研究，2017(1).

弃了主体独立、智慧的人格，而只将自己物化为性魅惑的符号，“活生生的人只能用性特征来表示，丰富的人的内涵在这里被抽离掉，丰富的人的价值也被淹没。”①

其次，网络直播背后衍生出一种与“奶头乐效应”相类似的逻辑——既然现实生活很无奈，那就去看看直播，看看主播们异彩纷呈的生活，这就是无聊的人们能够获得的最好的精神慰藉。既然没有人可以改变未来的“二八现象”，那消除“边缘人”精力与不满情绪的最好方法，就是往他们嘴里塞奶嘴——大量形形色色的直播，夹杂着各种噱头和花边，让他们看得开心、看得沉迷，不用去深沉地思考疲累的现实，这种无聊的消遣足以占据工作之外的绝大部分时间。

因此，直播这一行为，没有历史，也没有延续，因为直播本身就不是文化积累的方式。直播是即时的，它的目的并不是文化积累，而只是追求即刻的欢乐。那么，沉浸直播中的人，到底收获了什么？他们是收获了知识，还是快乐，还是认同？他们到底又在关注什么，思考什么，采取了什么行动？长此以往，这个“自我释放的即时出口”是否会实现社会的良性循环？这些都是潜藏的问题。

5 结语

盛行的网络直播异于传统媒介及社会主流文化的生产机制，它杂糅了草根文化、粉丝文化、娱乐文化等多种文化形态。直播成功实现了传受双方在屏幕两端的共同在场：一方面，它为主播提供了更为广阔、直观的展示空间，使其个人价值得以彰显；另一方面，它又为观众营造了窥探式的视角，短暂逃离庸常的现实，获得虚拟的亲密。而网络直播中呈现出的主体展示与客体窥视，其本质上都是在寻求自我释放，却也无可避免地存在着某些隐患。在互联网高速的更迭之下，如何抵制庸俗的形象展示，如何避免无所事事的窥视，如何使直播健康有效地传递积极的价值观，这些都是值得我们思考的问题。

参考文献

[1] 弗洛伊德.释梦[M].北京：商务印书馆，2018.
[2] 劳拉·穆尔维.视觉快感与叙事性电影[M].李恒基，杨远婴，译.北京：三联书店，2006.
[3] 陆绍阳，杨欣茹.俯视手掌的权力：重回男性凝视的网红直播视频[J].新闻爱好者.2017(2)：53-55.
[4] 董雨虹，高祥华.参与式文化下网络直播流行的文化解读[J].齐齐哈尔大学学报.2019(4)：147-150.
[5] 王春枝.参与式文化的狂欢：网络直播热潮透析[J].电视研究.2017(1)：83-85.
[6] 让·鲍德里亚.消费社会[M].刘承富，全志刚，译.南京：南京大学出版社，2008.

① 让·鲍德里亚.消费社会[M].刘承富，全志刚，译.南京：南京大学出版社，2008：124.

空间生产理论视角的城市剧场发展研究
——以上海文化广场为例

罗晓敏

摘　要　城市剧场是一个物质实体空间，是观演关系发生的固定性场所，也是一个象征性抽象空间，承载着社会意识和时代精神。空间生产理论作为一种研究视角，从空间本位出发，适用于分析城市剧场空间生产活动中各参与主体的社会关系和权力博弈思路，对城市剧场发展研究具有重要意义。上海文化广场是沪上标志性的专业剧院，通过从空间实践、空间表征、表征空间由外入里对上海文化广场空间生产进行全面分析，梳理其空间生产思维和表现形式，进而将其纳入所处的“演艺大世界”城市剧场群，厘清环人民广场演艺集聚区的空间再生产逻辑，探寻城市剧场聚集效应下的空间再生产路径，有利于更好地认识城市剧场空间生产机制，剖析上海文化演艺市场的发展情况，并对指导未来城市演艺产业实践具有长远的意义。

关键词　空间生产；城市剧场；权力；资本

Research on the Development of Urban Theater from the Perspective of "Space Production" Theory on the Example of Shanghai Culture Square

Luo Xiaomin

Abstract　Urban theater is a material entity space, a fixed place where the relationship of watching and performing takes place, as well as a symbolic abstract space, carrying social consciousness and the spirit of the times. As a research perspective, the theory of space production, starting from the space standard, is applicable to the analysis of the social relations and power game ideas of the participants in the space production activities of urban theater, which is of great significance to the research on the development of urban theater. Shanghai Culture Square is a landmark theater in Shanghai. Through a comprehensive analysis of Shanghai Culture Square from the perspective of spatial practice, representations of space and representational spaces from the outside to the inside, this paper discusses its space production forms of thinking and expressing, and then puts it into the "SHOW LIFE" urban theater group, clarifies the space reproduction logic of the performing arts cluster around the People Square, and probes into looking for the path of space reproduction under the effect of urban theater agglomeration is conducive to better understanding of the space production mechanism of urban theater, analyzing the development of Shanghai cultural performance market, and guiding the practice of urban performing industry in the future.

Key words　Space production, Urban theater, Authority, Capital

---

作者简介　罗晓敏，女，1998 年 5 月出生，广东人，同济大学人文学院艺术学理论专业 2020 级硕士研究生，主要研究方向为艺术与文化产业研究。

1 引言

现今都市的审美演变与城市剧场的兴起和发展密不可分。演艺产业是文化产业的重要组成部分,文化是提升城市竞争力和影响力的核心要素。2017 年 12 月正式印发的上海《关于加快本市文化创意产业创新发展的若干意见》中,政府明确提出打造“亚洲演艺之都”的目标,提升创作演出能力,优化演艺设施布局,培育优秀演艺市场主体。据 2020 年 4 月上海市委宣传部发布的数据统计,上海大剧院、上汽 · 上海文化广场等上海 49 家剧院的 67 个剧场在 2019 年共计完成演出活动 8 820 场,较 2018 年增长 12.6%,观众达 631.64 万人次,较 2018 年增长 15.3%。演艺市场呈现出活力四射的发展态势,以黄浦区“演艺大世界”城市剧场群为重要代表,逐渐绽放出个性化的区位特色,形成共荣、共融、共赢的产业格局。作为城市文化空间的典型,上海文化广场的空间生产模式、空间布局模式和所呈现出空间效应极具特色,是具有探讨价值的重要对象。

2 上海文化广场作为城市剧场的空间生产

20 世纪 70 年代法国哲学家亨利 · 列斐伏尔以马克思主义政治经济学批判为基底,赋予了空间研究全新的概念。空间本身是生产者,也是社会实践的产物。空间是生产的方式,也是被消费的产品。随着现代城市用地变迁和文化发展战略的兴起,城市文化空间的价值日益鲜明,空间生产理论与文化空间的研究与应用也愈加显著。

2.1 城市剧场的空间实践

空间实践“寓示一种基本层面上的能力和一种特殊层面上的行为”[1],是社会空间生产物质化和具象化的过程,是人类行为的实践结果。上海文化广场的空间实践由社会关系的生产所主导,政府、投资方和运营方是其实践主体。

一是物质空间的改造。列斐伏尔的空间生产理论更多的是强调空间的社会性和历史性。在上海文化广场的物质空间改造的变迁中,政府规划是空间实践的主导力量。

表 1 上海文化广场的空间变化(1928 年—1992 年)[2]

	1928 年—1941 年	1944 年前后	1949 年—1969 年	1970 年—1992 年
名称	逸园跑狗场	/	人民文化广场,1952 年 12 月改称上海文化广场	上海文化广场(火灾后二次重建)
地理位置	亚尔培路(今陕西南路)东侧、辣斐德路(今复兴中路)南侧	亚尔培路(今陕西南路)东侧、辣斐德路(今复兴中路)南侧	正门为永嘉路 36 号,西面紧贴陕西南路,北面靠民居,东面是茂名南路	与现今位置分布相似
功能用途	博彩业	被日军占用为兵营	群众性政治文化活动中心	先后为电影放映和演出场地、展览场地等
风貌		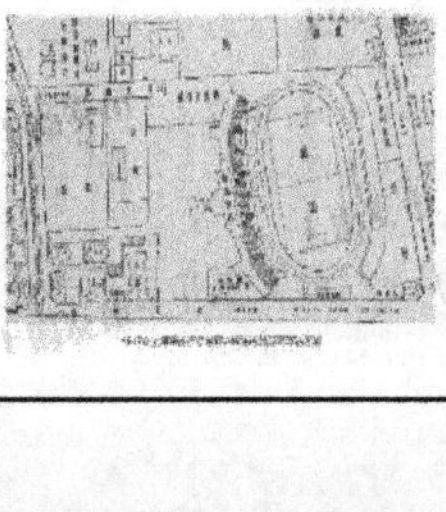		

表 2　上海文化广场的空间变化(1992 年至今)[③]

	1992 年—2005 年	2005 年—2011 年	2011 年—2016 年	2016 年至今
名称	上海文化广场	上海文化广场	上海文化广场	上汽 · 上海文化广场
地理位置	永嘉路 36 号	永嘉路 36 号	永嘉路 36 号	永嘉路 36 号
功能用途	上海市证券交易市场临时股票委托办理点(1992 年—1997 年)上海市精文花卉交易市场(1997 年—2005 年)	市规划管理局和原卢湾区城市规划管理局联合委托同济大学建筑与城市规划学院对文化广场地块做规划研究(保护性重建)	国内首家以音乐剧演出为主的专业剧场	2016 年获上海汽车集团股份有限公司冠名,更名为“上汽 · 上海文化广场”;打造沪上乃至全国的音乐剧产业的标杆剧场
风貌				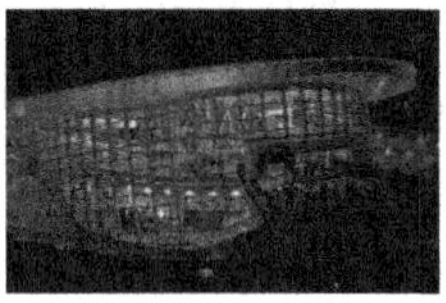

从上海文化广场的空间改造历程出发,就政府的开发者角色来看,政治权力的绝对性决定了上海文化广场的空间形态变化。文化广场曾在历史舞台上扮演过复杂的角色,是影院也是戏台,充当过证券交易所甚至是花卉市场。上海文化广场在 2005 年重建并于 2011 年重新启用,是国内第一家以音乐剧演出为主的专业剧场,为广大市民提供文化休闲服务。就政府的保护者角色来看,政治权力的相对性所体现的人文关怀影响了上海文化广场的空间改造模式。上海文化广场重建之时保留的优秀历史保护建筑“白尔登公寓”和另外 5 个历史保护建筑,成为文化广场公园中一道亮丽的风景线。由此可见,城市剧场规划中的空间布局是政府进行空间实践的主要方式,是政治权力确立支配地位的主要途径。

二是商业资本的注入。商业资本的注入是空间实践的有利条件。大卫 · 哈维指出,列斐伏尔“空间生产”理论的独特之处就是发现了空间生产对资本增值的作用。城市剧场的发展必然会受到资本运动的影响。企业是市场经济运行的主体,企业可以通过冠名的方式,以较为先进的经营理念及运作视角为城市剧场的发展带来新的思路与方法。2016 年 6 月 6 日,上海文化广场获上汽集团冠名,正式更名为“上汽 · 上海文化广场”,两者合作一年后,上汽 · 上海文化广场公益低价票从总量的 5%提升至 13%。[④]由此可见,商业资本的注入为上海文化广场的发展进行重塑和赋能,在两者有效整合、相互作用形成合力的条件下,城市剧场的空间生产方式不断得到拓展。

2.2　城市剧场的空间表征

在列斐伏尔看来,空间表征是与“生产关系及其实行的秩序相关,因此也与知识、符号、代码关联”。这是空间被赋予文化符号意义的过程。上海文化广场通过戏剧氛围的营造、艺术交流活动的举办等文化景观的建构来塑造其空间表征。

一是体现在剧场艺术教育品牌的打造。艺术教育活动是上海文化广场在演出之外与市民交流并产生更多联结的平台。上海文化广场作为城市的艺术高地,承担着履行社会责任的义务。近年来,上海文化广场持续深化艺术教育开发,差异化打造艺术交流体验空间,目前已形成五个各具特色的艺术教育品牌,其中剧艺堂的品牌知名度较为出众。

从图 1 可看出,2019 年上海文化广场艺术活动的举办场次较 2018 年相比增长了 22.73%,参与人次数量激增了 251.6%。上海文化广场通过公共艺术教育活动,尝试与观众建立除看与

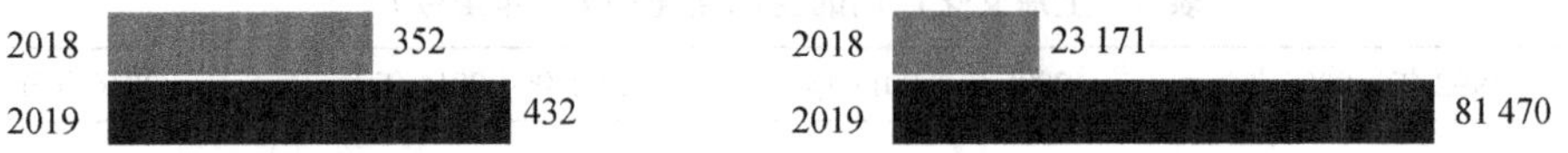

(a) 艺术活动举办场次对比　　(b) 艺术活动参与人次对比

图 1　2018 和 2019 年上海文化广场艺术活动举办场次与参与人数对比[⑤]

被看的观演关系以外的更深层次的连接，让观众想到上海文化广场不仅是一个看戏的地方，而且还是一片交流学习的乐土。城市剧场通过公共文化行为打造艺术教育活动品牌，有力地引导一定区域内人们对城市文化的感知力增强和适应度提升，进而推动演艺事业生态繁荣。

二是体现在符号化的节日庆事的塑造。上海文化广场通过引进优质剧目进一步垂直深耕音乐剧专业领域，打造专属音乐剧演出剧场的名片。由上海市黄浦区人民政府主办、上海文化广场承办的一年一度的“演艺大世界——2020 上海国际音乐剧节”是中国首个具有专业度和系统性的音乐剧节。上海文化广场通过承办行业庆典并形成周期性的仪式，注重与媒体沟通合作，广泛发布新闻稿提高曝光率，邀请著名音乐剧演员阿云嘎、郑云龙担任活动推广大使，吸引二人自身所具有的庞大基数粉丝，进而将粉丝转化为巨量节庆互动群体，同时辅以微博、B 站现场视频直播和微信公众号图片直播的形式迅速有效地扩大受众范围，让无法亲临活动现场的观众同样拥有节日的狂欢感，引起线上和线下超范围的情感共鸣，不断强化其音乐剧剧场的象征性符号意义。

图 2　2020 上海国际音乐剧节微信平台图片直播参与人数[⑥]

2.3　城市剧场的表征空间

表征的空间即“再现空间”，是空间活动者在其所生存的生活空间里对被表征的文化空间的再生产行为。

首先，体验满意度对接空间认同感。空间活动者对城市剧场的空间认同程度取决于其对城市剧场空间服务的满意程度。根据图 3 显示，截至 2019 年 12 月 31 日，上海文化广场累计会员达 252 057 名，较 2018 年新增 50.9%。会员人数的增加表明越来越多观众对上海文化广场内容供给予以肯定。

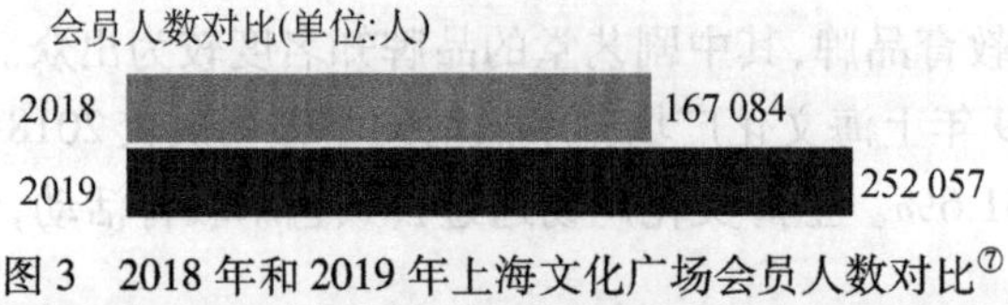

图 3　2018 年和 2019 年上海文化广场会员人数对比[⑦]

另外，演出票务的复购程度是观察观众黏性的重要指标之一。从图 9 可以看到，《巴黎圣母院》的复购人数高居榜首，其他几部剧目的复购情况也不错。音乐剧《巴黎圣母院》将经典城市建筑元素和文学创作内涵糅为一体，以悲情壮美的形式将实体文本可视化可听化，每次巡演都是一场文化盛事。观众“再刷”的心态和行为体现了其对上海文化广场演出剧目的关注度和剧院品牌的忠诚度不断上升，加上有效消费互动的建立例如签售会的举办和衍生品的售卖，上海文化广场的口碑营销得到有效实现。

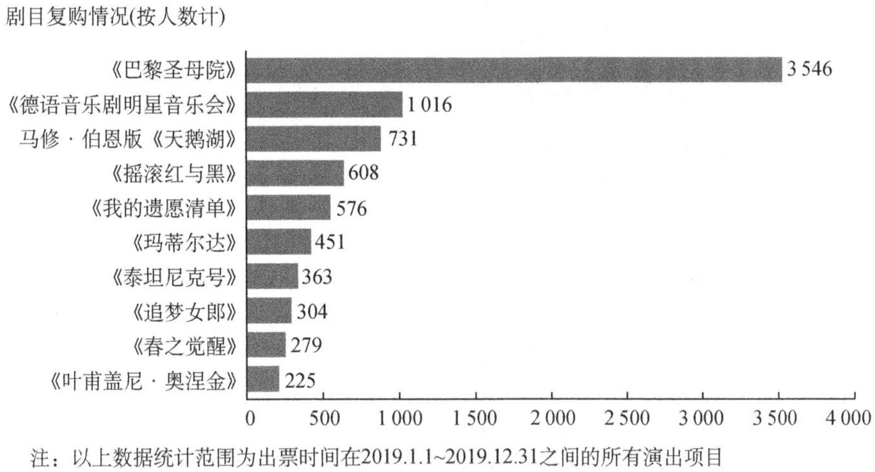

图 4　2019 年上海文化广场上演剧目复购情况[8]

其次，是创意集群的内化与演绎。创意阶层对表征性空间的建构体现在对艺术人文的价值内化和实体演绎。爱德华 · 索亚指出，列斐伏尔的表征空间里充满了象征，是生产和再生产、统治及反抗社会关系的具体体现。由上海文化广场于 2019 年牵头发起的首届原创华语音乐剧孵化计划充分印证了城市剧场“再现空间”的特性。该计划面向全球剧作者征集未曾发表过的华语原创音乐剧作品。孵化计划的发起吸引了大量音乐剧行业的新鲜血液不断涌入进行创作，体现了创意阶层的文化共识和身份认同。

创意阶层在创作的过程中将个人志趣、艺术认知和人生态度映射在这些作品中，当他们的作品成功展演时，作品中抽象的符号和信息得以释放，并传递给观众。经过一年的评选、打磨和排练，首届孵化计划有 3 部作品脱颖而出，于 2019 年 12 月 7 日以工作坊形式呈现作品中的高光片段。其中《南唐后主》的编剧在接受笔者采访时表示，他是一名大四学生，完全是基于个人对音乐剧的兴趣创作投稿。正是创意阶层这种自发性参与的价值观念所创造出的文化场景，吸引了更多社会力量关注和互动，催生上海文化广场从“引”音乐剧到“创”音乐剧的新业态，从而推动华语音乐剧的内生动力和整个城市剧场的更新转型。

3　城市剧场集聚效应下的空间再生产的实践

城市剧场空间生产的意义很大程度上依赖于城市的文化建设方面。城市剧场空间的再生产就是在原有的物理空间层面，重新创造新的文化内涵，同时完善更多以满足人们精神文化需求的文化基础设施，让空间个体产生更深层次的空间认同感，与空间进一步互动与交融。

上海文化广场作为沪上极具识别度的城市剧场，是环人民广场演艺集聚区——“演艺大

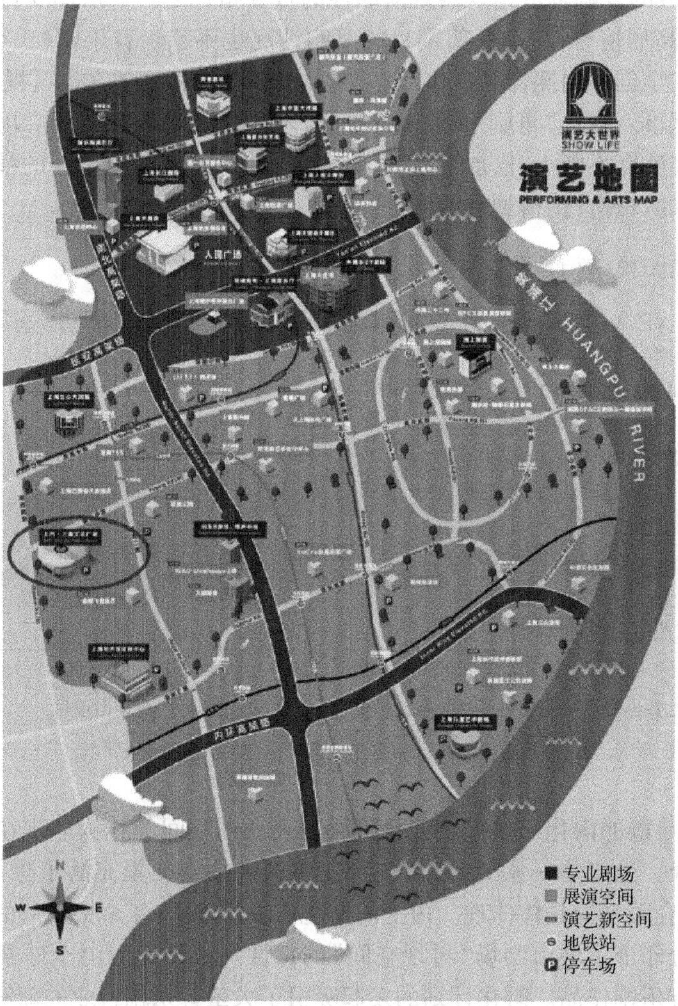

图 5　上海文化广场在“演艺大世界”所处位置

世界”的重要组成部分，在市民的社会文化生活中担当着重要角色。当研究视角从单一的城市剧场——上海文化广场放大到整体的上海城市剧场群，“演艺大世界”自 2018 年 7 月启动建设以来，发展快速，区域内既有有千人以上座位的大型剧场如上海大剧院、上海文化广场等，也有中小型剧场如黄浦剧场、长江剧场等。据统计数据显示，2019 年上海“演艺大世界”共举行接近 4 万场商业演出，大大超出了年初预定的年演出 1.5 万场次的目标，展现出演艺产业的蓬勃态势。⑨“演艺大世界”城市剧场群的高密度展演文化空间发展如火如荼，但其建设仍处于初级阶段，有待完善。

3.1　宏观尺度：提升演艺产业能级，推动体制机制创新

一是深化文化“放管服”，扩大简政放权成效。笔者在上海文化广场实习期间曾有去上海市文化广播影视管理局（巨鹿路 709 号）和上海市黄浦区行政服务中心（巨鹿路 139 号）递交剧目相关材料进行演出报批的经历。前者是审批国外剧目的行政部门，后者是审批国内剧目的行政部门，二者相距 1.3 公里。通常会因为送审演出材料格式不同、材料类型繁琐有缺而被打回重递。这说明有关部门需要进一步简化营业性演出审批程序，提高一体化办事审批效率。

二是“演艺大世界”内演出机构众多，但仍停留于物理层面上的空间集聚，业务交流和资源互补的协同效应有待进一步提升。这就需要加强区域内的演艺资源整合，发挥“演艺大世界”剧场群联盟的领导作用，促进各类剧场、剧团的错位发展、跨界联动，促进名团、名剧集聚，形成剧场聚集的平台共振效应。同时把目光放大到整个长三角地区，通过建立文化交流平台，开展长三角城际间联动，探索创设长三角文化演艺联盟的创新合作模式。

3.2 中观尺度：寻求艺术与商业共生的平衡

在现今消费社会的背景下，经济与文化的融合性越来越强。艺术具备实践性和生产性，并受一般生产规律的支配。时至今日，看演出已经不仅仅限于剧场，在商场、书店甚至是地铁站的一角也可以看到精彩纷呈的节目。2019 年 5 月，首批十家“演艺新空间”在市文旅局的支持下正式挂牌营运，与“演艺大世界”内的核心标准剧场遥相呼应。这些演艺新空间的诞生预示着艺术与商业的结合越来越广泛，逐步成为人们日常生活中触手可及的消费品。

在商业利益的刺激下和观众需求的多样化下，表演艺术异化与剧场空间分野愈发明显。艺术发展需要保持一定的自主性，过分商业化、过度娱乐化，一味追逐市场利益、迎合平庸口味的演出会消磨牺牲掉艺术纯洁性。因此，我们既需要具有先锋实验性的不单纯以盈利为主要目的的演出，也需要兼顾娱乐性和思辨性的现实题材作品。这就要求城市剧场空间生产需要以更加积极开放的姿态，在对艺术生产法则的适应和对艺术创作独立的追求之间寻求适度平衡。

3.3 微观尺度：注重观众的观演体验

剧场艺术最基本的元素就是演员和观众，这是一对相互依存、相辅相成的观演关系。演出结束后通常会有谢幕环节，当观众自发高唱剧中名曲的那一刻，看戏已经不再仅仅是看戏本身，“看”与“被看”的关系开始翻转。这种观演方式一方面给观众提供了新的欣赏维度和艺术体验，另一方面通过消解传统观演界限，增强观众的互动意识，发挥观众的主观能动性。这种游离于正式舞台之外的“表演”让有限空间内的戏剧气氛愈加浓烈，构建起超越舞台范围的演出场景，突破传统观演区域的限制，打破了表演者与观众这种主客对立关系的设定，让观众成为具有空间话语权和操控力的“主人”。

城市剧场是观众逃离一般日常生活、满足精神诉求的文化空间。观众在剧场里观看演出是一个实现角色互换乃至自我重构的过程。城市剧场的体验性消费主要表现在可参与、可互动和不可替代性上。扩大至整个“演艺大世界”城市剧场群的建设发展中，“演艺+旅游”文旅融合商业制胜的本质是优质体验，抓住观众在场的分分秒秒的注意力，用丰富饱满的文化内容带给观众别致的观演体验感，引发浓烈而持久的精神共鸣。

4 结语

2 500 多年的世界戏剧史证明，戏剧发展与城市进步密不可分。剧场作为一个具有文化交流作用的公众场所，是一个城市精神文明的象征。同时，城市的发展推动了戏剧艺术的创作，而戏剧艺术的繁荣反哺城市品质的提升。因为戏剧，英国的古城爱丁堡、法国的小城阿维尼翁声名远扬。2013 年诞生的乌镇戏剧节，也让江南水乡乌镇更添一笔戏剧艺术的亮丽色彩。以文化城，这样的例子不胜枚举。

上海文化广场是上海市具有典型性特征的城市专业剧场之一，是一个艺术生产、人文休闲的文化空间，是一座关联品质生活的综合场所。上海文化广场作为城市剧场的空间生产围绕空间实践、空间表征和表征空间三个维度展开，即地方政府、商业资本、剧场主体和创意阶层之间的关系链结基于空间三元辩证进行的生产关系生成和演绎。

上海在城市文化战略的导向下，演艺文化空间不断进行着转变升级的实践。2009年启动建设的"静安现代戏剧谷"基本奠定了上海戏剧之都的产业格局。从2017年政府提出的"亚洲演艺之都"建设口号，到2018年启动发展的"演艺大世界"，无不彰显着上海打造全球文化中心城市的决心。"演艺大世界"区域内的每一块展演空间都是构成世界级城市剧场群的有机单元，不同剧场空间有其特殊的历史发展脉络，林林总总的城市剧场组合，造就整个城市剧场群独特的文化形态。每个单一的城市剧场好比生态系统中的一类物种，隶属于总生物圈的一部分，且构成一个文化圈层，一个新的展演空间的萌发相当于在总生物圈中引入新的文化因素，又构成一个文化圈层，数个层次之间相互影响、相互作用，形成协调有序的生命有机总体。从个体剧场到整体城市剧场群，由不同展演空间构成的特别文化圈层造就了共生互补、多样平衡、动态开放的文化生态系统。

注释

① 爱德华·索亚.第三空间：去往洛杉矶和其他真实和想象地方的旅程[M].陆扬等，译.上海：上海教育出版社，2005：84.

② 笔者自绘 参考资料：上海发布.上海文化广场的前世今生[EB/OL].(2018-02-25)[2020-05-10].https://mp.weixin.qq.com/s/1XYcssYTwqCq2usqyT1QxQ.

③ 笔者自绘 参考资料：上海发布.上海文化广场的前世今生[EB/OL].(2018-02-25)[2020-05-10].https://mp.weixin.qq.com/s/1XYcssYTwqCq2usqyT1QxQ.

④ 徐璐明.上汽冠名文化广场：推动高雅艺术与民族品牌的双赢[EB/OL].(2017-06-14)[2020-04-24].http://whb.cn/zhuzhan/jujiao/20170614/94760.html.

⑤ 数据来源：上海文化广场剧院管理有限公司2019年报.

⑥ 数据来源：上汽·上海文化广场微信公众号.

⑦ 数据来源：上海文化广场剧院管理有限公司2019年报.

⑧ 数据来源：上海文化广场剧院管理有限公司2019年报.

⑨ 文汇报.上海"演艺大世界"如何激扬出流量经济的蓬勃态势[EB/OL].(2020-01-13)[2020-04-24].http://www.whb.cn/zhuzhan/liping/20200113/313810.html.

参考文献

[1] 东方网.上海印发《关于加快本市文化创意产业创新发展的若干意见》[EB/OL].(2017-12-14)[2020-04-24].http://shzw.eastday.com/shzw/G/20171214/u1ai11069790.html.

[2] 中共上海市委宣传部文化改革发展办公室、上海市文化事业管理处和上海交通大学人文艺术研究院.2019年上海文化产业发展报告[R].上海：上海市文化事业管理处，2019.

[3] Henri Lefebvre. The Production of Space[M]. London: Wiley-Blackwell.1992:86.

[4] 爱德华·索亚.第三空间：去往洛杉矶和其他真实和想象地方的旅程[M].陆扬等，译.上海：上海教育出版社，2005:84.

[5] 刘星.上海最深的地下剧场——上海文化广场设计[J].上海建设科技，2010(6):1-4.

[6] 孙全胜.列斐伏尔"空间生产"的理论形态研究[M].北京：中国社会科学出版社，2017:121.

[7] 徐璐明.上汽冠名文化广场：推动高雅艺术与民族品牌的双赢[EB/OL].(2017-06-14)[2020-04-24].

http://whb.cn/zhuzhan/jujiao/20170614/94760.html.
[8] Henri Lefebvre. State, Space, World: Selected Essays[M]. Minneapolis: University of Minnesota Press. 2009, P.187.
[9] Henri Lefebvre. The urban revolution[M]. Minneapolis: University of Minnesota Press, 2003.
[10] 包亚明.现代性与空间的生产[M].上海:上海教育出版社,2003.
[11] 周膺,吴晶.城市文化生态学[M].杭州:浙江工商大学出版社,2013.
[12] 钟靖.空间、权力与文化的嬗变上海人民广场文化研究[D].上海:华东师范大学,2014.
[13] 蒋威宁.从大世界的变迁看近现代上海娱乐业的发展轨迹[D].上海:上海交通大学,2011.
[14] 李静.基于空间生产理论的上海演艺文化空间研究[D].上海:华东师范大学,2018.
[15] 熊恩锐.南京市大行宫地区文化空间生产研究[D].南京:东南大学,2017.
[16] 尹彤.基于空间生产理论的历史街区文化空间生产研究[D].西安:西安外国语大学,2018.
[17] 包亚明.消费文化与城市空间的生产[J].学术月刊,2006(5):11-13+16.
[18] 张子凯.列斐伏尔《空间的生产》述评[J].江苏大学学报(社会科学版),2007(5):10-14.
[19] 陆扬.社会空间的生产——析列斐伏尔《空间的生产》[J].甘肃社会科学,2008(5):133-136.
[20] 黄浦区政协.提升演艺产业能级　推进"演艺大世界"建设[N].联合时报,2019-10-29(007).

附录:访谈记录表

访谈主题:上海文化广场2019年首届华语原创音乐剧孵化计划

访谈时间:2019年12月7日　　访谈地点:黄浦剧场
2020年5月30日　　微信

受访人基本信息:张吟昕,现为对外汉语专业大四学生
2019年首届华语原创音乐剧孵化计划最终入围的三部作品之一《南唐后主》的编剧

采访人:罗晓敏

一、采访提纲
1. 上海文化广场搭建的孵化平台对您最大的助益是什么?
2. 您作为一名大四学生,与孵化计划另外两个项目的编剧相比,您认为作品推进的整个过程中对您最大的挑战是什么?
3. 您的作品《南唐后主》的创作灵感来源是什么?
4. 整个创作过程和孵化阶段经历了哪些难忘的事情?
5. 您的作品《南唐后主》呈现出浓厚的中国传统文化特色同时兼具流行元素,请问这也是您未来的创作方向吗?
6. 您如何看待当下原创华语音乐剧的内容创作和未来的市场前景?

二、访谈记录
Q:上海文化广场搭建的孵化平台对您最大的助益是什么?
A:最大的助益应该是提供了一个学习的机会吧,一个能让我这样的普通观众和其他创作者一起互相交流、一起向业内优秀的前辈们学习,一步一步从观众席走向幕后的机会。

Q:您作为一名大四学生,与孵化计划另外两个项目的编剧相比,您认为作品推进的整个过程中对您最大的挑战是什么?
A:最大的挑战我自己的能力的局限。2019年孵化计划入围作品的创作者中,只有我是完全没有相关背景的,完全是靠着兴趣在和大家一起竞争。尤其是进入第二轮孵化时,几乎每周都会感觉自己触碰到了能力的天花板。看着自己努力完成的东西被一次次打破、推翻真的挺痛苦的。好在孵化计划的导师团队都非常有经验,其他创作者们也给了我很多方面的支持,保证了我们每一次推翻都是有价值的,无论是作品还是创作者都在挑战中不断进步。

Q:您的作品《南唐后主》的创作灵感来源是什么?
A:最早萌生创作的想法是高中时候一节语文课上和老师开的玩笑。那节课上的是《雷雨》,老师训我们的时候说了一句话:"曹禺在你们这个年纪的时候写了《雷雨》,你们看看你们现在在干嘛?"我当时就和老师说,那我也要给你写一个。高中那会我经常处于伤春悲秋的矫情状态,那时候觉得李煜的词特别符合自己的心境,就决定要做一个能和后主词结合在一起的李煜的传记类作品。当然,开坑一时爽,脑洞开完就再也没动过笔,直到大一的时候被室友推荐了德语音乐剧《莫扎特!》,看着被分成两半的莫扎特和小阿马迪,恍然惊觉音乐剧的表现手法很适合高中时候的那个脑洞,仔细琢磨一番之后,"两个李煜"的雏形就这样诞生了。

（续表）

Q:整个创作过程和孵化阶段经历了哪些难忘的事情?

A:音乐剧创作是一个团队合作的过程,或者说是人与人之间交流、碰撞的过程,因此给我留下深刻印象的几乎都是和不同的人打交道的时刻。我就按时间顺序挑一点讲吧。首先是孵化计划的初次宣讲会,那是第一次见张博老师,在完全不认识的情况下就直接被他“大佬”的气场镇住了,差点直接把我劝退。那次宣讲会上还认识了同龄的创作者,早期创作的时候一直和她一起头脑风暴、一起打磨作品,这段经历对我来说也是挺难忘的。入围之后,南唐后主作为一个团队开始磨合的过程也很特别,然后就是两次工作坊和见面会、发布会,硬生生把我从以前上台就结巴的一个社恐变成现在嘴碎的话痨。

Q:您的作品《南唐后主》呈现出浓厚的中国传统文化特色同时兼具流行元素,请问这也是您未来的创作方向吗?

A:这个问题我觉得要分成两块回答。首先是中国传统文化。作为一个中国的创作者,创作时立足于我们自己的文化肯定是有优势的,这肯定是我主要探索的方向,但同时也不应该被这一点限制住,有机会的话我也愿意尝试其他的题材。其次是流行元素的问题。《南唐后主》中有流行元素是因为它不仅仅是一个有关古代的作品、一个有关李煜的故事,这部作品想要表达的内容是和当代的年轻人相关的,因此我们选择了流行元素这样一种介质让故事的内核和我们这一代人的内心共鸣。我在创作过程中会很注重作品的现代性,《南唐后主》选择了带有流行元素的表现形式,今后的作品也会采用合适的元素来连接作品和观众。

Q:您如何看待当下原创华语音乐剧的内容创作和未来的市场前景?

A:和国外相比,中国的原创作品确实不够成熟,中国的音乐剧市场也非常有特色。但所有东西都有一个从无到有的过程,我一直坚信原创华语音乐剧作品和音乐剧市场会越来越好,尤其是现在的体系正在不断完善,将来一定会出现能比肩甚至超越现在国外市场上成熟的音乐剧的作品,我也愿意为之努力。

论纯粹逻辑学与现象学的无前提性

左　帅

摘　要　胡塞尔在《逻辑研究》第一卷中提出了对科学论(Wissenschaftslehre)的追求,这种科学论是"使科学成为科学"的东西,也就是纯粹逻辑学。纯粹逻辑学是其他科学的基础,是认识论的基础,所以纯粹逻辑学是无前提的。第二卷回溯到意识,是为了探讨如何获得认识结构中各个观念的明见性(Evidenz),在这个意义上,我们可以说现象学的目的是通过明见性澄清纯粹逻辑学中的基本概念,在《逻辑研究》时期,现象学的方法论倾向很明显。《逻辑研究》第二卷的引论明确提出在现象学的方法下,认识论是无前提(Voraussetzungslosigkeit)的。本文将对纯粹逻辑学进行详细阐述,表明理论科学以及系统科学的要求使得纯粹逻辑学是无前提的;另外阐释了纯粹逻辑学的任务说明其无前提性;之后通过对求"真"的要求过渡到现象学方法,并对现象学方法进行简略分析,以说明现象学的无前提性,这样,以无前提性为切入点展现"回到实事本身"。

关键词　纯粹逻辑学现象学; 无前提性; 观念

The Presuppositionlessness of Pure Logic and Phenomenology

Zuo Shuai

Abstract　Husserl presented the demand of the theory of science(Wissenschaftslehre) in the *Logical Investigation Vol.1*. The theory of science is something "make the science to be science", that is, pure logic. Pure logic is the foundation of other sciences and of epistemological, so pure logic has no presupposition. In the *Logical Investigation Vol.2*, Husserl traced back to consciousness, and discussed the evidence(Evidenz) of Ideals in the structure of epistemological. In this sense, we can say the aim of phenomenology is to clarify the basic conceptions in pure logic by evidence. In the period of *Logical Investigation*, phenomenology has an obvious methodological tendency. The introduction of *Logical Investigation Vol.2* presents that the epistemological is presuppositionlessness (Voraussetzungslosigkeit) in phenomenology. In this paper, I will elaborate the pure logical, try to propose the demand of systematic science and theoretical science of pure logical makes it presuppositionless. In addition, explain the task of pure logic which is presupositionlessness. After that, I will transit to phenomenology through the demand of truth. Then analyze the phenomenological method briefly. At last illustrate these two kinds of presuppositionlessness, through which reveal what is "go back to things themselves".

Key words　Pure logic, Phenomenology, Presuppositionlessness, Idea

---

作者简介　左帅,男,1995年8月出生,吉林长春人,同济大学人文学院外国哲学专业2018级硕士研究生,主要研究方向为胡塞尔现象学。

1　引言

现象学的著名口号是“回到实事本身”，而“无前提性可以说是对‘回到实事本身’这个现象学准则的一个具体要求”①。这样，无前提性就是现象学的一个重要特点。虽然胡塞尔在《逻辑研究》第二卷引言中才提出“认识论研究的无前提要求”，但实际上，这个要求从《逻辑研究》第一卷对纯粹逻辑学的论述开始就隐含在胡塞尔的思想当中；而且可以说在《逻辑研究》第二卷中，作为方法的现象学之所以需要无前提性，正是因为第一卷中对纯粹逻辑学的追求。胡塞尔对当时的科学并不满意，认为科学的根基尚不牢固，尤其不满心理主义对待逻辑学的方式，认为心理主义最终必将陷入“相对论的怀疑主义”，胡塞尔反对“心理主义用体验的经验实在的主观性来取代观念在可能性意义上的真理客观性的做法”。②胡塞尔始终希望建立一门作为严格科学的哲学，在他看来，只有建立一门纯粹逻辑学才能为科学进行奠基，并且满足哲学的真正要求。

纯粹逻辑学之所以能够成为其他科学的基础，正是因为它的无前提性，这在一方面体现为它无须寻求自身以外的奠基，另一方面体现在它对一种绝对的、原初的“真”的追求，我们从后者就可以自然转到现象学，“现象学打开了‘涌现出’纯粹逻辑学的基本概念和观念规律的‘泉源’”③，可以把这句话理解为，纯粹逻辑学中对“真”的要求必须要诉诸现象学方法。然而我们并不能在奠基的意义上说现象学是纯粹逻辑学的基础，因为此时的现象学更多是作为一种方法，并没有成为一门“先验现象学”哲学。那么现象学的无前提性可以从其对“真”的研究方式中发掘，胡塞尔反对心理主义的主观性，提出观念(Idee)的客观性，正是这个客观性确保了“真”，而胡塞尔对观念客观性的把握又不同于柏拉图传统对观念的预设，也就是说，观念本身的客观性就具有无前提性，这就是现象学无前提性的关键。

2　纯粹逻辑学的无前提性

2.1　科学的体系要求

何谓科学？在胡塞尔看来，科学一定是追求客观真理的，而且科学的目的在于知识。那什么是知识？我们平时所理解的对客观事物的判断并不足够组成知识的全部，因为当我们判断的时候，一定是对某物进行判断，但这样关于确定或否定的判断并不能表达存在或不存在的知识。胡塞尔在这里使用“存在”是指那些不需要论证，而直接能被把握的东西；所以对胡塞尔来说，现有科学的基础不够牢固，科学并不追问一些最终根据，而是直接使用，比如经验科学并不会追问形而上学的基础，世界是如何存在的？时间是如何流动的？空间是如何延展的？这些对于经验科学来说是直接自明的，尽管这个基础仍需要探讨；形而上学仍然不够，因为形而上学仅仅涉及与实在有关的科学，而“即使是数学家、物理学家和天文学家，为了实施哪怕最重要的科学计划也无须明察他行动的最终根据”。④胡塞尔所谓的最终根据是指对一些基本概念的认知，例如一、多、对象、范畴等。现有经验科学的这种态度在《现象学的观念》中被称为“自然态度”，在自然态度下，外在事物被给予我们，我们不进行认识批判，直接利用这些看似自明的外在事物进行研究。胡塞尔不满足于这样的知识，他要真正明见性的知识，这种知识不是推理得来的，而是直接关于“存在或不存在”的确定知识。

确定了知识之后，我们来看认知行为。我们的认知行为具有不可分割的两个方面，一种是

“对象性的统一”，一种是“真理的统一”[⑤]。这里实际上一个二元，即“具有主动性的心理本质和具有被动性的物理本质的二元”[⑥]。在认知行为中，总是有一个被意指的对象，如果一个认知行为具有内在明见性(Evidenz)，那么这个对象就是原初(originär)被给予的，这时也就出现了真理。也就是说，在思维认知行为里被意指的对象不仅仅是推测出来的，而是以其原本的样子出现在眼前。“明见”也就是指认识切中了客体对象，“在这里将真理把握为短暂的主观认识的观念相关项，把握为相对于可能的认识行为和认识个体的无限杂多而言的那个一”。[⑦]真理在此处就是一种客观观念之物，不同于感性杂多，所谓“明见”就是要让认识准确地把握到这个观念之物。

可以看到，胡塞尔在《逻辑研究》第一卷中就将真理视作是一种观念物，这种观念物不是主观臆想的，而是在明见性中获得了客观性。胡塞尔不同于心理主义的一个重要地方就在于他坚持真理的客观性，“心理主义的方法混淆了认识的主体—人类学统一(一个方法论的统一，这个统一是人类独特的认识方式)和认识内容的客体—观念统一(真理的理论性统一观念)”。[⑧]胡塞尔要让认知行为的这两个方面达到一致，这样摆脱了心理主义的弊端，而科学就是将这两方面统一起来的真理，认知行为中“统一的对象”，或者说“真理的统一”就是科学的研究领域。

科学不仅仅是求真，单纯的知识排列并非科学，科学还需要体系，形成理论。胡塞尔以化学为例，一些化学公式的组合知识并不能被称为化学科学，同样，在科学论意义上，各门科学的知识，明见的知识组合在一起也不是理论科学。理论科学，真正的科学是系统的，成体系的，“其中包括对知识的论证(Begründung)以及在论证顺序上的相关联结与秩序”。[⑨]这个真理的体系不是主观的，我们只是发现了这个体系。科学论的体系在最大程度上让知识变成真理，所以真理本身就是成体系的，科学的体系性就如同探索更高真理的梯子。但仅仅提出知识需要论证与衔接还不够具体，胡塞尔还要回答何种论证才能构成科学。胡塞尔区分了个体真理与总体真理，个体真理是偶然的，涉及个别实事的存在与否，总体真理则脱离实事，涉及的是个别实事的“可能性”。总体真理无疑是胡塞尔要追求的，总体真理是系统完善的统一，“是各种在观念上封闭的、本身以一个基本规律为最终根据的规律的系统统一”，[⑩]这个基本规律(Grundgesetz)产生于对总体真理的论证，是一门系统科学里面按其本质无法再论证的规律。这样，一门严格的理论科学所必须具有的封闭体系就展现出来了：以一个或一组基本规律为基础，发展出诸多规律，这些规律共同构成了一个有界限的、封闭的体系，数学、几何学、天文学都具有这样的体系，这样的理论科学将杂多的个体事物统一起来，规定个体事物的可能性。

2.2 科学的理论要求

胡塞尔还区分了规范(normative)科学与理论(theoretische)科学，规范科学具有一个“应该是”，也就是总有一个价值性的判断，胡塞尔举例：士兵应该是勇敢的，所以一个勇敢的士兵是“好”士兵；士兵不应该是怯懦的，所以一个怯懦的士兵是“坏”士兵。更一般地说，A 应该是 B，那么一个具有 B 性质的 A 就是好的；A 不应该是 B，一个具有 B 性质的 A 是坏的。此外还有可能发展出其他类型，如：只要具有 B 性质的 A 就是好 A 等，不管如何变化，规范科学总有一个“好”的评判标准，所以总要有一个假定的前提。所以任何一门规范科学都要有一个基本的价值规范，但规范科学并不包含这个基本价值规范的合法性问题，“如果没有这样一个在‘何谓好的事物’以及‘非规范科学之物’之间普遍的、独特的划分标准，那么(规范科学)最多是命题的组合，这些命题或多或少表达着关于那种‘何谓好的对象’以及‘谓为坏的对象’的信念，但它既不能让我们形成系统的新价值、获得新的实践性认知，也不能证明我们所相信的事物是正当的”。[11]在这个意义上，胡塞尔认为规范科学必须以理论科学为基础，只有在理论命题中才给出了价值规范的标准。这是如何给出的呢？首先确定理论科学仅仅告诉我们什么存在，我们不再说“一个具有B的A是好A”，而是说，“一个具有B的A是一个C的状态”，这个C的状态是存在的客观事实，可以说人们正是通过对C进行明见性的把握才为规范科学进行了奠基。

落实到逻辑学上，胡塞尔并不否定逻辑学的规范科学作用，作为规范的逻辑学在一定意义上规定了科学的尺度，但逻辑学的作用不代表逻辑学的性质，具有规范科学作用的逻辑学并不符合我们上文中提到体系化科学的要求，只有作为理论科学的纯粹逻辑学才是符合科学论的严格科学。

2.3 纯粹逻辑学的无前提性体现

通过以上的论述，我们可以看出作为科学论的严格科学（也就是纯粹逻辑学）需要具备的几个条件：(1)理论科学而非规范科学。(2)具有关于总体真理体系化科学。(3)能够得到真理。

2.3.1 作为理论科学与体系化科学的无前提性

第一点对规范科学的批判排除了“价值认定的前提”，例如规范科学的基本价值规范在康德那里就体现为绝对命令，胡塞尔认为理论科学并不具有这样的“中心规范”；第二点关于对理论体系的要求无前提性体现为对科学可能性的追求，“胡塞尔认为科学的本质是论证，所以论证的可能条件就是科学的可能条件”。[12]我们说过，成体系的科学关键就在于论证，而不是真理的随意组合，通过这些论证，基本规律阐明了普遍规律，个体真理在普遍规律中得到了体现，例如“分析力学为力学事实提供解释性理论，数学天文学为万有引力的事实提供解释性理论”。[13]那么体系科学中的这个基本规律是否是认识的前提？并非如此，胡塞尔说：“理论之所以有可能运用这种解释的功能，这是在我们的绝对意义上的理论之本质的自明结果。在一种相对宽松的意义上，我们所理解的演绎系统理论中的最后根据并不是严格语词意义上基本规律，而是一个真实根据，接近于基本规律。”[14]可以说，前文所列举的数学天文学、力学等并不是绝对意义上的基本规律，它们只是具备类似基本规律的作用，真正的基本规律只有在绝对意义上的科学中才能出现，也就是在纯粹逻辑学中才能出现。

2.3.2 纯粹逻辑学的任务以及流形论的无前提性

在谈论纯粹逻辑学的基本规律之前，先简要提出胡塞尔对纯粹逻辑学规定的三个任务：

(1) 澄清一些“原初的概念”，或者说“概念的概念”。概念联结组成了定律，定律联结组成了科学理论，所以作为基础的概念必须得到澄清，这些概念一方面包括“概念”“定律”“真理”；这些概念之间的联结形式也需要得到澄清，包括“联言判断”“选言判断”等，以上所说的概念与其联结形式被胡塞尔称为“含义范畴”（Bedeutungskategorien Kategorien）。原初概念的另一方面是与含义范畴相关的“对象范畴”（Gegenständlichen Kategorien），包括“对象”“事态”“一”“多”等。

(2) 寻找以上两种范畴之间的规律。“确定上述对象（指对象范畴）与含义范畴之间的可能结合方式。这种结合具备形式上的‘真’或客观有效性，一切合法的组合都在其列，而不合法的组合被排除在外。”[15]这项任务要确定含义范畴在形式上联结上的合理性，同时还要确定对象范畴究竟是否存在以及如何存在。有了这样的规律，就有了广泛的关于理论概念可能性的研究，因为含义范畴和对象范畴作为基本概念已经包含了所有概念的可能性。

(3) 建立关于理论的理论，也被胡塞尔称为“流形论（Mannigfaltigkeit）”。流形论是关于理论的理论，根本目的是建立一个包含所有可能理论的形式，就是说，理论也有其形式，纯粹逻辑学还要把握理论与理论之间所共有的形式，通过对这个形式的把握，可以通达理论的所有可能。“在构建理论形式的同时，也有一个最为一般的对象领域随之得到规定，这个对象领域仅仅是由理论形式本身所规定的，是后者的对象相关项，它就被称为流形。因此在这个层面上，形式对象论和形式含义论合二为一了：从对象层面看，它是流形论，而从含义层面来看，它是理论的理论。”[16]流形论是纯粹逻辑学的最高追求，流形论的目的就是穷尽所有理论的可能性。

通过对纯粹逻辑学任务的简单阐释，我们可以说流形论就是纯粹逻辑学体系的基本规律，或者可以说，成为流形论的任务使得纯粹逻辑学成为诸多科学的基本规律。需要注意的是，在这种最高追求的“流形论”中，并没有一个固定下来的标准以供其他科学参照，我们发现流形论本身就是面向理论的可能性，也就是说，纯粹逻辑学虽然要为具体科学、形式逻辑、形而上学奠基，但这种奠基并不是像形而上学为具体科学奠基那样去设定一些基础，如世界存在、时空存在等，而是以一种非设定的、开辟可能性的方式涵盖所有可能的科学理论。但这种面向一切理论可能性的理论并不是空洞的随意的，而是以知识、真理为目的的，这就涉及上文提到的纯粹逻辑学需要具备的第三个条件。

3 现象学的无前提性

3.1 向现象学的过渡

我们已经不止一次地提到明见性这个词，真理总是和明见性联系在一起的，那么明见性是否是纯粹逻辑的前提？不是的，因为只有少部分真理可以通过直接的明见性得来，明见性“事实上只能在一组相对来说极其有限的原始事态中直接表象出来，无数真实的定律只是在受到方法上的‘论证’之后才被我们视为真理”。[17]可以说明见性与论证二者是并行的，实际上澄清含义范畴与对象范畴的要求正是在明见性中得到满足的，这就需要深入《逻辑研究》第二卷，即现象学的部分，我们不能具体展开胡塞尔的研究，这里的目的只是在于回答现象学在什么程度上作为纯粹逻辑的“源泉”？以最终阐明现象学的无前提性。

现象学源于对纯粹逻辑基本概念的澄清要求，“澄清逻辑以及数学之基本概念的激进问题以及为逻辑以及数学进行真正的激进证成乃是现象学之所以被启动的起源所在”。[18]我们已经提出了纯粹逻辑学对澄清含义范畴和对象范畴的任务要求，在这个意义上，现象学是纯粹逻辑学任务的具体展开，只有现象学方法才能满足纯粹逻辑学的要求；但是现象学作为方法，并不能满足纯粹逻辑学的流形论要求，在这个意义上，现象学并不属于纯粹逻辑学的原本己（ureigenen）领域。

3.2 现象学的方法

我们已经说明了纯粹逻辑学的最高旨趣——流形论——是无前提的，说它是无前提的，并不仅仅是因为它是其他科学的根据，没有前提可以为它奠基；更是要说，这种“一切理论的理论”在自身的系统内部也是无前提的，要想说明这一点，就要看纯粹逻辑学的现象学方法，而这种无前提性正是现象学与西方传统认识论的一个重要区别。

那么现象学是如何把握纯粹逻辑的基本概念的？首先概念就无法避免语言，“纯粹逻辑学所要研究的那些客体起先是披着语法的外衣而被给予的。更确切地看，这些客体可以说是作为在具体心理体验中的嵌入物而被给予的，这些心理体验在行使含义意向或含义充实的作用时（在行使后一种作用时是作为形象化的、明见化的直观），隶属于一定的语言表达并与语言表达一起构成一种现象学的统一体”。[19]

这段话指明了一个方向，指向了内在的心理体验，也就是说，胡塞尔认为语言并非单纯的语词游戏，语言表达具有意义，其背后是人们的心理体验；语言表达的本质在于含义意向，语言的意指行为指向“所要研究的客体”。关于语言表达与含义的关系复杂问题在这里无法展开论述，我们只要明白胡塞尔认为在语言背后有实实在在的客观含义，语词含义的本质来源是客观的观念，这个观念才是胡塞尔要把握的重点；为了进一步说明，我们可以看看胡塞尔对科学性质的理解。胡塞尔认为，当我们提到科学的时候，并不是指汗牛充栋的书籍论文，并不是指实实在在的科技产品，书籍等也许可以传递科学知识，但并不能说它们就是科学知识本身，就像不同语言可以表达相同的科学知识，所以真正的科学知识绝非等同于书籍等知识的载体。科学是理论性的体系，所以，科学是对诸多观念的研究，纯粹逻辑学也不例外。另外，我们在前面已经提到了，对科学的把握，或者说对真理的把握是在认知行为中进行的，所谓真，就是内在的符合统一，这样，把握客观观念不可脱离认知行为，实际上就是不能脱离意指行为。胡塞尔的这个思想让他不得不对意识结构进行分析，这也是当时人们认为胡塞尔在《逻辑研究》第二卷回到心理学的原因，如果要真正理解胡塞尔哲学如何不是心理学，就要理解在他那里何谓真理，理解客观的观念如何符合意指行为。“胡塞尔的符合论指的是意向对象和充实对象，通过个别直观和类直观等上升到本质直观和纯粹直观等，与观念中的元型观念相符合”，[20]也就是意指之物与观念之物相符。观念之物是客观的，但并不是柏拉图意义上的客观，胡塞尔所说的观念之物并不是脱离具体之物的，而是可以通过“总体化”或者“形式化”而得来，总体化是通过具体对象的种属关系一步步抽象而达到一种普遍性，例如从“红”到“颜色”到“感性性质”，形式化是指从具体对象直接上升到一个普遍观念对象，“对象”“含义”“一”“多”都是普遍观念对象。

更进一步说，意指之物与观念之物的符合就是意指之物得到充实，这个过程就是获得明见性的过程，“语词在这里和那里所指的东西，可以在有本质不同的直观因素中或直观形态中得到充实，或者说，在本质不同的各种普遍概念中得到充实”[21]。语词所指的东西就是意指的东西，普遍概念就是观念之物，这两方面达到统一的话，那么语词的含义就被明确地固定下来，所有意指之物都获得了充实，现象学的任务也就完成了。这两方面如何达到统一呢？思维究竟如何切中客体呢？这就回到了我们刚提到的两种直观，实际上，直观之所以是合理的，仍是因为观念的特性，如果观念是柏拉图意义上脱离具体事物的理念，那么直观是不可能的；如果观念不是客观的，那么直观就会重新陷入心理主义之中，所以我们认为关键就在于观念。

3.3 决定现象学无前提性的观念

我们回顾一下纯粹逻辑学的任务：澄清含义范畴与对象范畴的原初概念。这些概念是通过语词被揭示的，语词所具有的含义通过直观就以观念的方式被把握到，这样，就可以说语词“含义”是观念的一个特殊类型，而且是非常重要的特殊类型。我们当然可以从“红色的纸”当中直观把握到“红”的观念，但是“含义”作为观念具有其独特地位，含义最能体现我们意指行为（姑且说是客观方面）与观念对象（姑且说是主观方面）之间的二元，最能体现我们把握“真”的方式。所以纯粹逻辑学所要求把握的“概念”“定律”以及“对象”“事态”等本质上都是观念，这样，观念就作为纯粹逻辑学连同现象学的追求。一方面因为并不追求具体实在之物而排除了对实在的预设前提，同时就排除了经验心理学上设定的前提；另一方面观念也不是超越的，不是无法直接把握的，这就排除了超越性的预设。所以纯粹逻辑学与现象学是无前提的。

我们来进一步澄清观念的特性。“逻辑观念的基础并不在心理活动之中，亦即胡塞尔用通俗的话语所说的,观念不在人的心中;但他同时又说,观念也不在心外。"[22]通过前文所述获得观念之物的方法就可以理解何谓"不在心中,也不在心外"。胡塞尔提出了三种对观念之物的误解:①以形而上学的方式将观念理解为思维之外的实在存在。②以心理学的方式将观念理解为思维之内的实在存在。③唯名论式的理解,认为观念之物并不存在,只存在着个别之物。胡塞尔认为,观念是虽然是客观存在的,并非是时空中的实在之物,而是必须通过意识的"观念直观(Ideation)"才能把握,就是说,意识可以把握到一个纯粹客观之物,这样,观念之物就成了真正的研究对象,它是如此特别,以至于我们可以直接从个别实在事物中直观把握到它。

我们同时不能说观念的这个特性是一种预设前提,因为对观念的把握就是在具体事物中被明见的。这一点在海德格尔那里体现得更为明显,"此在先行领会存在",存在本身是明见的,但不能说是预设前提。"预设前提":Vor-aussetzung/pre-supposition,总有一个 vor 或者是 pre,是人为设定的,但存在本身并不能说成是我们设定的。同理,我们已经说过胡塞尔对观念客观性的强调,既然观念是客观的,并且对客观观念的把握是通过内在经验直观而获得的,"我们的所有哲学概念都必须从被给予的经验中直接获得其合法性源泉,我们应该拒绝所有涉及存在和经验真理特点的形而上学推测"[23],就如同"存在"不是预设到的,而是直接领会的,观念也是被明见把握的。我们获得了观念客观性的最终基础——明见性。实际上可以说,前面所讲的两种直观方法在胡塞尔看来就是明见的,我们在这里是否有循环论证之嫌?我们是不是预设了明见直观,从这个预设中获得观念,再认为观念是可以明见的?并非如此,《现象学的观念》中认为明见性是无法论证的,胡塞尔在先验现象学中借助笛卡尔的怀疑回答了这个问题,在一定意义上给予明见性以合理性,这并不是本文要探讨的,我们已经展示出无前提性作为"回到实事本身"的一个要求是何以成立的了。

4 结语

我们分析了纯粹逻辑学的系统性与理论性,可以看到纯粹逻辑学最终希望以流形论的形式成为科学论的科学,使其他科学成为可能。通过我们的分析,可以看出纯粹逻辑学总是要涉及"可能性":理论科学要阐述个体事物的可能性、流形论要阐述理论的可能性。这样,纯粹逻辑学意义上的奠基并不是预设前提,并不是通过一个"底座式"的前提才能建基一门完整的科学,而是说一个基础本身就存在于低一级的体系之中,或者更明确地说,普遍性就在个别性之中,并不是何者决定了何者,在具体科学中一定可以看到纯粹逻辑学的作用,在这个意义上,纯粹逻辑学是无前提的,并且奠基于其上的具体科学在进行的过程中也是无前提的。

纯粹逻辑学对客观真理的要求让我们转向了现象学,转向了观念,观念"不在心中,也不在心外",而又是现象学及纯粹逻辑学必须把握的。我们可以说,没有对主观与客观的预设,何来前提?观念本身的特性也不是被预设的,因为借助了直观方法。而如果对直观进一步追问,我们就会走向胡塞尔的先验现象学,实际上通过我们的分析,也可以看到,"观念"的既非主观又非客观的特性是极难说清楚的,所以胡塞尔转向先验现象学在某种程度上是必然的。不管怎么说,《逻辑研究》中的纯粹逻辑学的无前提性是很清晰的,而现象学正是作为纯粹逻辑学的诉求产生出来的必要方法,它的无前提性在观念的特性中也被展示出来了。

注 释

① 刘万瑚."回到事物本身"与"面向事物本身"——胡塞尔与海德格尔的现象学方法之争[J].哲学动态,2019(11):84-91.

② 倪梁康.《现象学及其效应》[M].北京:商务印书馆,2014:84.

③ 胡塞尔.《逻辑研究》(第二卷).倪梁康译[M].北京:商务印书馆,2017:314.

④ 胡塞尔.《逻辑研究》(第一卷).倪梁康译[M].北京:商务印书馆,2017:23.

⑤ 胡塞尔.《逻辑研究》(第一卷).倪梁康译[M].北京:商务印书馆,2017:255.

⑥ 倪梁康.《现象学及其效应》[M].北京:商务印书馆,2014:87.

⑦ 胡塞尔.《逻辑研究》(第一卷).倪梁康译[M].北京:商务印书馆,2017:257.

⑧ Rinofner-Kreidl, S. The Problem of Psychologism and the Idea of a Phenomenological Science[A]. Husserl: German Perspectives[C]. New York: Fordham University Press. (2019). pp.15-48

⑨ 胡塞尔.《逻辑研究》(第一卷).倪梁康译[M].北京:商务印书馆,2017:28.

⑩ 李朝东.纯粹逻辑学与理论哲学的奠基作用[J].哲学研究,2006(05):88-93.

⑪ Rinofner-Kreidl, S. The Problem of Psychologism and the Idea of a Phenomenological Science[A]. Husserl: German Perspectives[C]. New York: Fordham University Press,(2019).pp.15-48

⑫ 梁家荣.《逻辑研究》的科学概念与纯粹逻辑学[J].同济大学学报(社会科学版),2015,26(05):13-19.

⑬ 胡塞尔.《逻辑研究》(第一卷).倪梁康译[M].北京:商务印书馆,2017:260.

⑭ 同上,译文依据英文版有所改动.

⑮ 钱立卿.胡塞尔的"纯粹逻辑学"纲领及其意义——论《逻辑研究》第一卷中的逻辑哲学思想[J].哲学分析,2019,10(05):66-80+197

⑯ 奚颖瑞.《数学逻辑与现象学——论胡塞尔思想的发端》[M].杭州:浙江大学出版社,2018:78.

⑰ 胡塞尔.《逻辑研究》(第一卷).倪梁康译[M].北京:商务印书馆,2017:29.

⑱ 胡塞尔.《现象学的心理学》.游淙祺译[M].北京:商务印书馆,2017:381.

⑲ 胡塞尔.《逻辑研究》(第二卷).倪梁康译[M].北京:商务印书馆,2017:342.

⑳ 李鹏.胡塞尔现象学的本体论差异问题[J].吉林大学社会科学学报,2019,59(04):177-185+223.

㉑ 胡塞尔.《逻辑研究》(第二卷).倪梁康译[M].北京:商务印书馆,2017:345.

㉒ 倪梁康.何为本质,如何直观?——关于现象学观念论的再思考[J].学术月刊,2012,44(09):49-55.

㉓ Miettinen, T. Teleology Beyond Metaphysics: Husserlian Phenomenology and the Historical Consciousness of Modernity[J]. The Journal of Speculative Philosophy, 2014, 28(3): 273-283.

参考文献

[1] 刘万瑚."回到事物本身"与"面向事物本身"——胡塞尔与海德格尔的现象学方法之争[J].哲学动态,2019(11):84-91.(原文中"事物"改动为"实事")

[2] 倪梁康.现象学及其效应[M].北京:商务印书馆,2014.

[3] 胡塞尔.逻辑研究(第二卷)[M].倪梁康,译.北京:商务印书馆,2017.

[4] 胡塞尔.逻辑研究(第一卷)[M].倪梁康,译.北京:商务印书馆,2017.

[5] Rinofner-Kreidl, S. The Problem of Psychologism and the Idea of a Phenomenological Science[A]. Husserl: German Perspectives[C].New York: Fordham University Press.(2019). pp.15-48.

[6] 李朝东.纯粹逻辑学与理论哲学的奠基作用[J].哲学研究,2006(5):88-93.

[7] Rinofner-Kreidl, S. The Problem of Psychologism and the Idea of a Phenomenological Science[A].Husserl: German Perspectives[C].New York:Fordham University Press.(2019).pp.15-48

[8] 梁家荣.逻辑研究的科学概念与纯粹逻辑学[J].同济大学学报(社会科学版),2015,26(5):13-19.
[9] 钱立卿.胡塞尔的“纯粹逻辑学”纲领及其意义——论《逻辑研究》第一卷中的逻辑哲学思想[J].哲学分析,2019,10(5):66-80+197.
[10] 奚颖瑞.数学逻辑与现象学——论胡塞尔思想的发端[M].杭州:浙江大学出版社,2018.
[11] 胡塞尔.现象学的心理学[M].游淙祺,译.北京:商务印书馆,2017.
[12] 李鹏.胡塞尔现象学的本体论差异问题[J].吉林大学社会科学学报,2019,59(4):177-185+223.
[13] 倪梁康.何谓本质,如何直观?——关于现象学观念论的再思考[J].学术月刊,2012,44(9):49-55.
[14] Miettinen, T. Teleology Beyond Metaphysics: Husserlian Phenomenology and the Historical Consciousness of Modernity[J]. The Journal of Speculative Philosophy, 2014, 28(3), 273-283.

上海国际知识产权学院

浅议个人敏感信息的特殊保护

韩晓月

摘　要　个人敏感信息，是个人信息的一种类型。个人敏感信息包含了更高的人格尊严，具有商业利用价值和公共管理价值，而且实践中各企业和机构的隐私政策存在差异，亟须统一的界定标准和保护机制。但我国目前的个人敏感信息保护仍存在一定的问题，如高位阶法律缺乏对个人敏感信息保护的重视，现有的两部国家标准对个人敏感信息的定义不一致，现有法律更没有对个人敏感信息提出更高的规制要求。从国际视角出发，欧盟和美国分别属于不同的立法模式，但都以制定一部统一的个人信息法为目标。在对个人敏感信息进行界定时，要兼顾个人利益与公众利益、兼顾利用与保护、兼顾国际化与本土国情。在个案判断时，可以结合使用情境和使用目的。在进行规制收集和处理行为时，要实现差异化，采用更为严格的收集、处理、监管、处罚规则。

关键词　个人信息；个人敏感信息；类型化

On the Special Protection of Personal Sensitive Information

Han Xiaoyue

Abstract　Personal sensitive information is a type of personal information. Personal sensitive information contains higher personal dignity, and has commercial value and public management value. Besides, in practice, privacy policies vary among companies and institutions. Unified definition criteria and protection mechanisms are urgently needed. However, there are still some problems in China, such as the lack of attention to the protection of personal sensitive information by high-level laws, the existing two national standards have inconsistent definitions of personal sensitive information, and there are no higher regulatory requirements for personal sensitive information. From an international perspective, the European Union and the United States belong to different legislative models, but they all aim to develop a unified personal information law. When defining personal sensitive information, it is necessary to take into account both personal and public interests, use and protection, internationalization and local national conditions. When judging individual cases, contextualized approach and purpose-based approach can be combined. When regulating the collection and processing behaviors, it is necessary to be differently and apply stricter collection, processing, supervision, and punishment rules.

Key words　Personal information, Personal sensitive information, Categorization

作者简介　韩晓月，女，1996 年 8 月出生，上海人，同济大学上海国际知识产权学院法学专业 2018 级硕士研究生，主要研究方向为知识产权法。

1 引言

个人敏感信息①,是个人信息的一种类型。由于其性质特殊,一旦被泄露、非法提供或滥用,会造成更严重的损害。2018 年,欧盟《通用数据保护条例》(*General Data Protection Regulation*,以下简称 GDPR)的出台使"特殊类型数据(special categories of data)"吸引了大量目光,各国纷纷效仿。但是,目前我国并未在高位阶法律中对个人敏感信息进行界定和差异化保护。因此,本文的目的就是在我国个人信息保护法的制定之际,在发展和保护之间探索一条可行的规制个人敏感信息的路径。

2 问题的提出

我国目前正在紧锣密鼓地筹备制定个人信息保护法,而个人敏感信息这一概念却并没有得到充分讨论。纵观我国已有的法律文件,仍存在以下问题:第一,高位阶法律缺乏对个人敏感信息保护的重视。我国高位阶法律并没有对个人信息进行分类,仅在两部国家标准中有所体现:《信息安全技术公共及商用服务信息系统个人信息保护指南》(以下简称《保护指南》)以及《信息安全技术个人信息安全规范》(以下简称《安全规范》)。然而,国家标准并非法律,不能被司法机关直接引用。这样的后果是各种规定之间不统一甚至出现冲突,可操作性差。第二,关于个人敏感信息的定义,两部国家标准的定义也不一致。《安全规范》3.2 规定,个人敏感信息,是一旦泄露、非法提供或滥用可能危害人身和财产安全,极易导致个人名誉、身心健康受到损害或歧视性待遇等的个人信息。②《保护指南》3.7 规定,个人敏感信息是指一旦遭到泄露或修改,会对标识的个人信息主体造成不良影响的个人信息。③ 对比来看,《安全规范》的定义更为详细。从外延上来看,例如,在《保护指南》中被认为是个人敏感信息的"政治观点",却并没有被《安全规范》包括在内。第三,没有对个人敏感信息提出更高的规制要求。国家标准虽然制定了一系列收集和处理个人敏感信息的规则,但是缺乏惩罚机制,导致形同虚设。因此需要在高位阶法律中界定个人敏感信息,对违规行为处以更严格的惩戒。目前来看,个人敏感信息的界定刻不容缓,必须抓住此次制定个人信息保护法的机会,在高位阶法律中区分个人敏感信息和个人一般信息,结合我国实际情况界定个人敏感信息,努力与国际接轨。

3 对个人敏感信息进行区分保护的必要性

学界和各国、各国际组织的立法经验向我们展示了对个人敏感信息进行区分保护的必要性。大多数学者赞成对个人敏感信息进行区分保护,理由如下:第一,敏感个人信息比普通个人信息承载了更高的人格尊严要素[1],个人敏感数据泄露对基本权利与自由损害的风险大,泄露的不可逆转和长期性特征对权利影响严重。[2]第二,个人信息具有商业利用价值和公共管理价值,我国未来个人信息保护法有必要对个人信息进行类型化区分,以实现信息保护与信

---

① 个人敏感信息,在其他语境中还可以被写作"敏感个人信息""敏感数据""特殊类型个人数据""个人敏感资料"等,为同义混用。

② 详情请见《个人信息安全规范》(GB/T 35273—2020)3.2。

③ 详情请见《保护指南》(GB/Z 28828—2012)3.7。

息利用的更好平衡。[3]第三,在实践中,很多互联网行业企业已经自发地在隐私政策中使用敏感个人信息的概念并对其进行特殊保护,但由于我国现行法律缺少对敏感个人信息的统一界定标准与保护机制,各企业的认定和分类标准存在较大差异,隐私政策的实施效果难以保证。[4]纵观各国和国际组织有关个人信息保护的立法实践,大多单独对个人敏感信息进行了界定:欧盟在2018年发布的GDPR提道:"就其基本权利和自由而言,特别敏感的个人数据应受到特别保护,因为其处理过程可能会对基本权利和自由造成重大风险。"①

虽然大部分学者认同应当将个人敏感信息进行差别保护,但也有少部分学者认为不应当将个人敏感信息单独保护。有专家认为不宜在个人信息保护法中采用敏感个人信息概念,理由是:第一,域外立法中的敏感信息概念含义非常广泛,若采用含义广泛的敏感个人信息概念,会导致个人信息保护法与我国宪法和根本政治制度的冲突;若采用含义狭窄的敏感个人信息概念(如集中于个人健康信息),一来没有必要,二来会在国际人权对话中陷于被动。第二,没有必要一定要在个人信息保护法中规定敏感个人信息,完全可以通过单行立法的方式解决。第三,不采用敏感个人信息概念,在域外立法当中也是一种比较常见的选择。[5]《经济合作与发展组织关于隐私保护和个人数据跨疆界流动的指导原则》在其详细评论中写道:"任何数据本质上都不是'私人的'或'敏感的',但是,它们可能在特定的语境下和在被放置到不同的用途中时变成'私人的'或'敏感的'。"[6]

笔者赞同对个人信息进行分类,并对个人敏感信息给予特殊保护。第一,个人敏感信息的界定虽然困难,但我们可以在界定概念和列举几类个人敏感信息的基础上,参考使用情境和目的,使其兼具灵活性。第二,以单行立法的方式规范个人敏感信息的收集和处理又会陷入立法分散的境地,缺少一般规则,存在混乱、冲突的可能。第三,事实上,有学者通过对92个国家隐私相关法规进行分析发现,大多数国家和地区(80.34%)的法律体系中有明确定义或分类。[7]可见,对个人信息进行类型化的优势大于弊端。

4 可行性:欧美立法经验借鉴

大多数学者和国家都认同对个人敏感信息进行区分和差异化保护。目前,各国个人信息立法模式主要有两种,一种是以欧盟为首的综合立法模式,另一种是以美国为代表的分别立法模式。[8]

4.1 欧盟立法经验考察

欧盟及其所属国最早开始关注个人敏感信息,很多国家参考欧盟的做法制定了各自的个人信息保护法,并且单独规定了个人敏感信息。1970年德国黑森邦的个人资料保护法和1973年瑞典资料法中就曾出现敏感数据的概念。1981年,作为在保护个人信息领域最为重要的国际公约,欧洲理事会《有关个人数据自动化处理之个人保护公约》第6条就明确规定了特殊类型数据,并在2018年最新修订的版本中,扩展了个人敏感数据的目录。欧盟在1995年《个人信息保护指令》第8条第1款规定了特殊类型信息,这些信息包括:揭示种族或民族背景、政治观念、宗教或哲学信仰、工会成员的个人数据以及有关健康或性生活的数据。在此基础上,2018年的GDPR新增基因数据、为了特定识别自然人的生物性识别数据以及与性取向相关的数据。欧盟对个人敏感信息的保护,采取的是双重保护机制,即在对个人信息进行保护的基础

① See GDPR preface(51).

上，对特殊类型数据的收集和处理采取更严格的保护。

4.2 美国立法经验考察

美国尚无统一的数据保护法律，属于分别立法模式，而且，社会组织体自发通过确立自律规范来规范自己行为实现自律目的是非常常见的，[9]法律规则、行业规范和商业惯例以广泛和分散的方式组织起来。[10]美国的立法中不存在明确的敏感信息分类，但是存在一些类似的限制性规定，体现在不得以敏感信息作为做出某些决定的依据，否则将被视为歧视性决定。[11]例如，金融机构不得向非关联的第三方披露非公开的个人信息（NPI）。① 不过，近来，美国似乎也在努力促成一部联邦层面的隐私法[12]，议员们已经提出了一些规模较小、内容零散的法案，以不同方式解决消费者数据隐私问题。② 这些草案在具体内容上虽然有所不同，但都涉及到了个人敏感信息，部分草案以“损害”为界定标准。美国的自律机制存在弊端，缺乏一致性。在美国草案中，仅仅是要求个人敏感信息的收集、处理、对外传输等，需要获得个人的明示同意。

可以看到，欧美国家都以制定一部系统的个人信息保护法为追求。不同之处在于，在个人敏感信息的范围方面，欧盟体现出对特殊类型数据选择上的谨慎性，并且对待这些数据采取了异常严格的规则；而美国所罗列的敏感信息的范围相比之下就大了很多，规则方面也宽松许多。

5 个人敏感信息的界定标准

要对个人敏感信息进行规制，首要的问题是，哪些属于个人敏感信息呢？总结现有立法实践和学说来看，有以下几种标准：

第一，以“损害风险（risk or harm）”为界定标准。该标准将个人信息泄露后的“损害风险”作为区别敏感信息和一般信息的标准。Ohm 教授在调查了多部法律后总结出在评估给定信息是否敏感时应着重于四个因素：损害的可能性、损害的可能性、存在保密关系以及该风险是否反映出多数人的担忧。[13]事实上，美国的一些数据法草案、我国的相关法规皆采用此种方法。这种方法的弊端在于，其涵盖的范围不清，存在对个人敏感信息的界定过于宽泛之嫌。

第二，以“使用情境（contextualized approach）”为界定标准。该界定标准不单纯以个人信息本身的性质为判断因素，而是考察该信息的使用情境，认为个人信息的敏感性会因使用情境的不同而改变。很多学者支持这一做法，他们认为，完全依赖一项数据的敏感度来确定与之相关的风险，将不足以充分保护数据当事人的私隐，[14]应当将立法的原则性规定与司法的灵活裁断相结合，[15]作为认定敏感信息的补充，在个案中由特定机构来判断某个人信息是否为敏感信息。[16]

第三，以“使用目的（purpose-based approach）”为界定标准。该标准认为数据的使用或使用目的改变了数据的敏感度。Eloise Gratton 教授基于信息的不同用途区分了哪些信息使用能

---

① See 15 U.S.C. Sections6802.

② 2020 年 3 月 12 日，参议员杰瑞·莫兰提出了《2020 年消费者数据隐私和安全法案》（*Consumer Data Privacy and Security Act of 2020*）；2019 年 2 月 27 日，科尔特斯·马托斯女士提出了《数据隐私法案》（*Data Privacy Act*）；2019 年 12 月 3 日，坎特威尔女士等提出了《消费者在线隐私权法案》（*Consumer Online Privacy Rights Act*）；2020 年 2 月 13 日，吉利布兰德女士提出了《2020 年数据保护法》（*Data Protection Act of 2020*）；参议员罗杰·威克尔提出了《2019 年美国消费者数据隐私法》（*United States Consumer Data Privacy Act of 2019*）。

带来好处、哪些信息使用会带来危害或者根本不会影响信息主体。[17]

第四,以"隐私(privacy)"为界定标准。该标准的认定前提是个人敏感信息与个人隐私有关。有学者认为敏感个人信息,是涉及个人隐私的信息。[18]这种观点混淆了隐私和个人敏感信息的界限,隐私由个人数据、个人活动和个人空间所组成,[19]两者应当是交叉关系,而不是包含或者等同关系。比如,通常被认为是个人敏感信息的"政治观点"却不是个人隐私。

笔者的观点是,首先要明确我国制定个人敏感信息保护规则的价值取向,既要严格保护个人敏感信息,也要留有对个人敏感信息进行合法利用的窗口;既要与国际接轨,也不能忽视本土的国情;既要保护个人的人格尊严,也要兼顾公共利益。可以在充分界定和列举的基础上,反映个人敏感信息的使用情境和使用目的,以使司法人员根据个案进行裁断。同时,各行业也可以根据接受服务的个人信息主体意愿和各自业务特点确定个人敏感信息的具体内容。

6 严格规范个人敏感信息的收集和处理

如前所述,个人敏感信息由于其特性,一旦泄露会造成巨大损害,应当适用更为严格的收集、处理、监管、处罚规则。

第一,收集个人敏感信息必须获得数据主体的明示同意。对"同意"和"明示同意"应当区别适用。在GDPR中,"明示同意"是处理特殊类型个人数据的合法性基础,"同意"是合法处理其他个人数据的前提。"同意"必须符合以下四个特征:自愿作出的(free)、具体的(specific)、知情的(informed)、明确表示其意愿(unambiguous indication of wishes)。而"明示同意"中的"明示"一词指的是数据主体表达同意的方式。"明示同意",即数据主体必须给出同意的明确声明。具体的方式可以是数据主体签署书面声明、填写电子表格、发送电子邮件、上传带有数据主体签名的扫描文档或使用电子签名来发布所要求的声明、电话会话等。①

第二,原则上禁止处理,除有合法事由。GDPR原则上禁止对特殊类型数据进行处理,但若存在数据主体明确同意使用该类数据处理是为了实现医疗等公共利益的目的等合法事由时,允许处理。我国立法应当明确禁止处理可识别到个人的个人敏感信息,同时也要列明合法处理敏感信息的白名单。

第三,自我监管与行政监管。自我监管方面,对于大量收集和处理个人数据的企业应当任命数据保护官,对个人信息依照敏感度进行分类分级管理,传输和存储前采取加密等技术措施,在改变处理目的、共享、转让、公开披露个人敏感信息前获得数据主体的明示同意,并且就高风险的数据实践,采取事前的影响评估和事后的结果审计。行政监管方面,行政机关应当设立独立的监管机构,并强化对监管机构的授权。另外,美国《加州消费者隐私法》(*California Consumer Privacy Act*, *CCPA*)针对行政罚款规定了30天的改正期(cure period)制度。该规定的前提条件是,总检察长发出不合规通知(notice of noncompliance),如果企业在30天内做出了整改,总检察长就不得提起罚金诉讼。该规定体现了监管的灵活性,也节约了司法资源,值得借鉴。

第四,事后处罚。目前对于违法收集和处理个人敏感信息的惩罚依据是《网络安全法》《侵权责任法》《消费者权益保护法》等法律和司法解释②,但是其处罚范围有限,惩罚额度也

---

① 详情请见《第29条工作组〈对第2016/679号条例(GDPR)下同意的解释指南〉》(*Guidelines on Consent under Regulation 2016/679*)第19页。

② 如《最高人民法院关于审理利用信息网络侵害人身权益民事纠纷案件适用法律若干问题的规定》《最高人民法院、最高人民检察院关于办理侵犯公民个人信息刑事案件适用法律若干问题的解释》。

低。应当区分适用民事损害赔偿机制、行政罚款制度、刑事惩罚，导致自然人受到损害或歧视性待遇的，应当判赔更高的精神赔偿；对于违规收集、处理个人敏感信息的行为，有关部门应当处以更高的行政处罚；刑事方面，可以将泄露个人敏感信息的行为视为情节严重的行为。

7 结语

在个人信息保护法制定之际，个人敏感信息的界定和保护迫在眉睫。应当在实行综合立法模式下，区分个人敏感信息和个人一般信息，在对个人敏感信息的界定采取“概念+列举”的立法技术之外，在司法裁决中融入使用场景和目的进行判断。具体保护规则方面，要遵循差异化保护理念，适用更为严格的收集、处理、监管、处罚规则。

参考文献

[1] 田野，张晨辉.论敏感个人信息的法律保护[J].河南社会科学，2019，27(7)：43-49.

[2] 陈骞，张志成.个人敏感数据的法律保护：欧盟立法及借鉴[J].湘潭大学学报(哲学社会科学版)，2018，42(3)：34-38.

[3] 胡文涛.我国个人敏感信息界定之构想[J].中国法学，2018(5)：235-254.

[4] 田野，张晨辉.论敏感个人信息的法律保护[J].河南社会科学，2019，27(7)：43-49.

[5] 周汉华.个人信息保护法(专家建议稿)及立法研究报告[M].北京：法律出版社，2006：79-80

[6] 周汉华.域外个人数据保护法汇编[M].北京：法律出版社，2006：27.

[7] 王敏.敏感数据的定义模型与现实悖论：基于92个国家隐私相关法规以及200个数据泄露案例的分析[J].新闻界，2017(6)：2-10+17.

[8] 王利明.论个人信息权的法律保护——以个人信息权与隐私权的界分为中心[J].现代法学，2013，35(4)：62-72.

[9] 齐爱民.个人信息保护法研究[J].河北法学，2008(4)：15-33.

[10] Joel R. Reidenberg. Setting Standards for Fair Infor-mation Practice in the U.S. Private Sector[J]. Iowa L. Rev, 1995，497(80)：499.

[11] 张新宝.从隐私到个人信息：利益再衡量的理论与制度安排[J].中国法学，2015(3)：38-59.

[12] Kathryn Branson，GAO Recommends That Congress Consider Comprehensive Consumer Privacy Legislation[J]. Policy Spotlight (blog)，EDUCAUSE Review，2019.12.

[13] Ohm Paul. Sensitive Information. Southern California Law Review[J]. 2015，88(5)：1125-1196.

[14] Muge Fazlioglu，Beyond the Nature of Data：Obstacles to Protecting Sensitive Information in the European Union and the United States，46 Fordham Urb. L. J. 271(2019).

[15] 项定宜.个人信息的类型化分析及区分保护[J].重庆邮电大学学报(社会科学版)，2017，29(1)：31-38.

[16] 胡文涛.我国个人敏感信息界定之构想[J].中国法学，2018(5)：235-254.

[17] Eloise Gratton，Understanding Personal Information：Managing Privacy Risks 416 (2013).

[18] 齐爱民.论个人信息的法律保护[J].苏州大学学报，2005(2)：30-35.

[19] 梅绍祖.个人信息保护的基础性问题研究[J].苏州大学学报，2005(2)：25-30.

商标共存之历史合法性
——以"同济"商标案为例

秦博奥

摘　要　商标由于其显著性的特点，是用于区分各个主体间商品或服务的标记，可是在现实生活中，存在大量的不同主体使用同一或相似标记的现象，对此现象我国还未形成清晰的判定标准。本文从"同济"商标案出发，通过对商标立法宗旨的分析，探讨在历史成因之下商标共存现象的合理与合法性。在基于正当历史因素的情况之下才值得牺牲部分消费者利益而保护商标权人间的商标共存；而基于商业合作以及司法实践中的疏忽而造成的商标共存现象，应当以保护消费者利益优先，要求商标附加区别标记，使用商标先用权制度予以规则。

关键词　商标共存理论；混淆可能性；同济商标案；商标法立法目的

Historical Legality of the Trademarks Coexistence
— Taking "Tongji" Trademark Case as an Example

Qin Boao

Abstract　Because of its significance, trademark is used to distinguish goods or services between different subjects, but in real life, there is a phenomenon that large number of different subjects using the same or similar trademark. For this phenomenon, China has not yet formed a clear criterion. This paper, based on the "Tongji" trademark case, analyzed the purpose of trademark legislation and discussed the rationality and legitimacy of trademark coexistence under the historical causes. The conclusion is that in the case of legitimate historical factors, the interests of some consumers can be sacrificed to protect the trademark coexistence between trademark owners; on the other hand, if the trademark coexistence is based on the commercial cooperation and negligence in judicial practice, it should be given the priority protection to the customers.

Key words　Trademark coexistence, Likelihood of confusion, "Tongji" trademark case, Legislative purpose of trademark

1　引言

商标是用于区分个人或企业产品或服务的标记，权利人有权禁止他人未经许可在相同或类似的品类上使用相同或近似的商标，然而现实中却存在不同主体使用同一商标的现象。此前，隶属于华中科技大学的同济医院在 41 类与 42 类服务上拥有着"同济"二字的商标专用权。近日，同济大学终于在第 41 类学校（教育）等服务上正式获得商标专用权（申请日 2018

作者简介　秦博奥，女，1997 年 1 月出生，湖南湘潭人，同济大学上海国际知识产权学院 2019 级法学硕士研究生，主要研究方向为知识产权法。

年9月27日，授权日2020年4月21日）。由此，作为同济学子想探讨一下16年前的这场“同济”商标争议案，并以此为基础，通过梳理对商标法立法宗旨的不同理解，论述基于历史成因问题下的商标共存现象。

2 商标共存理论

商标制度具有保障公益与私益之双重目的，即需要在保护当事人私益的同时保护社会公共利益，但是这之间的平衡往往很难把握，因为很多情况下在保护公益和私益之间是存在着冲突的①。对商标法立法宗旨的理解很大程度上决定了对于商标共存的态度，由于商标共存现象的存在会导致商标所有人和消费者产生利益冲突，坚持商标法立法第一宗旨为保护商标所有人利益的一方支持商标共存制度；而坚持优先保护消费者利益的一方则反对商标共存[1]。世界知识产权组织（WIPO）的报告将“商标共存”称为“Trademark Coexistence”，是指两个不同的市场主体使用相同或近似的商标销售产品或提供服务时并不必然妨碍对方的经营。从这一点来看WIPO对于商标共存的界定是以商标权人的私益角度出发的，即只要不妨碍各自的商业活动即可成立商标共存。我国商标法目前没有关于商标共存的明文规定，但商标共存的现象在我国司法实践中已屡见不鲜②，是司法机关平衡双方利益而做出的折衷取舍以及对已发生事实的尊重，但是，这其中的判定依据却依然十分模糊。

关于商标共存理论我国目前主要存在两种学说：第一，不存在混淆可能性说，该学说目前为多数观点以及我国商标评审委员会的看法③，认为商标共存的成立条件为不存在混淆可能性，指争议商标与引证商标之间虽然客观上相同或相似，但由于特殊原因，并没有造成消费者对该商标或服务产生混淆误认[2-3]才可成立商标共存。第二，必然存在混淆可能性说，该学说否定了上述不存在混淆可能性说，认为商标之间存在混淆可能性与冲突是商标共存的前提条件，因为既然相关商标能够被消费者所区分以及不产生市场混淆可能性，那么这些商标之间也就不存在混淆的可能性和冲突，也就根本不属于商标共存的范畴[4]。本文认为商标共存应理解为商标之间存在混淆可能性和冲突，但由于存在客观阻却事由而使双方商标都合法存在的情形。

3 “同济”商标案简介④

3.1 起因

“同济医科大学”（位于武汉）于1997年11月28日向商标局申请了两件“同济”商标的注册，分别申请在第41类学校（教育）和第42类医院等服务上使用，并分别于1999年1月21日和1999年3月14获准注册。此后，“同济医科大学”将两件“同济”注册商标专用权转让给“华中科技大学同济医学院附属同济医院”（下文简称同济医院）。2003年5月30日同济大学才开始用“同济”申请注册各类别的商标，其中便包括第41类学校（教育）和第42类医院等服务。随后2003年6月10日同济医院也开始了对于“同济”商标的大量注册。但因为同济医院已在先注册了第41类、42类“同济”商标，同济大学这两件商标的申请最终未获核准，于是引发了2004年这一“同济”商标诉讼案件。

3.2 经过

原告：同济大学

被告:原国家工商行政管理总局商标评审委员会

争议对象:华中科技大学同济医学院附属同济医院(简称同济医院)拥有的第41类学校(教育)和第42类医院等服务商标

2004年3月11日,位于上海的同济大学向国家工商行政管理总局商标评审委员会提出争议申请,请求撤销由同济医科大学在1997年11月向商标局申请注册,并于1999年核准注册,后经核准转让至被告同济医院的第41类学校(教育)和第42类医院等服务的两件"同济"商标的注册,并指责同济医院恶意抢注"同济"商标。

同济大学提出:同济大学历史悠久,"同济"两字是同济大学拥有的驰名商标,争议商标原所有人同济医科大学是同济大学的二级学院,同济医院由上海同济大学医学院与武汉大学医学院合并组成,使用"同济"两字的时间很短,后同济医院几经合并,现与同济大学已没有任何联系。"同济"的知名度和经济价值主要源于同济大学,由于同济医院与同济大学之间的历史渊源,人们经常将其混淆在一起,同济医院在不从事教育行业的情况下,在第41类教育类服务上注册"同济"商标,属于恶意抢注。

同济医院反驳道:争议商标并非是复制、摹仿或翻译他人商标,更非恶意抢注,争议商标最初由同济医科大学注册,同济医科大学与同济医院均从事医学教育,且具有悠久的教学历史并且同济医院在历史上最早使用"同济"商标,是该商标的真正拥有人。

法院裁判:原告同济大学的证据虽能证明同济大学具有在先使用的事实,但无法证明在争议商标申请注册前就在争议商标所注册的领域达到了驰名商标的程度,不符合商标法第十三条第一款有关驰名商标的规定。并且由于争议商标是历史性的合理继承,因此注册行为不具有恶意性。不符合商标法第三十一条规定的有关"以不正当手段抢先注册他人已经使用并有一定影响的商标"。因此同济大学所提撤销理由不成立。一审法院判决维持了商评委的裁定,二审法院予以支持。

4 "同济"案适用商标共存之正当性

在本案中,针对商标法第十三条第一款规定,一审法院和二审法院都只对同济大学不构成驰名商标进行了说理。但对于同济大学提出的"由于同济医院与同济大学之间的历史渊源,人们经常将其混淆在一起",以及第十三条中的"容易导致混淆"的情形并没有给出具有说服力的理由。笔者认为虽然对是否造成混淆没有定论,但无论是否事实上造成了混淆,双方既然已经进行了诉讼,那么双方之间必然已经产生了冲突;并且由于出现了两个不同主体使用一个相同的商标的情况,那么必然会有产生混淆的可能性,此时消费者或多或少都联想到同济大学和同济医院的特别关联,如产生同济医院隶属同济大学的错误认识。因此法院仅考虑同济大学是否构成驰名商标用以判断是否满足商标法第十三条的规定是不充分的,还需要考虑混淆可能性,即便我国在2001年才将混淆可能性正式写入商标法[5]。

本案的争议是因历史原因导致,在当时的动荡历史背景下,高校不断地外迁、合并与重组。争议商标原所有人同济医科大学是同济大学的二级学院,后经核准转让给同济医院的,而同济医院由上海的同济大学医学院与武汉大学医学院合并组成,由于同济医院与同济大学在历史上存在事实上的关联,所以不存在商标法中提及的恶意抄袭行为,不符合以欺骗手段或者其他不正当手段取得注册的规定。并且,同济医院自1999年获准注册以来以长期使用该商标,并且其获得商标具有历史上的正当性;而同济大学最早是由德国医生艾里希·宝隆在中德政府的资助下在 1907 年创办的“德文医学堂”，在 1908 年改名为“同济德文医学堂”。“同济”二字是从德语“Deutsch”在上海话的谐音而来，寓意同舟共济。基于此，二者对“同济”二字的使用均具有正当性，如果责令其中一方改变校名是不妥当的，但两个不同的主体同时使用一个商标却事实上违背了商标权人拥有排他权利的特质。因此本文认为可以借鉴“商标共存”理论解决这一困境，使两方的合法权益都得到妥善的保护。最终同济大学也于 2020 年 4 月 21 日以校徽图的形式正式在 41 类学校（教育）等服务上获得了商标专用权。

5 历史成因下的商标共存合法性

5.1 商标共存之现状

目前在司法实践中出现了大量的不同主体使用相同或类似商标的案件，产生商标共存现象的原因有多种，有基于历史原因的，有基于商业合作而签订的商标共存协议的，也有商标审查时疏忽造成的。目前来说，通过签订共存协议解决争议双方冲突的占多数，就此现象从公众的角度出发，先商标权人通过协议同意在后近似商标注册，导致两件相似或相同的商标分别使用在不同主体的两项相似或相同的商品或服务上，但在价格、质量等方面存有差异，公众无法通过识别商标实现其认牌购货的目的，有损消费者利益。虽然理论上知识产权属于私权范畴，根据意思自治的原则，权利人有权自行协议约定商标共存，但是如果一味地放纵这一行为的发生，忽略公共利益，可以设想那么多年以后，消费者将无法识别大量的相似或相同商标间的价值。不仅是消费者无法区分产品服务来源，久而久之，权利人也将由于消费者无法区分共存的两商标而遭到损失[⑥]，市场将是一片混乱。

虽然商标共存制度存在其缺点，商标共存不可替代之优势仍更应重视。因此，在承认商标共存时需要谨慎考虑不同成因下的商标共存现象的合理合法性，当制度间出现冲突时，我们要回到商标法立法宗旨以及商标法的功能和价值这一源头，从源头进行分析才能得知商标法的价值取向，从而拨开商标共存制度价值冲突之迷雾而见月明。

5.2 商标法立法宗旨分析

与著作权法和专利法不同，商标法在保护商标权人利益的同时还要兼顾消费者利益。商标法立法宗旨中对消费者保护的态度对确定商标共存构成要件起到了决定性的作用。但我国学界以及司法实践都对此问题有分歧，有学者以 TRIPS 协议中表示的知识产权是私权以及商标法没有赋予消费者独立的诉权来支撑其“消费者利益”不是商标法立法宗旨的观点，认为商标法作为私权，商标权人的保护才是商标法的立法宗旨。而不同观点认为只有先保障消费者没有受到欺骗或者是产生混淆，才能考虑《商标法》其他的价值目标。本文认为，首先，未赋予消费者独立诉权是从防止消费者滥用权利的节约司法资源的立场出发的，并不能用以证明“消费者利益的保护”不是商标法的立法宗旨和目的。其次，商标法第四十二条、第五十七条以及对商标法第一条的理解[⑦]均体现了商标法保护消费利益，并且商标法第一条明确了促进经济发展才是商标法的终极目标，而这一目标的作用机制应当来源于消费者对商标的识别，只有这样才能最终实现市场的繁荣。综上，在保护商标权人和消费者的利益时不可偏废，在考虑商标共存的构成要件时应在保护商标权人的同时最大限度地保护公共利益。

5.3 商标共存的规制

从利益平衡的角度考虑，商标共存的存在具有其正当性，但应对商标共存的现象进行限制。在基于历史成因的情况下，双方权利人都十分正当地使用同一标记，但经过历史分化之后又属于不同主体,在此种情况之下才值得牺牲部分消费者利益而保护商标权人间的商标共存,但其中历史成因要符合:①合理合法取得传承地位,②事实上曾属同一主体后分化发展,③主观善意。基于商业合作所形成的商标共存,出于对私权自由处分原则与公共利益的折衷考虑,应签订含有特殊条款的商标共存协议,其中的特殊条款应是减少消费者产生极大混淆可能性的措施,该协议应当受到合同法、民法、商标法、反不正当竞争法的共同约束。基于司法实践中的疏忽而造成的商标共存现象,应当以保护消费者利益优先,法院应当调解优先,调解不成的,如一方有过错,过错方应做出明显区分标记;如双方均无过错,考虑到商标权利人在商标上的商业信誉积累,法院可以判令双方都附加区分标记而不是撤销某一方的商标。

6 本案思考

从同济医科大学的注册时间来看,可以发现本案受到了我国商标法历史发展的影响。

其一,商标法是20世纪70年代改革开放之初,中国开始实施商品经济,为了市场经济发展需要而建立的,其基本功能是区别商品或服务的来源。以往,高校对于将校名注册成为商标存在抵触的观念,主要矛盾在于"商"一字,认为学校旨在育人,不以营利为目的[5],导致高校名称的注册并不及时。直到20世纪90年代中期才有部分高校试探性地将校名注册为商标。但其实,这是狭义地理解了商标的内涵,对于"商标"一词的含义我们应扩大理解。商标其本质是特定的符号与特定的服务或商品之间的特定的联系,与名称权有异曲同工之处,其内涵在于辨明各类法律关系中的主体或客体的身份以及识别来源,因此,不应当将商标制度中的"商"一字片面地理解为从事商业活动。

其二,我国《商标法》制定于1982年,对商标审查和商标侵权判断中的标准均规定为"商标相同或近似"和"商品相同或类似"[6],直至1999年商标行政执行指导意见发布,我国商标法对于商标审查和商标侵权的判断才开始逐渐引入了混淆可能性⑧。该文件于1999年12月29日发布生效,此后在2002年的司法解释⑨中最全面地引入了混淆可能性。直到2013年《商标法》第三次修正,混淆可能性才被写入商标法⑩。经由前文所述,本案中同济医科大学的商标是于1997年11月申请并1999年1月21日核准注册。由于当时我国商标法并没有将混淆可能性列入对商标的审查工作中,所以华中科技大学的商标得到了注册。本文猜想如果同济医科大学申请注册商标的时间稍晚两年,在上述文件发布、混淆可能性被列入审查标准之后,由于同济医科大学注册的商标与同济大学的校名有混淆可能性,因此该商标在第41类学校(教育)等服务上可能得不到注册。

7 结语

目前,商标共存的现象得以批准大多是基于商标共存协议,从这一角度来看我国在实践中的做法可以发现,相对于对消费者利益的保护,法院更倾向于保护商标所有人的利益,但这是否符合我国商标法的立法宗旨以及功能与价值则还需探讨。综上,我国司法实践中已有大量商标共存的现象,但是对于何种情形之下可构成商标共存却十分模糊。作为泱泱大国,如在实践中出现同案不同判之现象将有损司法尊严,因此商标法应加速承认并制定合理的商标共存制度,以扬商标共存之长而避其短。

注 释

① 美国学者提出了对商标法立法宗旨的质疑,认为现代商标法并不寻求保护消费者,而是出于保护品牌价值。王太平教授认为商标法对消费者的保护只是商标保护的附带结果。

② 参见“鳄鱼”案、“张小泉”案、“天津狗不理包子”案、“启航考研”案、“秋林”案。

③ 我国商标法虽然尚未承认商标共存,但是国家工商行政管理局商标评审委员会在 2007 年的第 24 次商评委委务会上,对商标共存进行了认真的研究,认为在决定是否允许共存时应考虑双方商标整体上是否能够为消费者区分,共存是否容易造成消费者混淆。双方商标在整体上能够为消费者所区分的,可以允许共存。如果申请商标已经实际使用并且具有一定知名度,该商标与引证商标虽然存在近似之处,但消费者能够将其与引证商标相区分的,可以核准申请商标注册[7]。

④ 北京市第一中级人民法院行政判决书(2010)一中知行初字第 780 号、北京市高级人民法院行政判决书(2012)高行终字第 704 号。

⑤ 根据 1999 年指导意见(注解②)和 2002 年的司法解释(注解③),商标近似的概念应包含混淆可能性。

⑥ 两相同或相似产品或服务,由于消费者无法区分,那么最直接的损失就是双方平分了本属于自己百分之百的份额,双方市场份额都将因此减少。

⑦ 对商标法第一条原因与目的语义上的理解存在争议[4],参见杜颖,徐兆龙.《商标法》立法宗旨解析——以内容设计与逻辑层次为视角[J].中华商标.2019(3):49-52。

⑧《关于商标行政执法中若干问题的意见》(工商标字[1999]第 331 号)第六条第二款,商标相同或者近似的判断以普通消费者的一般注意力作为评判的主观标准,采取整体比较与商标显著部分比较相结合的方法,进行综合判断。

⑨ 2002 年最高人民法院发布的《关于审理商标民事纠纷案件适用法律若干问题的解释》(法释[2002]31 号)第九条、第十一条。

⑩《商标法》2013 年版,第五十七条第二款,未经商标注册人的许可,在同一种商品上使用与其注册商标近似的商标,或者在类似商品上使用与其注册商标相同或者近似的商标,容易导致混淆的。

参考文献

[1] 王太平.商标共存的法理逻辑与制度构造[J].法律科学(西北政法大学学报),2018,36(3):100-109.

[2] 曹红月.对我国商标共存制度构建的思考[J].中华商标,2014(3):67-69.

[3] 张爱.从实然走向应然:论我国商标共存制度的构建[D].宁波:宁波大学,2019.

[4] 杜颖,徐兆龙.《商标法》立法宗旨解析——以内容设计与逻辑层次为视角[J].中华商标,2019(3):49-52.

[5] 郑永平,王玉柱.中国高校的商标战略[J].科技进步与对策,2010,27(13):142-145.

[6] 王太平,卢结华.商标法中商标近似的界定与判断[J].中华商标,2015(3):67-71.

[7] 应苏楚.消费者认知决定“共存协议”[J].中华商标,2007(12):20.

试论专利法中的“专利申请权”

席　飞

摘　要　关于什么是专利申请权,《合同法》与《专利法》给出了不同的解释,学界也分为“请求论”与“资格论”两派,对专利申请权的含义缺乏统一的认识,进而影响了专利申请权权利属性的进一步深入研究。从专利法体系上来看,专利申请权本身与技术秘密、专利权同属于并列关系,且只有保护强度的不同。理论界通常所认为的“临时保护”权源属于专利权有失偏颇,其权利来源于专利申请权,专利申请权具有实体性权利,其强度位于技术秘密与专利权之间。

关键词　专利申请权; 程序性权利; 实体性权利; 临时保护

Research on the “Patent Application Right” under the System of Patent Law

Xi Fei

Abstract　As to the definition on patient application right, there are two different explanations on it in “Contract Law” and “Patent Law”, besides, there are “request theory” and “qualification theory” in the academic circle, and the lacking of unified recognition on the meaning of patent application right further influences the deeper research on the right attribute of patent application right. From the perspective of system of patent law, there is constellation of patent application right with technology secret and patent right, and the only difference of them are the protection intensity. As to the thought of theoretical cycle, it commonly thinks that the right origin of “temporary protection” belongs to the bias on patent right, which is from patent application right with entity right, and the intensity of it is between technology secret and patent right.

Key words　Patent application right, Procedure right, Entity right, Temporary protection

1　引言

专利申请权是我国《专利法》体系下的一个重要概念,而对于专利申请权的性质及含义,长期以来无论是理论界还是实务界都没有统一的认识,更有甚者简单移植域外法中“专利申请”或“专利申请权”的解释方法,忽略了“专利申请权”在不同法域之间的不同含义。而理清专利申请权的内涵则具有积极意义,主要系基于以下几个原因:一是清楚界定专利申请权;有利于进一步研究专利申请权是否可以作为科技新创企业的融资标的[①];二是清楚界定专利申请权,有利于进一步研究其与专利权之间的区别,从而重新考虑现实中“专利资产”的概念[②];

作者简介　席飞,男,1991 年 4 月出生,江苏盐城人,同济大学上海国际知识产权学院知识产权专业 2017 级硕士研究生,主要研究方向为专利法。

三是清楚界定专利申请权，可以进一步完善专利法中各项权利的体系研究。

2 问题提出："专利申请权"含义的不同理解

2.1 不同法律体系下的"专利申请权"

在我国的相关法律中，有关于专利申请权的规定在《合同法》以及《专利法》之中，而含义却有所不同。

《合同法》中有对申请专利的权利和专利申请权的规定。其中第三百四十条（《民法典》第八百九十五条）规定，由当事人合作开发完成的发明创造，当事人都享有申请专利的权利。而且一方转让专利申请权，其他方可以优先受让。这与第三百三十九条（《民法典》第八百六十条）的规定类似。《合同法》第三百四十二条（《民法典》第八百六十三条）又规定，技术转让合同包括专利权转让合同、专利申请权转让合同、技术秘密转让合同、专利实施许可合同。故从第三百四十条来看，虽然在《合同法》中，区分了申请专利的权利及专利申请权，但其含义并没有实质上的区别，从而认为专利申请权产生于申请专利之时。而在第三百四十二条中又将专利申请权与技术秘密相区分，在这个意义上，专利公开日之前的技术均属于技术秘密，而在授予专利后属于专利权的范畴。在这个条文中，系认为专利申请权产生于专利技术公开日之后，专利权授予日之前。显然，《合同法》第三百四十二条与前述第三百四十条在专利申请权的定义逻辑上存在混乱，不同的条文的专利申请权具有不同的含义。

在《专利法》中，将专利权与专利申请权加以区分。从《专利法》第十条来看，专利申请权指的是专利申请提交后申请专利的人享有的权利，该条规定了专利申请权转让合同经过专利主管部门的登记才生效。若是发明创造还未提交到专利主管部门，就不存在着登记的问题。同时，第六条规定了申请专利的权利，即执行本单位任务或者主要是利用本单位的物质条件所完成的职务发明创造，申请专利的权利属于单位。故在《专利法》中，明确区分了申请专利的权利、专利申请权及专利权，认为三者均属于不同的权利，专利申请权产生于向专利主管部门提出专利申请之时，消灭于授予或驳回专利申请之日。

由上可见，我国现行法律中对专利申请权的定义存在诸多矛盾之处，这使得专利申请权内涵的界定产生混乱。对于专利申请权，有必要进一步研究界定。

2.2 不同理论观点下的"专利申请权"

关于什么是专利申请权，学界对此也存在不同理解，总体分为"请求论"与"资格论"两派。主张"请求论"的学者如刘保玉认为，专利申请权是指专利申请人就其发明创造向国家专利管理申请专利的权利。吴汉东认为专利申请权是指公民、法人或者其他组织依据法律规定或者合同约定享有的就发明创造向国务院专利行政部门提出专利申请的权利。但主张"请求论"的学者对专利申请权的存在期限存在分歧，其中又有学者认为专利申请权产生于申请专利权之日至专利授权日，如认为专利申请权不同于申请专利的权利，在申请专利后，申请专利的权利就转化为专利申请权。专利申请权是指在技术成果研发成功之后，依据《专利法》等法律规定申请专利的权利。另有学者认为专利申请权产生于发明创造之后，该发明创造的发明人向专利局申请专利的权利，即认为专利申请权自发明创造完成之日起至专利授予或驳回之日止。也有学者认为专利申请权产生于发明创造完成之日，但一旦提出专利申请，此项专利已用尽、不复存在。同样在司法实践中有上诉人刘鹏程与江油市丰威特种带钢有限责任公司、第三人刘宝志、任新建专利申请权转让纠纷案[③]认为，专利申请前是一种请求权，不具有排他性，有专利申请权不一定获得专利权,发明专利要通过实质性审查,审查通过了才能获得专利权,专利权是一种已经获得的知识产权,具有排他性。

主张“资格论”的学者如李国光认为,专利申请权是发明创造者申请专利权的资格。而尹新天认为专利申请权是指申请人在向国家知识产权局提出申请后对其专利申请享有的权利。故持有“资格论”的学者认为专利申请权是指当事人在专利申请中享有一定的资格的权利。

从专利申请权的权利内容来理解,无论是“产生论”还是“资格论”,虽均对理解专利申请权具有一定的积极意义,但专利申请权作为提出专利申请尚未授予专利的阶段性权利,其权利内容较为复杂。“专利申请权”只是大而统之的概括,并不能简单地从字面上加以理解。以往学者的理解都过于强调专利申请权的程序性权利,而忽略了专利申请权的实体性权利。实体性权利是最终可以影响权利人实际利害关系的权利,故研究专利申请权的实体性权利,深入挖掘专利申请权的性质,显得尤为必要。

3 问题分析:“专利申请权”的重新审视

3.1 程序性权利角度理解的反思

申请人启动专利申请程序后,会有两种法律后果。一种是未被授予专利权,一种是被授予专利权。故申请人是否可以获得专利,具有不确定性。但其不确定性仅指是否被授予专利权的法律状态,而并非指自然人的内心确信。事实上,在专利申请程序中,无论是申请人还是了解技术方案的第三人,均对标的技术方案是否能够授予专利权有自己的把握,即内心的确信程度。故讨论的专利申请权有一个假定,即假定所有专利申请人内心均确信标的技术方案可以获得专利权,以排除申请撤回申请、未提出实质审查的其他情形,以此为基础研究专利申请权的权利性质。

专利权的授予从广义上来理解,属于专利行政机关作出的行政许可,只不过这个行政许可,需以行政相对人的申请为前提。发明人向专利主管部门提出专利申请的过程中,本质上属于一种行政法律行为,故专利申请程序本质上与其他行政许可程序并无区别。但值得注意的是,我国行政法领域从未授予行政相对人譬如“婚姻申请权”“驾照申请权”这样的权利,而在专利法领域,其授予发明人专利申请权,必然有其原因。专利行政许可的特殊性首先在于在专利申请程序中,专利许可的相对人在提出申请后依然享有对授予专利的主动地位,如相对人可能享有优先权或先申请权。其次,在实质审查程序中,专利审查员的审查意见相对人可以进行答复,甚至在某些情况下,相对人可以与专利审查员进行争辩,以维护其权利要求的保护范围。而对于一般的行政许可,相对人在提出申请后便处于被动地位,即使后期的行政复议与行政诉讼,属于其权利救济,并不改变相对人地位。

故“请求论”认为专利申请权是向专利行政机关申请专利权利的观点是欠妥当的,行政许可的相对人与生俱来地享有申请行政许可的权利,并不需要法律特别规定加以允许。由此认为,我国《专利法》第七条[4]系为自然人申请专利权利的强调,而并非规定专利申请权。同时,在《专利法》第七条的基础之上,第八条提出了“申请专利的权利”这一概念,从文义的角度理解,其应当为“完成或者共同完成发明创造的单位和个人”的一项原始性权利。但《专利法》第十条规定了“专利申请权可以转让”,表明专利申请权可以通过转让的方式继受取得。故申请专利的权利并不能完成等同于专利申请权,以“请求”为视角来理解专利申请权,并不能囊括专利申请权全部权能。同样,在“资格论”中,学者借以民事诉讼法中当事人适格理论来理解专利申请权,也有其局限性。适格当事人又称正当当事人,系与特定诉讼标的存有直接利害关系,并直接承担相应法律后果的当事人。专利申请程序中,专利行政机关当然有义务审查申请人的适格性,但其审查要求应当低于一般的民事诉讼标准,即专利行政机关仅从形式上认定相对人具有专利权申请的资格。于是,从"资格"来理解专利申请权就存在着矛盾,完全存在一个窃取或者以其他不正当手段获取他人技术方案进行专利申请的申请人,但其却实际不享有专利申请权。而另一个完全游离于专利申请程序之外的权利人,却因有申请专利权的资格而享有专利申请权。这显然是有悖于《专利法》规定专利申请权的初衷的。

无论是对专利申请权的"请求论"还是专利申请权"资格论",虽然都对理解专利申请权具有一定的积极意义,但也存在着同样的缺陷。"产生论"与"资格论"的共同缺陷在于其对专利申请权的理解都从专利申请程序的权利视角出发,而忽视了其实体性权利。即申请人在向国家知识产权局提出申请后对其专利申请享有的所有权。从权利的属性来讲,程序性权利是指确认实体性权利最终归属的权利,实体性权利是指最终可以影响权利人实际利害关系的权利。

3.2 "专利申请权"程序性权利的进一步界定

毫无疑义的是,学界大都认同专利申请权的程序性权利包括专利申请权人向专利授予机关提出的关于专利的申请与答辩权利,包括请求公开、答复意见、权利要求修改、请求实质性审查、撤回申请等一系列的程序性权利。但关于专利申请权的程序性权利中是否包括专利先申请权与专利优先权,却存在不同见解。如有学者认为专利申请权中除了程序权与财产权之外,还包括专利先申请权与专利优先权。《专利法》不仅规定了专利申请权与专利权,还规定了专利先申请权与专利优先权。而专利先申请权与优先权势必与专利申请权的程序性权利存在交叉。从定义上来看,专利先申请权是指两个及以上的申请人就相同的发明创造向专利授予机关申请专利的,专利权授予在先申请的人。先申请人在取得先申请权的地位以后,有权要求主管机关将专利权授予自己,而对主管机关将专利权授予在后申请的行为提出抗辩,以保护自己的在先申请权。专利优先权又分为国内优先权与国际优先权。根据《专利法》第二十九条第二款[5]的规定,专利优先权人有权以第一次申请专利的日期为其申请日。

专利申请权,系指申请人在向专利行政部门提出专利申请后对其专利申请所享有的民事权利。而专利先申请权及专利优先权分别规定在《专利法》第九条[6]与第二十九条,当事人直接基于法律的规定而享有的权利,并不容其本身所创设。创设先申请权以及优先权的目的在于相同性质的若干权利发生冲突时,在法定要件具备时,可以担保某一当事人的权利优于其他当事人的权利而得以实现。同时,从权利转让的视角出发,根据意思自治的规则,专利申请权的转让并不受法律的限制,只需要当事人达成协议即可。但出于我国科学技术以及国防安全的考虑,《专利审查指南》中明确内地的个人或单位向域外转让专利申请权的,应当先行获得专利行政部门的批准。对于专利先申请权,其规定在《专利法》第九条,最先申请是事实问题,而非法律问题。专利优先权虽可以转让,但其转让却不需要行政审批环节,在上述技术出口的情形中,即使存在申请人不一致的情形,也仅是由申请人补充提交相关的证明文件。联塑(杭州)机械有限公司诉国家知识产权局作出手续合格通知书案[7]中认为,专利申请权与优先权的转让各自独立,不存在程序上的前后之别或关联性。在专利申请程序中,专利先申请权更多地相当于在专利申请程序中将专利授予己方的抗辩,而该抗辩具有人身性,故专利先申请权并不能转让。故从权利属性,转让要件等因素出发,可以认为专利申请权与先申请权、专利优先权分属于不同的权利。

从程序权利的视角研究专利申请权,存在局限性,范围也并不清晰。而全面地研究专利申请权,实则必要。我国《专利法》第十条[8]规定的专利申请权是指申请人在向国家知识产权局提出申请以后对其专利申请所享有的权利,即对该专利申请的所有权。对专利申请权,并不能简单地从程序性的角度加以理解,而要深入研究其内涵,探究其实体权利以及其权利范围,才能够充分理解其权能。专利申请权,应当指提出专利申请但尚未授予专利的阶段性权利,并不包括专利申请程序中的专利先申请权与专利优先权。

4 问题解决:实体性分析"专利申请权"

4.1 专利申请权中的"临时保护"

临时保护源于我国的专利申请采取的是"早期公开、延迟审查"的规定,而发明创造在专利申请中应当分为两个阶段。其中,从专利申请日到申请公开日是前一阶段,从申请公开日到专利授予日是后一阶段。专利法制度设计的目的是"以公开换保护",故临时保护应当是指专利申请公开之后,专利授予之日前的发明创造的保护。而在申请公开之前,不具有临时保护,而应当属于技术秘密保护的范畴。这一点已在我国相关司法判例中得以支持,如上诉人李晨与被上诉人黑龙集团富裕包装材料有限责任公司案。[9]对于发明创造在公布日到授权日前,由我国《专利法》第十三条[10]所规定,申请人可以向实施发明创造者请求合理使用费,即临时保护。

我国《专利法》规定了专利权人在专利权授予后可以向要求专利实施人给付报酬。故临时保护制度在专利权人与专利实施人之间构成了债权债务关系,而其请求权基础如何,有待进一步研究。有学者认为发明创造的临时保护是有条件的,且权利基础来源于专利权。即发明专利申请权人最终获得了专利权,如没有被授予专利权,发明专利申请权人的这种临时保护也就不存在。这种观点认为临时保护权的权利基础源于专利权,而非专利申请权。另有部分学者认为临时保护的范围有公开技术方案和发明创造要求保护的技术方案两种范围,而临时保护期内公开的技术方案并且落入权利要求范围内的,才应当予以保护。故临时保护的保护范围决定了其权利基础为专利权。笔者对此观点作出以下几点质疑:第一,司法层面对其持否定态度。由于我国《专利法》并未禁止发明创造在授予专利前的实施行为,故行为人的实施行为在专利授予日之前并不构成专利侵权。[11]类似规定载于《最高人民法院关于审理专利权纠纷案件应用法律若干问题解释(二)》第十八条[12],权利人关于上述使用、许诺销售、销售行为侵犯专利权的主张,不予支持。第二,理论上难以立足。专利权在专利被授予专利权后才产生,其并不具有追溯效力。而不构成专利侵权的临时保护制度也不符合专利权强保护的性质,并不符合专利权的特征。第三,临时保护期内公开的技术方案并且落入权利要求范围内予以保护的制度设计的原因在于避免专利申请被驳回,减少实施者追讨费用的诉累。临时保护看似基于专利权,但实际上并非是立法者的本意。

探究临时保护的基础,还是应当根据民法的债法理论来解决。债分为合同之债、侵权之债、无因管理之债和不当得利之债,进一步认为临时保护产生债的基础来源于侵权之债。原因有以下几个方面:一是临时保护所产生的债并不属于无因管理。无因管理是指无法律上义务而为他人管理事务。而在法律规范上,首须考虑此乃干预他人事务,原则上应构成侵权行为。专利实施人实施专利的目的并非为他人利益,也并非主动干预专利权人事务,故产生的债权债务关系不属于此情形。二是临时保护所产生的债并不属于不当得利。不当得利系指无法律上之原因而受利益,致他人受损害者,应返还其利益。虽有法律上之原因,而其后已不存在者,亦同。专利公布后，在临时保护期间内，任何专利实施者都可以实施专利技术，这是《专利法》专利公开制度的本意，专利实施者实施专利难以说其没有法律上的原因。即便承认专利实施者实施专利的行为没有法律的原因，但受损害的专利权人并没有做出任何实施专利技术的行为，利益为专利实施人自己所创造，又不符合损害他人利益之要件。即便承认专利实施者实施专利的行为侵犯专利权人利益，如该行为有侵害专利权人的市场份额之可能，但依据法律规定专利权人向其主张的是合理使用费，而并非矫正法律关系上的财产移转，并未完整去除受益人无法律上原因而受的利益，不符合民法"填平"的基本原理。三是临时保护所产生的债不属于合同之债。部分学者肯定专利申请权的临时保护效力，认为请求专利申请权期间实施其发明创造的人支付使用费系专利申请权财产性的体现，却认为其权利属于应收账款。笔者对此不敢苟同，应收账款系基于双方基础民事法律关系而产生的债权债务关系，应当具备意思表示一致等构成要件，而专利申请权中的临时使用费基于法律的强制性规定，认为其属于应收账款，并不妥当。合同之债必须在专利权人与实施人之间具有口头或者书面的合同，而在专利权人主张临时保护使用费的案件中，显然双方当事人之间并不存在口头与书面合同。专利公布只是专利申请程序公开的必经程序，并不能认为其属于公开的要约，认为其属于要约的观点也不妥当。

侵权行为，指因故意或过失侵害他人的权利或利益，应负损害赔偿的违法行为。对于临时保护期属于侵犯专利申请之债，有几点理由：一是在临时保护期间，专利申请人享有的权利有且仅有专利申请权，专利实施人实施专利的行为只能是侵害了专利申请人的专利申请权。二是侵权责任的承担是多元的，包括了停止侵害、排除妨碍、赔偿损失等。而在专利被授予后，专利权人可以要求专利实施人停止实施其专利，赔偿合理损失。故临时保护所产生的双方当事人的债权债务关系属于侵权之债，侵犯的权利是专利申请人在专利公布日至授权日所享有的专利申请权。至于在授予专利权后主张的问题，日本《专利法》第六十五条规定了专利申请权人专利授予后追溯性主张。[13]而《专利法》中规定专利申请权人在授权后有权向公开日至实际授权日侵犯其权利的行为人主张权利。故在临时保护制度之中，可以认为授予专利权为其行使专利申请权侵权的条件，这也符合专利侵权的体系解释。

4.2 专利申请权的"保护强度"

技术成果，就是指未来可能授予专利权的技术方案。专利申请权保护的对象为发明人研究开发的技术成果，但从保护技术成果强度的角度来说，专利申请权的保护强度又与技术秘密、专利权大不相同。技术秘密的保护强度在于以不公开换保护，保护强度属于《反不正当竞争法》所调整的范畴，属于弱保护。而专利权的本质在于以公开换保护，属于《专利法》所调整的范畴，属于强保护。值得注意的是，专利法的固有问题是发展一些方法来剔除那些如果没有专利的诱导就不会被披露或设计出来的发明。[14]而无论专利披露的社会价值如何，在早先披露中，都会给发明人带来潜在的优势。这就说明披露后给予其实体权利保护的必要。

根据《专利法》第四十二条[15]的规定，专利权的保护期限自申请日开始起算。《德国专利法》第八条规定权利人的发明被无权获得专利的人提出专利申请，或者因非法侵占而受到损害的，可以要求申请人让与获得专利的权利。其中"获得专利的权利"相当于我国《专利法》中的专利申请权，说明专利申请权利也具有排他性。故对于处于专利申请阶段且尚未授予专利权的技术成果，具有保护强度。在北京中乾机电设备有限责任公司诉北京清大科技股份有限公司发明专利权临时保护期使用费纠纷、侵犯专利权纠纷案[16]中，法院认为发明专利申请权归权利人所有，该权利受到法律保护。权利人向侵权方主张支付临时保护期使用费的主张具有法律依据，应当予以支持。《专利审查指南》中规定了专利审查的保密原则，对于尚未公布、公告的专利申请文件及有关的其他内容负有保密责任。又如原告贵州贵和隆醇基燃油开发有限公司与被告潍坊中通环保燃料有限公司技术转让合同纠纷案中，法院认为专利申请权转让的技术在授权公告日前已经是研究开发完成的专利或技术秘密，在授予专利之前属于技术秘密的范畴。[17]故对于处于专利申请阶段且尚未授予专利权的技术成果的保护要分为两个阶段考虑。对于申请日至公开日之前的保护适用于技术秘密，对于公开日至授予专利权日的保护尚不具备《专利法》中所规定的强保护的效力，适用临时保护制度，其保护受到诸多限制，强度实质上位于技术秘密保护与专利权保护之间(图 1)。

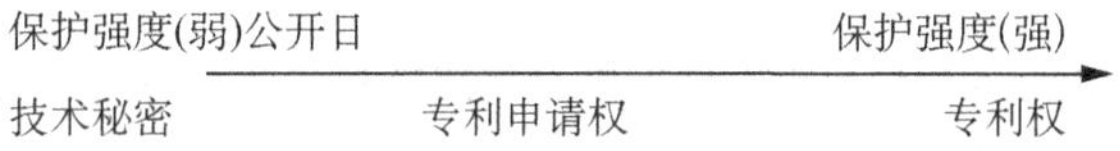

图 1　专利保护强度示意图

故技术秘密、专利申请权、专利权对发明创造的保护是质的相同，仅存在度的差异。从权利的保护对象上来看，无论是技术秘密、专利申请权还是专利权，其保护的对象仍然是发明人的技术成果，故其实体性权利保护的核心仍然在于保护技术成果，这一点并未发生本质上的变化。专利申请权不能局限于程序性权利，同样应当肯定其实体性权利。总之，专利申请权是指权利人向专利机关提出授予专利请求后，具有的专利申请程序性权利及保护技术成果的实体性权利。

5　结语

专利申请权不同于专利申请，其并不能简单地等同于技术成果处于专利申请中的程序性权利，而应该结合专利申请权本身的特性来分析其权能。“临时保护”作为专利公开后未授予专利权之前对技术成果的特殊保护，研究其权源是否为专利申请权决定了专利申请权是否为实体性权利，本文通过对“临时保护”侵权之债的理论论证，得出了其属于专利申请权的实体性保护权利，进而得出技术秘密、专利申请权、专利权对技术成果的保护强度的依次递增，这对于学界重新研究专利申请权，有着十分重要的意义。

注　释

① 银保监局、国家知识产权局：《关于进一步加强知识产权质押融资工作的通知》，银保监发[2019]34 号，2019 年 8 月 18 日。

② 中国资产评估协会：《知识产权资产评估指南》(20171001)。

③ 四川省高级人民法院：上诉人刘鹏程与被上诉人江油市丰威特种带钢有限责任公司、第三人刘宝志、任新建专利申请权纠纷案，(2014)川知民终字第 17 号民事判决书。

④《专利法》第七条规定：“对发明人或者设计人的非职务发明创造专利申请，任何单位或者个人不得压制。”

⑤《专利法》第二十九条规定：“国际优先权申请人自发明或实用新型在外国第一次提出专利申请之日起十二个月内，或者外观设计在外国第一次提出申请之日起六个月内，又在中国就相同主题提出专利申请的，依照该外国与中国签订的协议或者共同参加的国际条约，或者依照相互承认优先权的原则，可以享有优先权。国内优先权申请人自发明或实用新型在外国第一次提出专利申请之日起十二个月内，又向国务院专利行政部门就相同主题提出专利申请的，可以享有优先权。”

⑥《专利法》第九条规定:“同样的发明创造只能授予一项专利权。但是,同一申请人同日对同样的发明创造既申请实用新型专利又申请发明专利,先获得的实用新型专利权尚未终止,且申请人声明放弃该实用新型专利权的,可以授予发明专利。两个以上的申请人分别就同样的发明创造申请专利的,专利权授予最先申请的人。”。

⑦ 北京市第一中级人民法院:联塑(杭州)机械有限公司诉国家知识产权局作出手续通知书案,(2011)北一中行初字第1257号行政判决书。

⑧《专利法》第十条规定:“中国单位或者个人向外国人、外国企业或者外国其他组织转让专利申请权或者专利权的,应当依照有关法律、行政法规的规定办理手续。转让专利申请权或者专利权的,当事人应当订立书面合同,并向国务院专利行政部门登记,由国务院专利行政部门予以公告。专利申请权或者专利权的转让自登记之日起生效。”

⑨ 黑龙江省高级人民法院:上诉人李晨与被上诉人黑龙集团富裕包装材料有限责任公司等专利权纠纷案,(2000)黑经一终字第10号民事判决书。

⑩《专利法》第十三条规定:“发明专利申请公布后,申请人可以要求实施其发明的单位或者个人支付适当的费用。”

⑪ 深圳市斯瑞曼精细化工有限公司与深圳市坑梓自来水有限公司等专利侵权纠纷案(最高人民法院指导案例第20号,2013年11月8日发布)。

⑫《最高人民法院关于审理侵犯专利权纠纷案件应用法律若干问题的解释(二)》第十八条规定:“权利人依据专利法第十三条诉请在发明专利申请公布日至授权公告日期间实施该发明的单位或者个人支付适当费用的,人民法院可以参照有关专利许可使用费合理确定。发明专利申请公布时申请人请求保护的范围与发明专利公告授权时的专利权保护范围不一致,被诉技术方案落入上述两种范围的,人民法院应当认定被告在前款所称期间内实施了该发明;被诉技术方案仅落入其中一种范围的,人民法院应当认定被告在前款所称期间内未实施该发明。”

⑬ 日本《专利法》第六十五条规定:“专利申请公开后,申请人可以针对他人实施发明的经营行为主张赔偿,赔偿金额相当于假设专利授权后申请人应获得的实施费用。”

⑭ 383 U.S.1, 11(1966), accord Eldred v. Ashcroft, 537 U.S.186,224(2003)(Steven, J., dissenting)("Complete disclosure as a precondition to the issuance of a patent is part of the quid pro quo that justifies the limited monopoly for the inventor as consideration for full and immediate access by the pubic when the limited time expires."). See also Colleen V.Chien, Contextualizing Patent Disclosure, 69 V and. L. REV. 1849,1950-51(2016); Jeanne C. Fromer, Patent Disclosure, 94 low L.REV.539, 541(2009).

⑮《专利法》第四十二条规定:“发明专利权的期限为二十年,实用新型专利权和外观设计专利权的期限为十年,均自申请日起计算。”

⑯ 北京市第一中级人民法院:原告北京中乾机电设备有限责任公司诉被告北京清大科技股份有限公司发明专利权临时保护期使用费、侵犯专利权纠纷案,(2003)一中民初字第8425号民事判决书。

⑰ 贵阳市中级人民法院:原告贵州贵和醇基燃油开发有限公司与被告潍坊中通环保燃料有限公司技术转让合同纠纷案,(2016)黔01民初133号民事判决书。

参考文献

[1] 刘保玉.担保法原理精要与实务指南[M].北京:人民法院出版社,2008.

[2] 吴汉东.知识产权法学[M].北京:北京大学出版社,2005.

[3] 刘强.申请专利的权利归属若干问题探讨[J].安徽理工大学学报社会科学版,2005(12):23-27.

[4] 王利明.合同法研究(第3卷)[M].北京:中国人民大学出版社,2012.

[5] 常玉翠.浅议专利申请权[J].公安法治研究,2010(4):108-109.

[6] 李顺德.知识产权法律基础[M].北京:知识产权出版社,2005.

[7] 李国光.知识产权诉讼[M].北京:人民法院出版社,1999.
[8] 尹新天.中国专利法详解[M].北京:知识产权出版社,2011.
[9] 常玉翠,南辉明.浅议专利申请权[J].贵州警官职业学院学报,2010(4):108-109.
[10] 宁立志.知识产权法[M].武汉:武汉大学出版社,2011.
[11] 尹新天.中国专利法详解(缩编版)[M].北京:知识产权出版社,2012.
[12] 吴汉东.知识产权法[M].北京:北京大学出版社,1998.
[13] 崔国斌.专利法——原理与案例[M].北京:北京大学出版社,2016.
[14] 王泽鉴.民法概要[M].北京:北京大学出版社,2010.
[15] 高圣平.物权担保新制度新问题理解与适用[M].北京:人民法院出版社,2013.
[16] 廖怡婧.专利临时保护的性质及法理依据探析[J].中国发明与专利,2013(12),80-83.
[17] Colleen V. Chien. Uncreative Intellectual Property Law[J]. Texas Intellectual Property Law Journal, 2019, 27(1): 51-104.

外国语学院

布莱希特早期诗歌《回忆玛丽安》中多重意象探究

毕　墨

摘　要　布莱希特在戏剧方面的贡献毋庸置疑，却少有人知道，他在诗歌创作方面也颇有造诣。布莱希特一生写了2 000多首诗，但迄今为止学界依旧缺乏对其诗作完整全面的阐述。作为一种自在自为的多元意义的载体，意象是一种思维方式和存在方式，对于意象的探究有利于读者和译者深入了解文本。《回忆玛丽安》是布莱希特早期诗歌中的代表作，本文试图以其为例，从多重视角出发探讨诗中的多重意象，以期获取作者于意象中寄托的思想情感，解析这部作品的深层内涵，并为读者和译者通过意象鉴赏诗歌提供参考。

关键词　布莱希特；抒情诗；意象

A Probe into the Multiple Images in Brecht's Early Poem *Erinnerung an die Marie A*

Bi Mo

Abstract　Brecht's contribution to drama is beyond doubt, but few people know that he has great attainments in poetry creation. Brecht wrote more than 2 000 poems in his life, but so far there is still a lack of a complete and comprehensive exposition of his poems. As a carrier of multiple meanings, image is a way of thinking and existence, and the exploration of image is helpful for readers and translators to understand the text deeply. *Erinnerung an die Marie A* is a masterpiece of Brecht's early poetry. This paper attempts to take it as an example to explore the multiple images in the poem from multiple perspectives, in order to obtain the author's thoughts and feelings placed in the images and analyze the deep connotation of this work. It also provides a reference for readers and translators to appreciate poetry through images.

Key words　Brecht, Lyric poetry, Image

1　引言

当人们提到布莱希特时，首先想到的是他作为戏剧家的身份。布莱希特的戏剧，如，《四川好人》《大胆妈妈和她的孩子们》等，至今仍是戏剧史上的经典。学术界对他的戏剧研究成果颇丰，尤其是由他开创的“间离效果”更是成为研究的重中之重，然而很少有学者注意到他的抒情诗。一直到1960年布莱希特的抒情诗被整合编辑出版后，人们才对他的早期抒情诗予以关注。迄今为止，学界依旧缺乏对于布莱希特早期抒情诗完整而全面的阐述，相关研究领域存在较大空白[1]。

作者简介　毕墨，女，1996年出生，江苏盐城人，同济大学外国语学院外国语言学及应用语言学专业2018级硕士研究生，主要研究方向为翻译学。

《回忆玛丽安》是布莱希特早期抒情诗中最负盛名的一篇,篇幅不长,却意象丰富、意境深远、含义隽永。电影《窃听风暴》中曾引用这篇诗作,足见国外对它的喜爱之深。然而就是这样一篇优美的名作,在国内却没有引起该有的关注,文学界对于它的解析甚少,译作也寥寥。本文即从这篇诗作入手,从不同视角出发,结合中外,分别就作品中云、李子树等多重意象进行解构与探究。

2 理论基础

意象是文学研究中极为重要的一个概念。我国"意象"一词最早源于《周易·系辞》"圣人立象以尽言",由此看出,意象实乃表意之象。"意"为主观情思,"象"为客观物象,由意生象,由象表意。美国著名文艺理论家苏珊·朗格就曾在《艺术问题》一书中指出:"艺术符号却是一种终极的意象——一种非理性和不可用言语表达的意象,一种诉诸直接的知觉的意象,一种充满了情感、生命和富有个性的意象,一种诉诸感受的活的东西[2]。"可见意象是一个既属于心理学,又属于文学研究的概念。在心理学中,"意象"一词表示有关过去的感受或知觉上的经验在心中的重现或回忆,而这种重现和回忆未必是视觉上的[3]。I.A.理查兹在其1924年版的《文学批评原理》所做的一般结论在现在看来,意象对于诗歌研究也非常有意义。他认为:"人们总是过分重视意象的感觉性。使意象具有功用的,不是它作为一个意象的生动性,而是它作为一个心理事件与感觉奇特结合的特征。[3]"韦勒克和沃伦因此将意象的功用归纳为感觉的"遗存"和"重现"。

挖掘文学意象的深意,应当不受物象固有形态的约束。西方现代主义诗学认为,意象是一种自在自为的多元意义的载体,是实际事物的具体形式,是一种思维方式和存在方式,是想象力对真理的投射[4]3。意象确实是一种表现工具,诗人借助意象来传情达意,表达自己在瞬间所呈现的感性和理性的复杂统一体。但意象并不总是单一的,多个意象可以互相融合构成一个整体,我们称之为诗境。在《回忆玛丽安》中,布莱希特就用多重意象为我们营造出了一个蓝色九月的世界。在诗中,虽然他也运用了他最擅长的间离效果,但除此之外,他对于意象,尤其是自然意象的运用,值得我们细细体会。在《回忆玛丽安》中,意象实现了从具体到抽象的延伸,读者可以通过对于具体意象的揣摩,实现对文本的哲理、观念的领悟。本文即运用理查兹的结论对《回忆玛丽安》中的意象进行探究,探索意象与意象之间的联系,如何通过意象对感觉进行"遗存"和"重现",试图挖掘出多重意象下潜藏的情感。

3 《回忆玛丽安》简介

《回忆玛丽安》是布莱希特最著名的回忆诗之一。在1920年2月通往柏林的一辆火车上,布莱希特在他的笔记本里写下了这首诗。1927年《家训集》(*Hauspostille*)出版,这首诗也赫然在列。诗的主题是追忆过去的爱情。诗人回忆了和过去恋人在一起的美好时光,想到了在李子树下的那个吻。那无比洁白、高悬天空的云朵,使得所有的回忆都长存于脑海。布莱希特传记作家约翰·菲吉(John Fuegi)称此篇诗作为"在无数诗作之中尤为朗朗上口,容易熟记……它成为德语文学的一块基石[5]。"

全诗在整体上塑造出了一个抽象的、远离社会现实和具体时空的故事空间。第一段讲述了在九月的一个月夜,发生在李子树下的爱情故事。在美丽的天空中,洁白的云朵高悬,似乎离得格外远。云朵最后的消失，使得回忆如此难忘。第二段着重于过去（vergangen）和逝去（vorbei），岁月流逝，许多月亮升起又落下，李子树也消失了，作者早已忘记了曾经爱人的脸。他只记得，那一天他吻了她。作者记得的只是那份爱的感觉。第三段作者回忆起那天吻他的爱人时，那远远飘浮在空中的格外洁白的云朵。虽然当年的爱人可能早已成了母亲，可能还有了第七个孩子。但那份爱意，以及对那个瞬间的回忆却长存于心。

4 意象解析

4.1 自然意象

诗中反复出现的白云、李子树和天空，既带着自然物的特征，又融入了作者的主观情感，因而成为诗中的意象，向读者传递着丰富的信息。诗中简练的文字下，作者没有宣之于口的情感都通过这些意象传递了出来。

4.1.1 云

布莱希特将云这一意象同无数否定和保留的瞬间相连。恋人正如那美丽柔和，短暂倏忽的云朵般消失了，她的脸庞出现在云朵里，最后也只有云和风能记住她。云守护了对爱的回忆，使它不至于消失。莱希·拉尼基（Reich-Ranicki）认为云是爱的象征，象征着爱的纯洁和短暂[6]。布莱希特 1921 年左右出版的诗作《云中的脸庞——安娜的死亡之歌》（*Ballade vom Tod des Anna Gewölkegesichts*）[7]中，再次提到了云这一意象。在诗中，布莱希特无比清晰地表达了能够忘却恋人的心愿。萨宾·凯比尔（Sabine Kebir）也认为，布莱希特早期运用云这一意象是为了展现一幅“真挚的，成为悲剧的图景[8]”。

笔者认为，云和玛丽安的联系也不可忽视。在布莱希特的诗里，云和玛丽安的共同点在于洁白无瑕。洁白意味着无罪且纯洁，甚至也可作为贞洁讲。在布莱希特的记忆中，玛丽安一直是清白无邪、纯粹清澈的。云是一个易逝且短暂的自然现象，玛丽安是一个过去的恋人。云离得很远，可望而不可即，玛丽安同样也是一个不可触及的梦。云一直都在，布莱希特却已经忘记了他的玛丽安。

在中国古代诗歌中，云的意象同样有丰富的意蕴。梁德林在《古代诗歌中的云意象》一文中将云这一意象分为五种，分别是：自然的云、隐逸的云、深情的云、多彩的云和变幻的云[9]。再结合本诗中的白云意象，笔者选出了与之相似的两种类型。一种是深情的云。陶渊明《停云》一诗中写道“霭霭停云，濛濛时雨……良朋悠邈，搔首延伫。”此处的云，“停云，思亲友也。”在中国古代诗歌中，望白云而思亲友是非常典型且常见的意象，结合本诗来看确实有相似之处：白云在此处象征着对恋人玛丽安的思念和追忆。另一种是变幻的云。一方面，浮云无根，飘忽不定，中国古代诗歌常用它比喻游子。韦应物的“浮云一别后，流水十年间”中的“浮云”指的就是十年来生活飘荡不定的作者和故人。在笔者看来，诗中那孤单的，漫无目的漂浮的云正隐喻了布莱希特自己。在凝望空中的浮云时，作者推及自身，觉得自己和浮云境遇相似，一直颠沛流离，四处漂泊，不免有所感伤。另一方面，浮云的形状变幻不定，中国古代的诗人常以之喻人生无常，变幻莫测。杜甫《可叹》：“天上浮云似白衣，斯须改变如苍狗。古往今来共一时，人生万事无不有。”仇兆鳌《杜诗详注》释曰：“以浮云变幻比人事不常。”后人常点化杜诗：“白衣苍狗变浮云，千古功名一聚尘。”（张元干《瑞鹤鸪》）寄寓着人世沧桑的感慨。久而久之，这一比喻便演变为“白云苍狗”这一成语[9]。笔者认为，布莱希特在本诗中多次使用白云这一意象，也是为了表达白云苍狗，世事变迁之意。自那年的夏月夜之后已经过了很多年，当年的恋人也许已为人母，都有了第七个孩子。作者再次回忆起当年，有人事沧桑之感，正和了李商隐那句“此情可待成追忆，只是当时已惘然”。

除了上述几种关于浮云意象的分析，浮云还可以用以喻谗邪势力。1918 年布莱希特完成了他的第一部短剧作《巴尔》(*Baal*)，剧中批判了资本主义社会对人性的戕害，抨击了资产阶级道德的虚伪性，两年后的 1920 年布莱希特完成了《夜半鼓声》的创作，这两部作品都充溢着无政府主义的激情。同年布莱希特在去柏林的火车上写下了《回忆玛丽安》，因而笔者认为，本诗虽描写爱情，却不可避免地会受到作者政治思想的影响。王安石就曾在《登飞来峰》中以“不畏浮云遮望眼，只缘身在最高层”表明自己和阻挠改革的势力不屈不挠斗争到底的决心。同样，笔者认为，作者在本诗中也借用了云这一意象表达了自己对资产阶级社会黑暗势力的批判。

4.1.2 李子树

克劳斯·舒曼认为，《回忆玛丽安》中的李子树是一个色情的意象，他指出，布莱希特在他的戏剧《巴尔》(*baal*)中同样使用了这个意象，之后在剧作《潘蒂拉先生和他的仆人马蒂》(*Herr Puntila und sein Knecht Matti*)中的一首诗《李子树之歌》(*Pflaumenlied*)[7]中也使用了这个色情的影射。

虽然国外研究布莱希特的学者大多将诗中的李子树作为色情的意象，但笔者认为，诗中的李子树应是追忆的意象。譬如在中国当代作家张炜的《忆阿雅》中，对李子树同样有一段描写：“那棵大李子树啊，那棵走到天边都无法忘怀的大树啊。我一想到它就想到了外祖母，它银色的、雾一样的花朵就像外祖母的满头白发[10]。”

同样是回忆所爱的人，李子树在两种文体，两种描述中都扮演着让作者难以忘怀的角色。张炜看到李子树就想起自己的祖母，李子树和所爱的祖母联系到了一起，密不可分。正如布莱希特的李子树和曾经的恋人玛丽安一样。笔者认为，《回忆玛丽安》中作者和恋人的爱，更像是一种自然界无声的，苍白的爱情。通篇笼罩的淡淡的哀愁感伤，携以洁白无瑕的云朵、朦胧的月，展现出的是对于恋人纯洁的爱。一如上文所提到的，洁白的云朵在这里也可以作为贞洁而解，在作者心目中，玛丽安一直都是纯真无瑕的存在，倘若李子树在这里真的是色情的意象，那么便和云的意象、作者的情感相矛盾。所以笔者认为，李子树在这里，仅是作为追忆的意象，并未夹杂情欲。

4.1.3 天空

天空这个意象在诗中出现的次数屈指可数，只有一次被明确地提到，是在第五行“夏日天空(Sommerhimmel)”，在其余地方虽没有明确出现，却似乎无处不在，因为天空和云是连在一起的。作者抬头看云时，云都漂浮在天空中。韦勒克和沃伦说过：在莎士比亚、艾米丽·勃朗特和爱伦·坡这样不同作家的作品中，背景(一种“道具”系统)常常是一个隐喻或者象征：汹涌狂暴的海、暴风雨、荒凉的旷野、阴湿而黑暗的湖沼旁的破败的城堡等[3]。所以笔者认为，在本诗中无处不在的天空更多的是作为一个背景。天空隐喻着无限和永恒，其所营造的背景、渲染的氛围，拉长了诗本身的艺术空间。无论是天空和人的距离，还是作者在诗中不止一次称赞过的天空的美丽，包括外部世界的空旷都展现了作者那缄默不语的内心。

4.2 其他意象

除了上述几种意象之外，诗中还有脸庞等其他意象，在这些意象中，笔者想集中探讨“七”这个数字的意象。诗中第 22 行“那个女人现在也许有了第七个孩子”(Und jene Frau hat jetzt vielleicht das siebte Kind)中“七”这个数字的出现很突兀。中国不喜欢奇数，但国外恰好相反，

《旧约》里的第七天是安息日,《出埃及记》里第七年是安息年。布莱希特在其另一首早期诗歌《阿普费尔博克或野地百合》(*Apfelböck oder die Lilie aufdem Felde*)中,就曾大量运用《圣经》元素,如苹果公羊(Apfelböck)、雅各(Jakob)、野地百合(die Lilie auf dem Felde)等,诗中同样提到了七这个数字,在诗中第二节:"七天前这还是孩童(Vor sieben Tagen war es noch ein Kind)"。在《圣经》里,上帝用七天创世,一个礼拜被分成七天,七天可以代表生活中的每一个日子,也可以表达不确定。"七天""第七个孩子"在这两首没有交待具体场景的诗中,可以看作是对《圣经》概念的借用。因而本诗中的"第七个孩子(das siebte Kind)"可以看作是对过去恋人的近况不甚清晰,不确定她是不是早已结婚,不确定她是不是已经有了孩子。同时"七"在《圣经》中代表着完全。上帝花了六天创世,第七天他就安息了。笔者大胆推测,作者运用"七"这个数字,想要表达过去的爱情对他来说是完整完美的。

5 结语

视觉的意象是一种感觉或者说知觉,但它也"代表了"、暗示了某种不可见的东西、某种"内在的"东西。它可以同时是某种事物的呈现和再现[3]。年轻的布莱希特借用天空,漂浮的云朵,李子树以及逝去的脸庞等多重意象,不仅表达对过去爱情的追忆,还表达了对资本主义社会的否定和批判。本文对诗中多重意象进行分析,验证了理查兹的结论在本诗中的可行性。作者创作诗歌是一个意象思维运动的过程,是意象与意象之间产生关系的过程。正如上文通过对云意象的分析解读而舍弃李子树作为色情的意象,读者及译者要学会分析意象之间的信息交流,以期能正确理解诗歌,做到鉴赏准确。

参考文献

[1] Knopf, Jan. Bertolt Brecht. Ein kritischer Forschungsbericht. Fragwürdiges in der Brechtforschung[M]. Frankfurt: Athenäum Fischer Taschenbuch Verlag, 1974.

[2] 苏珊·朗格.艺术问题[M].滕守尧,朱疆源,译.北京:中国社会科学出版社,1983.

[3] 勒内·韦勒克,奥斯汀·沃伦.文学理论[M].刘象愚,邢培明等,译.杭州:浙江人民出版社,2017.

[4] 潘晓青.天空里的一片云——徐志摩诗歌天空意象群研究[D].重庆:西南大学,2010.

[5] Fuegi, John. Brecht & Co[M]. New York: Grove Press, 2002.

[6] Reich-Ranicki, Marcel.Ungeheuer oben. Über Bertolt Brecht[M]. Berlin: Aufbau Verlag, 2001.

[7] Brecht, Bertolt. Werke. Große kommentierte Berliner und Frankfurter Ausgabe[M]. Hrsg. von Werner Hecht, u.a. Frankfurt am Main: Suhrkamp Verlag, 1988.

[8] Kebir, Sabine. Ein akzeptabler Mann? Brecht und die Frauen[M]. Köln: Paul Rugenstein Verlag, 1989.

[9] 梁德林.古代诗歌中的云意象[J].广西师院学报,1995(1):15-21.

[10] 张炜.忆阿雅[M].北京:作家出版社,2010.

功能翻译视角下《孙子兵法》两种德译本的量词对比分析

付晓阳

摘　要　本文从诺德的功能翻译视角出发，运用文献型和工具型翻译策略的理论，分析先秦典籍《孙子兵法》两个德译本在量词这一语法点上"功能+忠诚"的实现情况，以期对其翻译策略和翻译效果做一个考察，并由此引发对量词在汉德语言系统中的差异思考。根据分析，译本 1 更要求对源语文本的忠诚，而译本 2 更照顾目的语读者文化背景。两者在翻译策略和具体用词的一致性上都有待加强。

关键词　德汉翻译；功能翻译；量词

A Contrastive Analysis about the Quantifiers in Two German Translations of *The Art of War* under the Perspective of Functional Translatology

Fu Xiaoyang

Abstract　This Paper takes the theory of the translation strategies of documental and instrumental translation under the perspective of functional translatology, and analyses, how the quantifiers in the work *The Art of War* are in two different German versions translated, and how the functional equity and loyalty of translations are realized. The Paper tries to investigate the translation strategies and effect of the two translations, and to trigger thought about the differences of quantifiers in Chinese and German language systems. According to the analysis, the first translation asks for loyalty to the original text more than the second one, while the second translation giving more consideration on the cultural background of the target readers. But both these translations still need better consistence of translation strategies and selection of concrete words.

Key words　German-Chinese translation, Functional translatology, Quantifiers

1　引言

随着中国文化"走出去"的浪潮，越来越多传统典籍的外译引起人们的重视，针对各典籍各译本的分析也非常多。《孙子兵法》作为中国古代最经典的兵家典籍，已被翻译为多国语言，德语译本也已有多个，但对译本的分析并不多。本文运用诺德的功能翻译理论，选取中国的军事文化出版社和德国的 Nikol 出版社的两个德译本[1-2]，探讨德译中"零对应"表达的翻译策略选择。由于"零对应"表达主要涉及文化特色词汇，而整个文本中的文化特色词汇较多较

作者简介　付晓阳，女，1996 年 8 月出生，重庆人，同济大学外国语学院德语语言文学专业 2018 级硕士研究生，主要研究方向为德语语言学。

复杂，因此本文只选取易产生“零对应”现象的量词作简要分析，以期能管窥两个译本的整体翻译策略，并思考量词在德汉语言体系中的差异对翻译造成的影响。

2 理论基础

2.1 功能翻译理论和翻译策略

诺德的功能翻译理论是本文的理论基础。他提出“功能+忠诚”理论，功能是指译本在目的语语境中实现与原文在源语文化背景下相同的功能，使译文读者能得到与原文读者尽可能一致的信息和感受，即功能适切性（德语：Funktionsgerechtigkeit）。而忠诚（德语：Loyalität）则是指译者对原文、翻译委托人和译文读者的忠诚，尽可能保留源语文本的文化特色（Stolze 2011：195-202）[3]。由此，诺德提出文献型翻译（德语：dokumentarische Übersetzung）和工具型翻译（德语：instrumentelle Übersetzung）两种翻译策略。文献型翻译以对原文和翻译委托人的忠诚为导向，而工具型翻译则以对读者的功能为导向，包括解释性翻译和概括性翻译等方法。王颖频/侯云程（2017：28-29）指出，由于德国翻译理论家科勒提出了“文化特色因素”这一概念，即一个国家或民族在政治、经济等各方面所独有的表达，指出其在由源于翻译成目的语时会出现“零对应”现象，因此将功能翻译理论用于文化因素的翻译研究，在此理论基础上总结的中国文化因素德译的五种翻译模型及其具体翻译方法[4]。

2.2 量词的定义和词类之争

在汉语尤其是现代汉语的研究中，量词是否是单独的词类存在争议。黎锦熙（2007：96-97）将量词定义为“表数量的名词，添加在数词之后，用来作所计数的事物之单位”[5]。王力（2004：272）将其称为单位词或称量词，也认为是一种“特殊的名词”[6]。他将单位词从意义上分为度量衡单位和天然单位两种，并认为天然单位是汉语特有的现象。向熹（1988：42-48）则进一步将上古汉语中的量词分为度量衡动词、容器量词、个体量词和集体量词[7]。陆俭明（2003：40-41）指出，量词被列为单独词类始于丁声树的《现代汉语语法讲话》（1952—1953）。其区分于名词的划分依据是：横向组合关系中，名词作主宾语，而量词受数词修饰[8]。

而在德语语言研究中，也很早有人注意到了这一特殊用法，但并不列为单独词类。19世纪德国语言学家威廉·冯·洪堡（Humboldt 2010：754）将其视为当数字与具体事物连接时，在包括汉语在内的一些语言中必要的特殊复合类型（eine besondere Gattung der Zusammenfügungen），并承认在包括德语在内的所有语言中都能部分地观察到这种现象[9]。张颖（2011：57-59）指出，德语量词（德语：Quantifizierung）分为度量词、容量词、集合量词、部分量词、种类量词和个体量词，其中个体量词数量较少，数词多直接和个体名词相连[10]。

德汉语言学界对量词是否为单独词类的讨论迥异，主要源于两语种本身差异导致的对词类定义的不同及两语种中量词使用范围的不同造成的关注度差异。德语等屈折语的词类划分依据是词的形态变化，而孤立语汉语无形态变化，目前主流的划分依据是词语的语法功能。而德语中的量词与名词在形态上并无差别，且数量较少，故无针对量词词类的疑问。

因此汉语量词在德译中常常出现“零对应”现象。一方面，作为量词的重要组成部分，度量衡单位在各自文化中都各有规范，在国际通用度量衡出现前并不统一，易造成语义上的“零对应”；另一方面，因拥有大量个体量词，汉语中使用“数词+量词”作为名词修饰的范围比德语更广，语法意义上也会造成“零对应”。这是本文选择量词德译作为研究对象的原因。

3 实证分析

3.1 语料介绍

本文的语料为中国先秦时期军事著作《孙子兵法》，署名作者为春秋末期齐国人孙武，兵法作于其效力吴国期间，其语言在汉语史划分中属上古汉语。《孙子兵法》是反映中国先秦军事思想和上古汉语面貌的杰出著作和重要典籍。

《孙子兵法》今本总计六千余字，全文分十三篇。其中，前五篇，即《计》《作战》《谋攻》《形》《势》，侧重战略思想；后八篇，即《虚实》《军争》《九变》《行军》《地形》《九地》《火攻》《用间》，详述战术问题。

本文的对象文本有二：其一为2009年出版的德汉对照本《孙子兵法》，收于以全面系统地译介中国传统文化典籍为使命的“大中华文库”丛书中，德译由钟英杰和Gregor Kneussel两位译者完成[1]。该译本在本文标注为译本1。其二为James Clavell于1983年在Lionel Giles翻译出版的《孙子兵法》英译本基础上加工出版，并由Jürgen Langowsky于1988年翻译为德语的[2]，在本文中标记为译本2。与译本1相比，译本2的特点在于：由英译本转译，可能与源语文本发生较大偏差；据Clavell(2008：1)在前言所述，为辅助理解，他在一些段落后直接加上了Giles的笔记[2]，尽管这些笔记并未对源语文本的翻译造成影响。

3.2 语料分析

据向熹(1988)对汉语量词的分类，从原文中找到的所有量词如下：

度量衡单位量词5个：“里”“金”“钟”“石”“仞”；个体量词2个：“驷”“乘”；集体量词1个：“家”。《孙子兵法》原文中所有量词翻译及其在两个译本中的对应译文见附录1。

运用诺德的功能翻译理论和王颖频、侯云程(2017)总结的中国文化因素德译的五种翻译模型及其具体翻译方法[4]，分析可得《孙子兵法》译本中运用于各量词的翻译模型和5种具体翻译方法(不译不是翻译方法，而是一种现象)如下表所示，属于相应翻译模型而未在本文所涉量词翻译中出现的翻译方法不再列出。由于《孙子兵法》源语文本中量词数量较少，故在此穷尽列出：

表1 《孙子兵法》两个德译本量词翻译所使用翻译模型和翻译方法汇总

		量词及其译法数量(译本1/译本2)							
翻译模型	翻译方法	里	金	钟	石	仞	驷	乘	家
A型(文献型)	音译	9/5	—/—	1/—	1/—	—/—	—/—	—/—	——
	直译	—/—	—/—	—/—	—/—	—/—	—/—	—/—	1/1
B型(工具型)	近义替代	—/—	—/—	—/1	—/—	1/2	—/—	—/—	—/—
C型(文献型+文献型)		—/—							
D型(工具型+工具型)		—/—							
E型(文献型+工具型)	直译+文内扩充式解释	—/—	2/2	—/—	—/—	—/—	—/—	—/—	—/—
	音译+文外补充式解释	—/1	—/—	1/—	1/1	—/—	—/—	—/—	—/—
其他现象	不译	1/4	—/—	—/1	—/1	1/—	1/1	2/2	—/—
总量		10/10	2/2	2/2	2/2	2/2	1/1	2/2	1/1

由上表可知,首先,五种翻译模型中的 C 型和 D 型在《孙子兵法》的量词翻译中并未出现,而 B 型在该文本的量词翻译中仅涉及到近义替代一种方法,E 型也仅涉及到直译+文内扩充、音译+文外补充两种方法。而使用较多的翻译模型是 A 型和 E 型,且在分布较广泛。

3.2.1 量词不译现象分析

从表 1 来看,值得注意的是,在两个译本的文本翻译中,不译量词的现象都非常普遍。由于上表的统计针对的是单个词汇(单个量词)的翻译方法,而在实际翻译过程中,译者通常根据量词所在句子或短语的整体意义来考虑对应译文,此外,不译还可能有多种原因。本文分析了所有存在不译情况的量词的所在短语,统计了其不被翻译的原因。统计结果详见附录 3。

分析可得,不译主要有三种情况:

(1) 翻译策略选择所致:量词所在句整体采用工具型翻译策略中的解释性翻译,因而不再逐字翻译量词。这种情况见于以夸张手法作描写时,尤其集中于对以描述长度或深度的“千里”“千仞”的翻译,两者在解释性翻译中分别以 entfernt(形容词:距离远)或其形变和 tief(形容词:深)替代相应原文。

(2) 语法衔接所致:同一句中多次出现同一量词,因此在后出现的位置以省略的篇章衔接手段予以精简。因此,这类情况中被省略的量词实际与句中前面出现的表达完全相同,其翻译方法实际上也完全相同。

(3) 汉德语言结构差异所致:如前所述,德语中用作个体量词的名词数量极少,多数情况下直接使用“数词+名词”,而未被翻译的“驷”和“乘”都是针对车辆的个体量词,在德语语法中零对应,因此不译。

由于上古汉语中许多个体量词的名词原义内涵较为丰富,不译个体量词必然对翻译的忠诚产生影响。以“驰车千驷”为例,“驷”本意指一车之四马或四马所驾之车,因此作为车辆的个体量词时,含有四马所驾之车的义素。但在德译中,马的义素则因为不用量词而被抹去。如果能够在翻译中用文外补充的方式指出战车的形制是四马一驾的马车,似可减少这种原文语义的损失。但显然,从两个译本所选择的翻译策略可知,其主要目的都只是受众对文本整体的理解,译者未顾及这种细微的语义损失。

3.2.2 两个译本翻译策略的侧重和功能实现

结合上述分析,两个译本各自翻译策略的分布呈现如下特点:

(1) 两译本对同一词及该词所在句采用的翻译策略基本一致。尤其是对量词“驷”“乘”“家”及“金”的策略完全一致,对量词“里”的翻译策略大多一致,多采用音译或音译+文外补充。

(2) 两译本中,译本 1 对同一词的翻译策略一致性略高于译本 2,译本 2 总体翻译策略比译本 1 更为丰富。译本 1 翻译策略一致性较高主要体现在对“里”的翻译 90%都采用文献型翻译的音译,而对“钟”的两次翻译虽策略不同,但都是以音译为基础。相比之下,译本 2 对量词“里”的翻译则只有 50%完全音译,10%采用音译+文外补充,高达 40%的情况是将整句作解释性翻译处理的。但是,由于译本 2 中音译+文外补充的翻译方法运用于量词“里”第一次出现在文本中时,因此对“里”进行文外补充(见附录 1,文外补充汉译为:1.72 里相当于 1 千米),保证了目的语读者对其后所有“里”的音译的理解。而在译本 1 中则完全没有出现类似的解释和补充,其原因可能在于,中国长度单位 *Li* 在德国也被熟知,且已作为一个词语被收录在德语词典 Duden 中。译本 1 采用的策略对目的语受众的中国文化背景提出了更高要求,而译本 2 对目的语受众更友好。

(3) 译本 2 对工具型翻译策略的使用率明显高于译本 1。一方面,译本 2 针对量词的翻译中,近义替代的使用次数是3次,且其中2次是针对同一个量词,而在译本1中仅一次。另一方面,译本2中因量词所在句使用解释性翻译而不译量词的比率高于译本1,且全部针对量词“里”所在的词语“千里”。这说明,相对于对原文的忠诚,译本2更多考虑到目的语读者的理解,即更考虑译本的功能性。

(4) 两译本都在一定程度上体现出对同类词翻译策略的一致性。此处所谓同类词,是指相同句法结构中相同位置的量词。例如,《作战》篇中的“食敌一钟,当吾二十钟;萁秆一石,当吾二十石”,这两句的句法结构显然完全一致,且量词“钟”和“石”各自出现两次的位置和功能也是对应的。在两个译本中,“钟”和所对应的“石”在策略选择上也都有一致之处。译本1中,第一组“钟”和“石”使用的均是音译+文外补充(以括号的形式出现),第二组则都直接使用音译。而在译本2中,虽然前一组同类量词的翻译策略分别是音译+文外补充(以文末注解的形式出现)和近义替代,但后一组都因篇章衔接而省略不译。这说明,两个译本都在一定程度上兼顾了源语文本的文字风格,在句法上体现了对源语文本的忠诚。

3.2.3 译本中翻译策略和具体翻译用词的随意性

虽如上所述,两个译本在各自翻译策略的使用和彼此翻译策略的对比上较一致,但若具体到个别词语,又体现出较明显的随意性。

在两个译本中,这个问题都主要出现在两个量词上:一方面,用于夸张修辞表路程遥远的“千里”有四处,实指路程长度的“千里”有一处(《孙子兵法·虚实》:“则可千里而会战”),但在译本1中,这四处虚指的“千里”,有三处的翻译方法是直译+音译,有一处则是解释性翻译。在译本2中,四处虚指有三处是解释性翻译,一处因在文中首次出现而用了音译+文外补充,但是实指的一处却仍采用解释性翻译,模糊了具体的长度。

另一方面,同样以夸张修辞表长度的两处“千仞”,在两个译本中均得到不同处理。在译本2中,虽然两处都是近义替代,但针对两个同用法的“仞”,由于短语“千仞之山”与“千仞之溪”中被修饰词的不同,近义替代词分别选择了Fuß(步,长度单位)和Faden(线,此处为水深测量单位,1线约为1.8米)。如果说译本2不同的译词选择尚可用便于受众理解来解释,那么译本1中,分别选择文献型和工具型翻译策略则属于译者随意的产物。

这一现象说明,两个译本在翻译中都有不同程度的随意性,既非完全出于易于受众理解的功能性,又没有很好地做到对原文的忠诚。

4 结语

本文在功能翻译视角下对先秦典籍《孙子兵法》两个德译本中的量词翻译策略和翻译方法作了对比,根据分析,以中华传统文化对外传播为使命的译本1更倾向于对源语文本的忠诚,而对目的语读者的文化常识提出了更高要求;以向德国民众介绍兵法思想为目的的译本2则在翻译策略的选用中较多照顾德语读者的实际文化背景。但两者都不要求读者对文本的深入理解和细节把握。此外,两个译本在翻译中也都出现了一定的随意性,尤其对于译本1而言,在传播中华文化的背景下,应更注重翻译策略和具体用词的统一性。

参考文献

[1] 孙武.孙子兵法(汉德对照)[M].钟英杰,G Kneussel,译.北京:军事文化出版社,2009.

W Sun, Y Zhong, G Kneussel. Sunzi: Die Kunst des Krieges [M]. Beijing: Verlag für Militärwissenschaft,2009.
[2] W Sun, J Clavell, J Langowsky, et al. Sun Tsu. Die Kunst des Krieges[M]. Hamburg: Nikol, 2008.
[3] R Stolze. Übersetzungstheorien.Eine Einführung[M].Tübingen:Narr,2011.
[4] 王颖频,侯云程.从功能翻译角度看中国文化因素德译的五种翻译模型——以《中国文化常识》(中德对照)为例[J].德语人文研究.2017,5(1):27-34.
[5] 黎锦熙.新著国语文法[M].长沙:湖南教育出版社,2007.
[6] 王力.汉语史稿[M].北京:中华书局,2004.
[7] 向熹.简明汉语史(下)[M].北京:高等教育出版社,1988.
[8] 陆俭明.现代汉语语法研究教程[M].北京:北京大学出版社,2003.
[9] W v Humboldt.Ueber die Verschiedenheit des menschlichen Sprachbaues und ihren Einfluss auf die geistige Entwicklung des Menschengeschlechts[A].Wilhelm von Humboldt.Werk Ⅲ. Schriften zur Sprachphilosophie [C].Darmstadt:WBG,2010:368-756.
[10] 张颖.浅析德语中的量词以及数量词结构[J].淮阴工学院学报.2011,20(6):56-59.

附录 1

《孙子兵法》所有量词及其两个德译本对应德语翻译汇总

量词	序号	出现篇目	词语原文（研究对象加着重号）	德语译文 1（量词对应德语表达以下划线标出）	德语译文 2（量词对应德语表达以下划线标出）
里	1	《孙子兵法·作战》	千里馈粮	über tausend Li	um tausend li* weit zu ziehen (*1,72 moderne li entsprechen einem Kilometer)
	2	《孙子兵法·虚实》	行千里而不劳者	tausend Li	Eine Armee kann ohne Mühe große Entfernungen überwinden (量词不译)
	3	《孙子兵法·虚实》	则可千里而会战	tausend Li	aus größter Entfernung (量词不译)
	4	《孙子兵法·虚实》	而况远者数十里	einige Dutzend Li	hundertli
	5	《孙子兵法·虚实》	近者数里乎	mehrere Li	einige li
	6	《孙子兵法·军争》	百里而争利	hundert Li	über hundert li
	7	《孙子兵法·军争》	五十里而争利	fünfzig Li	fünfzig li
	8	《孙子兵法·军争》	三十里而争利	dreißig Li	dreißig li
	9	《孙子兵法·九地》	千里杀将	eintausend Li	auf lange Sicht(量词不译)
	10	《孙子兵法·用间》	出征千里	zu einem entfernt auszutragenden Krieg(量词不译)	über weite Entfernungen(量词不译)
金	11	《孙子兵法·作战》	日费千金,然后十万之师举矣	tausend Tael Gold	eine Gesamtsumme von tausend UnzenSilber
	12	《孙子兵法·用间》	日费千金,内外骚动	eintausend Tael Gold	bis zu hunderttausend Unzen Silber
钟	13	《孙子兵法·作战》	食敌一钟	ein Zhong(tausend Liter) Getreide	eine Wagenladung Vorräte vomFeind
	14	《孙子兵法·作战》	当吾二十钟	zwanzig Zhong	zwanzig eigenen(量词省略)

（续表）

量词	序号	出现篇目	词语原文（研究对象加着重号）	德语译文 1（量词对应德语表达以下划线标出）	德语译文 2（量词对应德语表达以下划线标出）
石	15	《孙子兵法·作战》	萁秆一石	ein Dan(sechzig Kilogramm) Futter	ein einziges *dan* ** von seinem Futter(** Chinesische Gewichtseinheit, die etwa sechzig Kilogramm entspricht.)
	16	《孙子兵法·作战》	当吾二十石	zwanzig Dan	zwanzig aus dem eigenen Vorratslager（量词省略）
仞	17	《孙子兵法·形篇》	若决积水于千仞之溪者	von einem himmelhohen Berg in die tiefe Schlucht（量词不译）	in eine tausend Faden tiefe Schlucht
	18	《孙子兵法·势篇》	如转圆石于千仞之山者	von einem tausend Fuß hohen Berg	einen tausend Fuß hohen Berg
驷	19	《孙子兵法·作战》	驰车千驷	eintausend leichte Streitwagen（量词不译）	tausend schnelle Wagen（量词不译）
乘	20	《孙子兵法·作战》	革车千乘	eintausend schwere Streitwagen（量词不译）	zehntausendschwere Wagen（量词不译）
	21	《孙子兵法·作战》	车战，得车十乘以上	mehr als zehn Streitwagen（量词不译）	zehn oder mehr Wagen（量词不译）
家	22	《孙子兵法·用间》	不得操事者，七十万家	siebenhunderttausend Haushalte	mindestens siebenhunderttausend Familien

附录 2

《孙子兵法》两个德译本量词翻译所使用翻译模型和翻译方法汇总

翻译模型	翻译方法	量词及其译法数量(译本 1/译本 2)							
		里	金	钟	石	仞	驷	乘	家
A 型（文献型）	音译	9/5	—/—	1/—	1/—	—/—	—/—	—/—	——
	直译	—/—	—/—	—/—	—/—	—/—	—/—	—/—	1/1
B 型（工具型）	近义替代	—/—	—/—	—/1	—/—	1/2	—/—	—/—	—/—
C 型（文献型+文献型）				—/—					
D 型（工具型+工具型）				—/—					
E 型（文献型+工具型）	直译+文内扩充式解释	—/—	2/2	—/—	—/—	—/—	—/—	—/—	—/—
	音译+文外补充式解释	—/1	—/—	1/—	1/1	—/—	—/—	—/—	—/—
其他现象	不译	1/4	—/—	—/1	—/1	1/—	1/1	2/2	—/—
总量		10/10	2/2	2/2	2/2	2/2	1/1	2/2	1/1

附录 3

《孙子兵法》两个德译本中量词不译情况的分析结果

量词	序号	出现篇目	词语原文（量词加着重号）	德语译文及译本版本（量词所在短语对应德语表达用下划线标出）	句/短语的翻译策略和方法	量词不译原因
里	1	《孙子兵法·虚实》	行千里而不劳者	eine Armee kann ohne Mühe große Entfernungen überwinden.（译本 2）	B 型：解释性翻译	整句采用解释性翻译，不再直译量词
	2	《孙子兵法·虚实》	则可千里而会战	aus größter Entfernung（译本 2）	B 型：解释性翻译	
	3	《孙子兵法·九地》	千里杀将	auf lange Sicht（译本 2）	B 型：解释性翻译	
	4	《孙子兵法·用间》	出征千里	zu einem entfernt auszutragenden Krieg（译本 1）	B 型：解释性翻译	
	5	《孙子兵法·用间》	出征千里	über weite Entfernungen（译本 2）	B 型：解释性翻译	
钟	6	《孙子兵法·作战》	食敌一钟，当吾二十钟	eine Wagenladung Vorräte vomFeind entspricht zwanzig eigenen（译本 2）	A 型：直译	篇章中的语法省略
石	7	《孙子兵法·作战》	芑秆一石，当吾二十石	und gleichermaßen ist ein einziges *dan*** von seinem Futter zwanzig aus dem eigenen Vorratslager wert（译本 2）	A 型：直译	
仞	8	《孙子兵法·形篇》	若决积水于千仞之溪者	von einem himmelhohen Berg in die tiefe Schlucht（译本 1）	B 型：解释性翻译	整句采用解释性翻译，不再直译量词
驷	9	《孙子兵法·作战》	驰车千驷	eintausend leichte Streitwagen（译本 1）	A 型：直译	德语中无对应构造和表达
	10	《孙子兵法·作战》	驰车千驷	tausend schnelle Wagen（译本 2）	A 型：直译	
乘	11	《孙子兵法·作战》	革车千乘	eintausend schwere Streitwagen（译本 1）	A 型：直译	
	12	《孙子兵法·作战》	革车千乘	zehntausend schwere Wagen（译本 2）	A 型：直译	
	13	《孙子兵法·作战》	车战，得车十乘以上	mehr als zehn Streitwagen（译本 1）	E 型：直译+文内扩充	
	14	《孙子兵法·作战》	车战，得车十乘以上	zehn oder mehr Wagen（译本 2）	A 型：直译	

德语咨询谈话中的语块功能研究

刘品秀

摘　要　咨询谈话属于咨询类语篇,在谈话中交际双方常常会运用某些具有一定语用、策略功能的语块来达成交际目的。本文以德国高校学生的咨询谈话为语料,分析来访学生和咨询专家在谈话中的语块使用情况,总结归纳出语块的四种语用功能:话题标记功能、语气调节功能、立场表达功能和情景功能。研究发现,德语母语者在咨询谈话中均能有意识地运用语块,语块的合理运用一方面提高了言者的表达流畅度,有利于把控谈话进程;另一方面促进听者识别谈话动态,加速信息的加工处理。

关键词　语块;咨询谈话;会话分析;语用功能

Analyzing the Functions of Lexical Chunks in German Counseling Conversations

Liu Pinxiu

Abstract　In counseling conversations, both parties often use some lexical chunks with certain pragmatic and strategic functions to achieve communicative purposes. In this study, the counseling conversations between the counselor and the German university students were analyzed and the pragmatic functions of lexical chunks were summarized: topic markers, speech modification, stance expression and special conversational functions. In addition, how participants' strategies are reflected in the application of lexical chunks was examined. As a result, native German speakers can consciously use lexical chunks in counseling conversations. On the one hand, rational use of lexical chunks improves the fluency of the speaker's expression and helps control the conversation process. On the other hand, it promotes the listener to recognize the dynamic of conversation and speeds up the processing of information.

Key words　Lexical chunks, Counseling conversation, Conversation analysis, Pragmatic function

1　引言

会话分析是一个与实践结合较多、跨学科探索相对深入的语篇分析方法,以其对会话序列精细的描述为特征(田剪秋、高一虹,2013:28)。日常生活中大量的交际活动都离不开会话,仔细分析会话的语言结构会发现,言者在表达时常常有很大一部分内容并非是创意性的创造,而是具有不同复杂程度、在长期记忆中预先存储的语言序列,即语块。这些程式化的表达会出现在相似的言语情境中,一方面提高了言者表达的流利性和准确性,另一方面加速了听者的信

作者简介　刘品秀,女,1996年3月出生,山东济南人,同济大学外国语学院德语语言文学专业2019级硕士研究生,主要研究方向为应用语言学、语用学。

息接受,从而促进会话的顺利进行。

传统的语言学流派强调语言形式和内容的统一性、规律性。长期以来,以乔姆斯基(1957)为代表的转换生成语法学派的语言学家们认为语法规则处于语言的制高点。但从20世纪开始不断有认知语言学和心理学等领域的研究表明,语言中的语块兼具结构、语法、语义和语用功能,是值得研究的对象。因此把会话中的语块作为研究焦点,不仅打破了语言学内部的传统界限,而且将语言结构和语用功能相互联系起来,为会话分析提供了新视角。本文以德国高校的学生咨询谈话为例,分析其中常见的语块结构,以期对咨询谈话中语块的语用功能进行归纳和阐释。

2 语块的定义和分类

"组块(chunking)"这一概念最早由美国心理学家 Miller(1956)根据心理学实验提出,随后被引入到语言学领域,由此出现了"语块(lexical chunks)"的概念。尽管语块的重要性已获得语言学界认可,但是目前关于语块概念的术语和定义尚无统一标准。Wray(1999)详尽地总结了相关英语文献中的语块名称,如"程式语(formulaic language)""预制程序和模式(prefabricated routines and patterns)""词汇束(lexical bundles)"等。在德语学界,学者们(Aguado 2002/2013/2016; Fandrych 2009)较多使用术语"程式化序列(Formelhafte Sequenzen)"和"程式语(Formulierungsroutinen)"。这些术语的侧重点不一,有的侧重于词汇层面,有的侧重于结构的预制性,有的侧重于句子程式,反映了研究者的不同研究目的及考察角度。

不同研究视角下学者对语块的定义也有所不同。纵观国外语块研究的相关文献,主要研究方法可分为以下三类:(1)将语块置于熟语学领域,聚焦语块的半预制性,如 Sinclair(1991)在"惯用语原则(idiom principle)"中指出人们在具体的会话中会频繁使用由两个或两个以上单词组成的"半预制性短语(semi-preconstructed phrases)",这些短语可重复出现于不同语境中。(2)借助语料库语言学的研究方法和手段,设定参数自动识别高频语块并探究其语言形式及特点。语料库语言学的研究成果丰厚,旨在总结多学科领域的高频语块,服务于一般的英语教学和研究,如 Biber 等人(1999/2004),Hyland(2012)等。(3)设计心理语言学实验,研究一语和二语学习者的语块加工情况,如 Conklin 和 Schmitt(2008)的实验证明一语和二语学习者的语块加工速度明显快于其他非语块语言,因此认为语块是整存整取的语言序列。当前国内的语块研究多集中于外语或二语领域,考察学习者的语块使用特点,并提出相应的教学法建议,如王立非/张岩(2006),周正钟(2013)。

Nattinger 和 DeCarrico(1992)不仅关注语块的语言形式,还强调其承担的功能,定义语块是"形式—功能统一体(form-function composite)"。Aguado(2002)则指出语块所具有的多种实现形式,如固定搭配(Kollokationen)、惯用表达(Routineformeln)、熟语(Phraseologismen)、功能动词(Funktionsverbgefüge)、模式化语段(musterhafte syntagmen)、带有或不带空格的构式(Konstruktionen mit oder ohne Leerstellen)等。基于以上陈述,并结合会话的口语特征,本文认为会话中的语块是由多单词构成的、作为整体存储的半预制性语言序列,在使用时可重复出现。本文将参照 Aguado 对语块实现形式的划分标准,根据语块"可重复性""惯用性""半预制性""高准确性"等特点,结合实际语料对语块标注和提取提出以下界定:固定搭配、功能动词、结构标记语、惯用语、词汇式语段等。

3 语块的语用功能

在本质上,语块的功能主要体现在语言加工和产出两大方面,对言者的信息传递和听者的信息接受都有所益。由于语块一般在比较固定的语境中出现频率较高,所以学者们从不同角度考察了语块的语用功能。Nattinger/DeCarrico(1992)根据语块所具有的语用交际目的划分了三类语用功能:话题标记功能,即使用者对所陈述话题的显性标记;话语工具功能,即标明语句间的关系,如逻辑性,衔接性等;社交互动功能,描述交际各方的社会关系,如话题转换。Moon(2002)从语用功能的交际效果出发,总结了语块的五大功能:信息功能,使用者转达信息或陈述观点;情景功能,反映交际的语用情境;评价功能,表达使用者对事物的态度或评价;组织功能,与语篇组织和构造有关;修饰功能,表达请求或建议等。上述研究成果对本文具有启发和借鉴意义。

会话是一个言语活动过程,会话中语块的运用首先与言语行为的实施密不可分。一些出现频率很高的语块如:ich meine, ich glaube, ich bin der Meinung, wenn ich Sie richtig verstanden habe ... Haben Sie mich gut verstanden? Haben Sie Fragen dazu? Vielen Dank für Ihre Aufmerksamkeit! Können Sie mir bitte helfen? 具有很强的语用功能,例如对自己的表达进行进一步解释,用来检验听者是否听明白,缓和说话语气,使听者参与到会话互动中,表达感谢、道歉,提出请求等。综上,语块在促进会话交际方面显示出重要的语用功能,它不仅暗含某种施为动词,与言语行为相关,也保证了语言加工和产出过程的顺畅进行。

4 实例分析

本文选取已转写的德国高校咨询谈话中的典型实例,分析并论证其中某些常用语块的语用功能。为获取真实的会话互动语言,选取语料来自德国曼海姆语言所 IDS 口语语料库,会话参与者均为德语母语者,分别为学生来访者(Student),咨询专家 1(Beraterin 1)和咨询专家 2(Beraterin 2)。基于 Nattinger 和 De Carrico(1992)和 Moon(2002)对语块功能的分类,并结合具体语料,本文将咨询谈话中的语块功能分为四类:话题标记功能、语气调节功能、立场表达功能和情景功能,以下是实例分析。

4.1 话题标记功能

在咨询谈话中,通常由来访者开启话轮,首先交代自己的困惑和问题,以寻求咨询专家的帮助。如表 1 所示,在简单的问候后,咨询专家清了清嗓子(第 4 行),等待来访学生的发问。简短的停顿后,学生以惯用表达“ich wollt mal nachfragen(我想咨询)”为开场白引入话题:因本学期未按时参加所有课程,询问是否会影响接下来的学业(第 5—6 行)。咨询专家给出简短的应答信号“okay”后,学生继续对问题进行补充,再次运用语块“und wollt mal fragen(然后我想问)”详细解释了自己的问题,以确保顺利引入咨询话题,力求寻得咨询专家的理解。在这个例子中,来访者频繁使用情态动词“wollten(打算;要)”来引导表示言语行为的动词,如“nachfragen”或“fragen”,并加入缓和语气的小品词“mal”共同组成具有话题标记功能的语块(表 1)。

表 1 Beratungsgespräch N302- Student/Beraterin 1

1	Student	mo[in]
2	Beraterin 1	[(ach)] hey
3	Student	hi(0.2)
4	Beraterin 1	((räuspert sich))(0.22)
5 6	Student	**ich wollt ma nachfragen** ich war so gut wie noch gar nich so richtich in meim ersten semester irgendwo beiirgendwelchen veranstaltu[ngen]
7	Beraterin 1	[ok] ay(.)((Lachansatz))
8 9	Student	(-) **und wollt mal fragen** wie das eventuell weitergeht(0.26)ob ich das alles (-) ab nächstes semester nach weil ich hab eigentlich tierisch bock so
10	Beraterin 1	(-) ja

与此类似的常见表达还有由情态动词"möchten(想要)"引导的语块,在引入话题、推动会话进程方面扮演着重要角色。运用这类语块,一方面可以通过引入话题清楚地阐明言者的来访意图,另一方面对于听者也具有重要的话题标记作用,使其能直观捕捉到问题的相关信息,以便提供后续的咨询建议。

4.2 语气调节功能

具有语气调节功能的语块主要指在会话中起修饰作用的惯用表达,语料中主要出现以下两类常见语块:结尾为语气副词或选择性连词的语块,如"oder so(或者说)""und so(如此吗)""ja oder(是吗)";表示程度的词汇式语段,如"ein bisschen(一点)""sozusagen(在某种程度上可以说是)"等,此处列举两个典型实例(表 2、表 3)。

表 2 Beratungsgespräch N302- Student/Beraterin 1

1 2	Beraterin 1	°h okay(.) ähm du kannst dir mal da diesen °h dieses ansichtsexemplar in grau aus dem regal nehmen(.) politik[genau]
3	Student	[ja](0.28)
4	Beraterin 1	°h das is n studienhandbuch(0.39) °h ähm(0.59)
5 6	Student	aber d.h.ich brauch mir jetz keine sorgen zu machen dass ich exmatrikuliert werde **oder so**
7	Beraterin 1	weil du nichts besucht hast
8	Student	ja
9	Beraterin 1	h°(0.5) ähm(0.28) äh nee s
10	Student	also ich[hab noch gar nix]

在表 2 这个会话片段中,咨询专家首先给出指导建议,让学生在书架上找出其相关专业的指导手册再具体浏览考试规定。学生简短地回应后,咨询专家继续解释这本书的具体内容:"das ist n studienhandbuch(这是一本大学生学习手册)"。这时学生突然打断了咨询专家的话,开启了新的话轮"aber d.h. ich brauch mir jetzt keine sorgen zu machen dass ich exmatrikuliert werde oder so(但是这意味着我不必担心自己会因此而退学是吗?)",并运用语块"oder so"委婉地提出自己的推测。由于学生心情焦虑,因此迫切想要知道相关问题的处理结果,于是使用了具有语气调节功能的语块提出自己并不坚实的推测,以寻得咨询专家的回答。在表 3 中,当涉及如何取消或推迟考试的具体操作时,咨询专家建议学生向同事萨拉详细询问,并运用具有

语气调节功能的语块“sozusagen（可以说）”和“ein bisschen（一点）”解释原因，即“萨拉可以说对这部分内容更熟悉一点”（第2行），含蓄地给出了自己的指导意见。

表3　Beratungsgespräch N302- Student/Beraterin 1

1	Beraterin 1	°hh((schmatzt)) ähm(.) aber das kann dir vielleicht eher sara sagen(.)
2		die kennt sich(.) **sozusagen** mit den inhalten **en bisschen** besser aus
4		°hh aber(.) du fliegst jetz nich aus_m studium weil du nich irgendwie(.)
5		an den prüfungen teilnimmst du sollst nur gucken dass du keinen
6		prüfungsversuch verlierst
7	Student	alles klar(.)
8	Beraterin 1	ja(.) °h kannst[du irgendwas]
9	Student	[dann star]t ich quasi nächstes semester einfach noch mal so[komplett]neu dur[ch]
10		
11	Beraterin 1	[ja genau] °h sara kannst du das beurteilen die sachen die jetz im zweiten
12		semester sind bauen die irgendwieauf sachen aus dem ersten auf oder

语气调节类语块在语境和上下文中通常具有不确定、模糊或间接的特点，是言者根据实际情况对原来话语意义作出某种程度的修正，或者给原话限定一个范围。在咨询谈话中，此类语块往往伴随着隐性施为动词的使用，既能触发言语行为，清楚地传达信息或陈述观点，又能促进谈话双方合理安排咨询，把控整个会话的进程和节奏。

4.3　立场表达功能

在咨询谈话中，咨询专家了解来访者的问题后需要给出合理的建议，如何合理表达立场、传递认知态度是值得探讨的问题。研究发现语料中存在着大量的立场表达类语块，如由第一人称代词和认知类动词组成的程式语“ich meine（我认为）”“ich glaube（我想）”“ich finde（我觉得）”等。此外还有由第一人称代词、情态动词“müssen（必须）”和实意动词组成的语块，如“dann muss ich hinweisen（我必须要指出）”。当咨询专家直接给出较为确定的指示型建议时，可采用由第二人称代词开启的语块，如“du kannst ja mal gucken（你可以看到）”等，目的在于引导来访者按照其指示实施行为，由此可见，立场表达类语块与言语行为紧密相关。以下将结合两个实例具体分析其功能（表4、表5）。

表4　Beratungsgespräch N302- Student/Beraterin 2

1	Beraterin 2	also des auf jeden fall nich(0.89) hier äh ja des(.) äh
2	Student	so en paar dinge wahrschei[nlich schon ne]
4	Beraterin 2	[ja metho]den halt ja(0.47)
5	Student	[na dann muss ich das halt alles] en jahr verschieben
6	Beraterin 2	[methoden auf jeden fall](1.21) ja oder zeig mal ob du_n(.) ob(0.24)
7		hm ja **du kannst ja mal gucken** weil(.) **ich**[**mein** wenn du] dich jetz an
8	Student	[((schnieft))](0.52)
9	Beraterin 2	= david oder harro oder so wendest un malsachst hey was(ging)
10		in der vorlesung dann lern mit denen und schreib die klausur(-)
11		**ich mein**(0.65)

如表4所示，学生因为种种原因本学期未能按时参加每门课程，其中包括演讲类的大课和

研讨课,因此担心无法通过考试而必须退学。前文中,咨询专家 1 已明确给出建议,其可以选择延期缓考或下一学年重新修读课程,只需要保证不会三次成绩不及格即可。涉及具体操作时,学生再次向咨询专家 2 询问“na dann muss ich das halt alles ein jahr verschieben(这意味着我必须将重修课程推迟一年吗?)”、咨询专家连续使用语块“du kannst ja mal gucken(你可以看到)”“ich mein(我觉得)”传递自己的认知态度,即学生也可以不选择重修,而是向共同参与这门大课的其他同学寻求帮助,与他们一同复习准备考试(第 7—10 行),并在建议的最后通过语块“ich mein”再次重申这只是自己的建议和想法。与此类似,在表 5 中,学生听取并采纳了咨询专家 2 的意见决定参加大课的考试,并解释自己可以在课程网站上找到相关大课的考试准备材料,所以决定只在下一学年重修研讨类课程。咨询专家 2 运用语块“ja, das würde ich(是的,我也会这样选择)”“das fänd ich auch(我也这样觉得)”表明了自己的支持立场和赞同态度。

表 5 Beratungsgespräch N302- Student/Beraterin 2

1 2	Student	also die vorlesung wollt ich auf jeden fall versuchen dass ich da die prüfung mitschreib weil da[s is] ja allesauch im internet und so[ne]
4	Beraterin 2	[ja] [ja](0.54)
5	Student	nur[halt die semi]na[re da]
6 7	Beraterin 2	[ja **das würd ich**] [fän(.) **das fä**]**nd ich** auch echt sinnvoll weil[du dann] das machen kannst und dann
8	Student	[ja](0.51)

在这两个实例中形式多样的语块均发挥了立场表达功能,其具体形式取决于咨询专家对建议内容是否确定,建立在对来访学生问题的评估基础上。如表 5 中的两个具有立场表达功能的语块均为第二虚拟式,是咨询专家站在来访学生的角度上给出意见的实例,表达了其对这一解决方案的赞同,使学生获得心理上的鼓励与支持。由此可见,咨询专家采用什么样的态度和意图决定了咨询谈话双方沟通的顺畅程度和交际效果,立场表达类语块在其中发挥着重要作用。

4.4 情景功能

情景类语块的运用可以反映交际的语境情况,例如每一个会话都有开始和结束阶段。在会话开始阶段中,咨询专家的任务是与来访者建立起互相信任的咨访关系,力求准确理解来访者的问题并收集信息;而在会话结束阶段,咨询专家在提供建议后,应当适当地给予来访学生鼓励,使来访学生树立信心(表 6)。

表 6 Beratungsgespräch N302- Student/Beraterin 2

1	Student	ja dann nehm ich das mal mihit(0.27)
2	Beraterin 2	jo(0.21)
3	Student	**bedank mich recht herzlich**(0.4)
4	Beraterin 2	**viel erfolg**(0.29)
5	Student	**danke schön**(0.23)
6	Beraterin 1	ciao

如表6所示,在会话的结束阶段,学生的问题得到了解决,并向咨询专家表示了感谢"bedank mich recht herzlich(衷心感谢老师的帮助)",随后咨询专家通过惯用的客套话"viel erfolg(祝你成功)"祝福学生能顺利通过大课的考试,学生回复"danke schön(非常感谢)"再次表达感谢。这些语块均出现于具体的情景中,被赋予了一定的语用功能,用以表达问候、祝愿、感谢、歉意等。咨询谈话不同于普通的对话,它具有很强的目的性,终极目标是为了解决来访者的问题,为其提供合理的建议。因此咨询专家在谈话中要有的放矢,尽量使每句话都有其存在的意义。

5 结语

在咨询谈话中,交际双方有不同的交际目的,咨询专家力求正确理解对方的问题,并给予相应的建议,来访者则是要把问题说清楚,确保咨询专家理解,然后获取相应的问题解决建议。此外,在咨询谈话的过程中,咨询专家不仅要向来访者提供合理建议,还要把握好咨询语言的特点,可通过运用不同功能的语块巧妙地实施言语行为,把控谈话进程,促进谈话顺利进行。

本文关注语块在咨询谈话中发挥的作用,选取已转写的德国高校咨询谈话中的典型实例,详细阐述了语块对交际目的的实施和交际行为的实现所起到的作用,归纳总结了四类语用功能:话题标记功能,语气调节功能,立场表达功能和情景功能。研究发现,采用会话分析手段对咨询谈话中的语块及其功能进行研究,有助于揭示特定的言语行为如何在一个个话轮互动中实现,从而促进交际双方对会话的理解和组织。

参考文献

[1] 田剪秋,高一虹.心理治疗与咨询语篇的分析——CA、语用学、SFL、对话性视角[J].中国外语,2013,10(4):27-34.

[2] Wray Alison. Formulaic language in learners and native speakers[J]. Language Teaching, 1999, 32: 213-231.

[3] Aguado Karin. Formelhafte Sequenzen und ihre Funktionen für den L2-Erwerb[J]. Zeitschrift für Angewandte Linguistik, 2002, 37: 27-49.

[4] Aguado Karin. Sprachenlernen mit Chunks. Welche Rolle spielt der Faktor 'Alter'? [A]. Sprachwissenschaft im Fokus germanistischer Forschung und Lehre[C]. Hrsg. von Edyta Blachut, u.a. Wroclav-Dressden: Neisse Verlag, 2013, 231-242.

[5] Aguado Karin. Chunks als Schnittstelle zwischen Lexikon und Grammatik. Skizze eines handlungsorientierten Ansatzes zum Erwerb sprachlichen Wissens[A]. Bausteine des Spracherwerbs DaF: Wortschatz-Chunks-Grammatik[C]. Hrsg. von Monika Clalüne und Barbara Tscharner. Stallikon: Käser Druck, 2016, 53-64.

[6] Fandrych Christian, Erwin Tschirner, Cordula Meissner, et al. Gesprochene Wisschschaftssprache kontrastiv: Deutsch im Vergleich zum Englischen und Polnischen. Vorstellung eines gemeinsamen Forschungsvorhabens[J]. Studia Linguistica, 2009, 28: 7-30.

[7] Sinclair John McHardy. Corpus, concordance, collocation[M]. Oxford: Oxford University Press, 1991.

[8] Biber Douglas, S Conrad. Lexical Bundles in Conversation and Academic Prose[J]. Language and Computers, 1999, 26: 181-190.

[9] Biber Douglas, S Conrad, Viviana Cortes. If you look at...: Lexical Bundles in University Teaching and Textbooks[J]. Applied Linguistics, 2004, 25: 371-405.

[10] Hyland Ken. Bundles in academic discourse[J]. Annual Review of Applied Linguistics, 2012, 32: 150-169.

[11] Conklin Kathy, Norbert Schmitt. Formulaic sequences: Are they processed more quickly than nonformulaic language by native and nonnative speakers[J]. Applied Linguistics, 2008, 29: 72-89.

[12] 王立非,张岩.基于语料库的大学生英语议论文中的语块使用模式研究[J].外语电化教学,2006,8(4):36-41.

[13] 周正钟.中国学习者二语语块的习得[J].天津外国语大学学报,2013,20(4):62-69.

[14] Nattinger James, Jeanette S. DeCarrico: Lexical Phrases and Language Teaching[M]. Oxford: Oxford University Press, 1992.

[15] Moon, Rosamund: Vocabulary connections: Multi-word items in English[A]. Vocabulary: Description, Acquisition and Pedagogy[C]. Shanghai: Shanghai Foreign Language Education Press, 2002, 40-63.

附录:转写符号

[ ]	两人同时说话的重叠起始点
[ ]	
((lacht))	描述笑等非语言行为
(-),(--),(---)	1 秒钟以内的短、中、长停顿符号
(2.0)	以秒为单位的停顿或沉默
:, ::, :::	符号后的语音延长,每增加一个冒号,表示多延长一拍
=	紧接上一个话轮
akZENt	大写表示重读
ja ↑	升调
ja ↓	降调
hm uhhuh mhm enh aaha	应答语符号
eh ehn ehm	说话过程中迟疑的符号
〈〈len〉〉	说话语速慢
〈〈p〉〉	说话声小
°h / h°, °hh / hh°, °hhh / hhh°	1 秒钟以内的短、中、长吸气/呼气符号
stay	(斜体)英语
(ich heute)	(括号内)可能说的话
(x)	(括号内)无法分辨的音节
( )	(括号内)无法分辨的经过句
((...))	录音中说话内容丢失

读者接受视角看文化特色词汇翻译
——以《孔子学院》为例

马晓凤

摘　要　《孔子学院》是推广汉语和传播中国文化的机构——孔子学院创办的院刊，是中华文化“走出去”的重要媒介之一。该文本具有鲜明的中华文化特色因素，对这些文化特色词汇的德译也备受关注。本文试从功能翻译理论的读者接受角度出发，对文化元素的翻译方法进行分析与评价，探讨跨文化传播目的下文化特色词汇的翻译方法。

关键词　功能翻译理论；文化特色词汇；《孔子学院》；读者接受度

Translation of Culturally-Specific Words from the Perspective of Readers' Reception — Taking *Confucius Institute* as an Example

Ma Xiaofeng

Abstract　*Confucius Institute* is a magazine published by the Confucius Institute, an institution that promotes Chinese-learning and spreads Chinese culture. This magazine contains distinctive Chinese characteristics and is also one of the most important media for Chinese culture to "go out". Therefore, the German translation of these culturally-specific words has also received much attention. This article attempts to analyze and evaluate the translation methods of cultural elements from the perspective of readers' reception and functional translation theory for the purpose of inter-cultural communication.

Key words　Functional translation theory, Culturally-specific words, *Confucius Institute*, Readers' reception

1　引言

随着全球化的深入，文化多样化的趋势日益加深，文化交流日益重要。中国国学与文化源远流长、博大精深，孔子学院作为我国文化“走出去”的有效途径，受到了海外读者的欢迎。同时，随着信息化的发展，网络与多媒体成为文化传播过程中不可或缺的媒介，提升了文化传播效果。在此情景下，孔子学院院刊《孔子学院》纸质杂志与电子杂志应运而生。

2010年，中德对照版《孔子学院》创刊，目的是介绍中国传统文化与当代社会风貌，促进孔子学院建设与汉语国际教育事业[1]。作为学习汉语与了解中国文化的重要媒介，杂志涉及大量中国文化特色词汇，而对这些词汇的德译尤值得研究。本文以2016年第2期《孔子学院》中德对照版为研究文本，从中收集了108个文化特色因素词语及其德译，试从功能翻译理论的读

作者简介　马晓凤，女，1996年2月出生，山东青岛人，同济大学外国语学院德语系2018级硕士研究生，主要研究方向为德语文学。

者接受角度对文化因素的翻译方法进行分析与探讨。

2 功能翻译理论与文化因素及翻译方法

翻译理论家科勒首先提出了“文化特色因素(kulturspezifische Elemente)”[2]这一概念，即某个国家在政治、制度、社会文化和地理等方面所独有的名称和表达，翻译时在目的语文化中很难找到对应表达，因此会出现“零对应”现象，而针对“零对应”词汇的翻译方法更需要系统探讨，以便更好地使目的语接受者理解。

从接受者角度来看功能翻译理论，翻译理论家诺德认为，翻译总是为了某一目标语文本情景及其决定因素(如接受者、接受的时间地点等)而进行的，在该情景中，目标语文本须完成一定功能，该功能可以并且必须提前确定。因为目标语文本接受者要依赖目标语文本的功能，所以译者必须在一定程度上以对接受者忠诚(Loyalität)为准[3]。她所指的“忠诚”不仅指译者单方面对源语文本和目标语语境负责，同时也重视对源语文本发送者和目标语文本接受者负责。

根据这种“责任”，诺德提出了文献型翻译(dokumentarische Übersetzung)和工具型翻译(instrumentelle Übersetzung)两种方法。文献型翻译中，源语文本的文本情景都再现给目标语文本接受者，关注文本层面的特征而不及其他。而工具型翻译意图是实现其交际目的，而接受者并不知晓自己阅读的文本并非原来交际行为中使用的文本，只求达到与源文本相同或相类似的功能和效果[3]。这种翻译类型包括三种形式，一种是“等效翻译”，即目标语文本具有与源语文本相同功能；第二种是“异效翻译”，即目标语文本接受者意识不到源语文本的功能，此时译者可以对源语文本功能进行改写，但前提是目标语文本功能与源语文本功能保持一致，且不违背发送者的意图；第三种为“同效翻译”，即通过在目标语文化的文学背景中重现源语文本在其自身文化的文学背景中产生的效果，达到类似效果，这种常见于诗歌翻译。

在这两种翻译方法的基础上王颖频、滕硕[4]详细地归纳了中国文化特色词汇的十种德译方法，包括直译、音译、解释性翻译、概括性翻译和近义替代五种方法，音译+直译、解释性翻译+文外补充性解释、近义替代+文外补充性解释、音译+文外补充性解释、音译/直译+文内补充性解释五种组合。下面将基于这十种翻译方法从功能翻译理论中的读者接受度视角对《孔子学院》的具体文化词翻译进行分析。

3 语料分析

《孔子学院》不是传统意义上的书籍文章，而是带有文化传播目的和汉语教学任务的杂志。因此，除了作为纸质媒体去传递信息的基本任务之外，它还需考虑如何能生动直观地表达词汇这一问题。因此，在翻译过程中，不该忽略掉文本与读者的联系与对话这一功能，必须时刻以读者的接受度为宗旨进行翻译。

3.1 音译

音译一种是采用韦氏拼音系统，如“长江”译为“Yangste”[5]“功夫”译为“Kung-Fu”。这些往往是20世纪首先一批被外国人所熟知的中国文化词汇。

另一种是采用汉语拼音系统，如“二胡”译为“Erhu”“琵琶”译为“Pipa”。值得注意的是，“三弦”与“琵琶”一同出现，但前者则采用了下文会提到的音译+文外补充式解释的译法，即译为“Sanxian(eine Art Banjo，一种班卓琴)”。此处译者为文本接受者作了充分考虑，因为阅读

《孔子学院》的外国读者对“二胡”“琵琶”等常见的古代乐器名词不陌生，而“三弦”相比之下较为少见，因此人性化地加入了文外补充式解释，便于读者更好理解。

不足之处是将“嘉峪关”直接音译为“Jiayuguan”，完全失去了该地本来是长城的一个“关隘”的意味，不能使读者看到地名后产生联想。

音译是对外汉语杂志的一种很好的翻译方法，最具异域吸引力，激发汉语学习者阅读兴趣，在阅读杂志的同时学到简单汉语单词和文化。

3.2 直译

直译两种常见的方法是逐字翻译和根据字面意思直译。直译要求词语的词义属于外显型，即词语本身就具有很强表现能力，源语要表达的内容已经溢于纸面，这样才不会在直译过程中造成意味流失。比如“月牙泉”直译为“Mondsichelsee”。这个词语本身就有“如同新月一般的一眼泉”的表达，所以即使逐字翻译，也不会丧失词义本身的诗意。同样，“大盘鸡”直译为“Ein großer Teller mit Huhn”，也是得益于源语本身就很形象的表达，使得译好的词语同样直观。

但如果词语词义属于内敛型，比如“西域”，单看字面意思为西方的区域，但在中国人眼里，它是指自汉代以来，玉门关、阳关以西，巴尔喀什湖东、南及新疆广大地区。而广义的西域指亚洲中、西部地区等，充满着一种神秘的异域色彩。但直译为“Westliche Regionen（西方的区域）”便丧失了这种辽阔感、神秘感，更让译出语接受者误以为是指西方，即我们现在认为的西方世界。同样“西王母”也并非“Königin Mutter des Westen（西方的女王母亲）”，而是居住于昆仑山庇护众生的瑶池金母。

此外，属于国家政策方面的词语，译者不能在翻译过程中加入过多的主观因素，需要尽量客观地表达原意，比如“中国梦”直译为“Chinesischer Traum”，“新常态”直译为“Neue Normalität”，这些都很明确且传达了本意。但将“一带一路”对应直译为“One Belt, One Road”却不甚合理。这一译法源于英语译法，德语版2016年第二期的《孔子学院》第一次将其直接借用了过来。“One”本身有“一”“唯一”的意思，这种译法不免让国外读者产生误解，而实际源语并没有“仅一条经济带”意味。翻译理论家谢天振把这种情况总结为“翻译中接受者与接受环境的创造性叛逆”[6]。翻译的效果与接受者和接受环境有很大的关系。在源语环境里明明是正面的东西，到了译入语环境里却变成了反面的东西。而之后刊发的《孔子学院》已将其改作“Belt and Road”。

所以，对于直译这一方法的总结如下：首先在翻译时要确定源语词义是外显型还是内敛型。外显型可直译，词义生动而直观。内敛型则需考虑更多，在直译基础上建议参考解释性翻译或直译+解释性翻译的方法，即把文本当做工具型或文献型+工具型，而不是简单的文献型。不要仅翻译字面意思而遗失了背后的文化内涵，丧失一次很好的文化传播机会。对于政治这一特殊的文献型文本，在直译的同时更要慎重地考虑它的接受语境，不要使小词引发大误会。

3.3 音译+直译

音译+直译法是对单纯音译法、直译法的补充，对作者与读者对话的建构也具有积极的意义。比如“河西走廊”译为“Hexi-Korridor”、“王府井大街”译为“Wangfujing-Straße”，既保持了源语的特色，又能让读者明白所指的究竟是什么，引起相关的联想，是一次成功的文化传播过程。总的来看，这种译法在翻译地名时比较常见。

3.4 解释性翻译

解释性翻译相比于直译，加入了更多译者的阐释和思考，可以说比直译更加地道。比如：

例 1:国学

德译:die traditionelle chinesische Erziehungslehre

例 1“国学”一词本身具有概括抽象性,译者在翻译过程中对“国学”进行了解释,即“中国传统育人的学问经典”,翻译为德语也易于接受者理解。

但如果解释得过多过于详细,比如:

例 2:炸酱面

德译:Nudeln mit frittierter Bohnensauce

例 3:糖葫芦

德译:kandierte Weißdornfrüchte am Spieß

这一类翻译方法能够清楚地表达词语传达的意思,却不能很好地传播文化。读者的确明白了作者在说的是什么,但读者与作者的对话仅限如此,不会再深入,他不会知道例 2 这种“裹着炸过的豆瓣酱的面条”、例 3“串成一起的蘸糖山楂”在中文里究竟怎么说,也无法向他人提及和说明这个名词,这种译法实际阻碍了对话的输出阶段,无法达成成功的文化交流,相比之下,音译+解释性翻译的翻译方法更为合适。

3.5　概括性翻译

概括性翻译,即选用一个普通词语对文化因素进行概括性表达[7]。主要把显著特点译出,达到和原意同样的功能和效果即可,具有明显的功能翻译特色。概括性翻译极有挑战性,有的译法会成为极妙的翻译典范:

例 4:以白酒闻名的城市

德译:die Schnapsstadt

例 4 将“以白酒闻名的城市”直接概括为“白酒之城”,一个城市被冠以引以为傲的物品,自然是以这种物品闻名了,这种概括很巧妙,也可以为后来的翻译进行指导,比如可将“以鲜花闻名的城市”译为“die Blumenstadt”。

另一方面,若概括性翻译太过以文本的功能为导向,而忽略掉这种文本所特带的文化传播的功能,则失去了概括性翻译原有的效果。

例 5:汗血马

德译:Ferghana-Pferde(费尔干纳的马)

中国古人对汗血马有一种痴迷的热爱,《汉书》中记载,汉武帝得汗血马后,欣喜若狂,称其为“天马”,并作歌咏之,歌曰“沾赤汗兮沬流赭”。例 5 德语译作“费尔干纳的马”,丧失了这种马“流汗似血”的稀有感,无法传达中国文化中对汗血马的赞誉之情。

因此在翻译过程中,还需更多地考虑传达出文本背后的文化内涵。这种文化特色词与谢天振提出的文化意象的翻译类似,即文化意象渗透在这些词语里面,却又包含着更为广阔、更为深沉的不同民族的文化内涵[6]。文化意象的传递,实际上反映的是不同民族文化在翻译中如何碰撞、转换、交流、接受的问题。

3.6　近义替代

近义替代即从目标语中找出与源语表达相对应的词语。这种译法需要译者精通目标语,才会找到恰当绝妙的配对。比如“中国美食”的德译是“Gaumenfreuden”,将美食译为“舌尖上的欢愉”,很好地传达了“美食”一词所表现的功能。

但另一方面,将中国“书法”替代为西方文化中表示花体字母书写的“Kalligrafie”则显得不妥。因此,进行近义替代难免造成文化元素的缺失,这需要译者在翻译时慎重考量。

3.7 解释性翻译/近义替代+文外补充性解释与音译+文外补充性解释

上文已对音译、解释性翻译和近义替代两种译法进行了详细解释，在这里将此三种组合方法一并分析，主要探究文外补充性解释的方法。由于文本是汉语学习的杂志，图片、漫画等多模态表现形式就为文外补充性解释提供了良好的思路，使翻译更加直观可见，也不至于产生过大的误解或联想空白，不失为文化传播翻译的好方法。

例 6：小火煨两分钟

德译：Bei schwacher Hitze 2 Minuten anbraten lassen

例 6 中先对“小火煨”的过程进行解释，再配上烹饪图片，使读者直观地了解了“煨”的概念。

例 7：油泼面

德译：Youpomian(mit Öl besprenkelte Nudeln)

同样，例 7 中先用音译，再以文外括号的形式进行相应的解释，再辅以图片说明。

总的来看，文外补充性解释有文外括号解释法等传统文本方法，同时也具有照片、漫画、汉字图片等一系列新式的多模态手段，为文化因素翻译提供了新启发。

3.8 音译/直译+文内补充性解释

在这里仍需考虑文本的特殊性。双语对照的学习型杂志，文本自身便带有了文内解释，以方便读者学习与理解。比如“周穆王”若是在中国初中历史课本里，会简单地写作“周穆王”，被而放在以汉语传播为任务的《孔子学院》杂志中，则变为“西周时的周穆王”，被译者译为“König Mu der westlichen Zhou-Dynastie”。笔者将这类翻译仍归类于音译/直译+文内补充性解释，而不是直译，因为不论是汉语还是德语，都包含了作者或译者文内补充性解释，体现了一种对读者的关怀。同样，

例 8：《三字经》

德译：*Drei-Zeichen-Klassiker „Sanzijing“*

例 8 先音译，再解释为“三字的经典”，二者相结合，接受者既懂了读音，又理解了含义，实现了文化间的对话。

4 数据分析与总结

根据对《孔子学院》文化词汇的收集与分析，笔者得出了汉语文化特色词汇五种翻译模型比例（图 1）及十种翻译方法所占的比例（图 2）。

由此可以看出文本体裁对于翻译方法的影响。由于文本是文化传播型杂志这一特殊性，音译和直译比重较大，且作为文化输出最直接的办法，最为常用。而近义替代、解释性翻译和概括性翻译相比近义替代+文外补充性解释、解释性翻译+文外补充性解释来说，在文化内涵的传播方面有所欠缺。另外，音译/直译+补充性解释也不失为文化传播语境下翻译的有效方法，这些需要在之后的翻译实践中多加留意。还有，文外补充性解释也不局限于括号补充，照片、漫画等是补充性解释多模态化的很好体现。

学习型杂志不仅要让中国文化“走出去”，更重要的是要确保中国文化真正很好地“走进去”，以融入目的语读者的环境中。笔者针对这一过程总结了文化传播翻译“先成音，再达意，之后产生词语联想”的标准，并对十种翻译方法在外语学习与文化传播类杂志中翻译的优先顺序进行整理：音译/直译+文内补充性解释、音译+文外补充性解释、音译+直译、音译、直译、

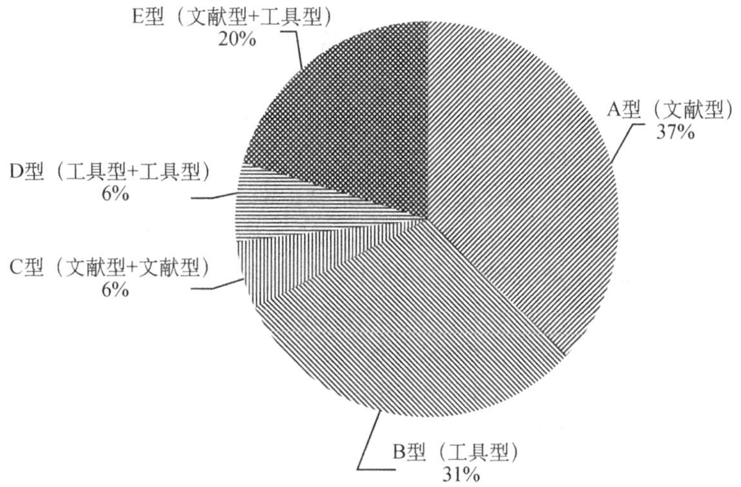

图 1 《孔子学院》(2016.No.2)五种翻译模型比例

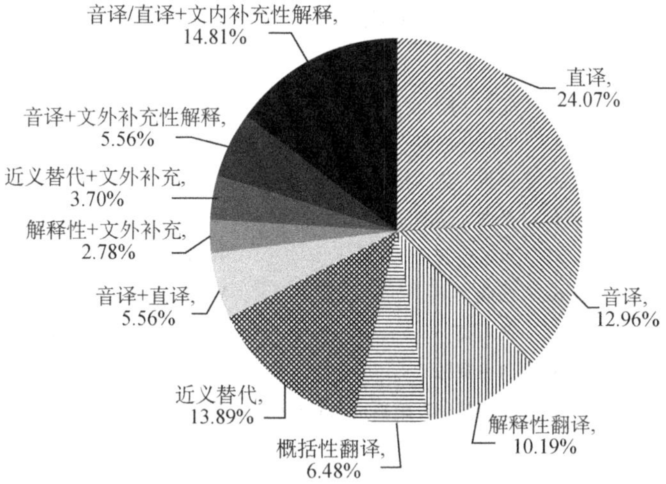

图 2 《孔子学院》(2016.No.2)十种翻译方法及其比例

解释性翻译+文外补充性解释、解释性翻译、概括性翻译、近义替代+文外补充性解释、近义替代。总地来看,外语学习的语境下,翻译既要保留源语“陌生感”“异域感”的读音,又要保留源语本身的意义与文化内涵。

5 结语

翻译不仅是文本信息的跨语言传递过程,更是作者与读者的交流过程、对话过程,以实现跨文化交流与传播。基于这一功能与目的,译文需与读者接受度相顺应。应注意的是,不是得出翻译方法之后就机械参照翻译方法进行翻译,而是在大量翻译的基础上不断总结并反思翻译方法,不断改进出最适合文化传播与外语教学类文本的翻译方法,以更好地指导翻译实践。

参考文献

[1] 蔡靖.对外传播期刊在新形势下的融合发展——以《孔子学院》多语种期刊全媒体品牌建设为例[J].决策与信息,2016(4):143-150.

[2] W Koller. Einführung in die Übersetzungswissenschaft[M]. Wiebelsheim: Quelle & Meyer, 2004.

[3] 诺德.翻译的文本分析模式:理论、方法及教学应用[M].李明栋,译.厦门:厦门大学出版社,2013.

[4] 樊钉(主编).《孔子学院》中德对照版[N].2016,13(3),刊号 CN10-1188/C.

[5] 王颖频,滕硕.顺应论视角下网络双语展示中文化特色词汇的翻译研究——以“中德文化网”为例[J].苏州大学学报(哲学社会科学版),2013(6):163-169.

[6] 谢天振.译介学导论[M].北京:北京大学出版社,2018.

[7] 王颖频,侯云程.从功能翻译角度看中国文化因素德译的五种翻译模型——以《中国文化常识》(中德对照)为例[J].德语人文研究,2017(1):27-34.

附录

2016 年第 2 期《孔子学院》中德对照版文化特色词汇

翻译模型	翻译方法	序号	汉 语	德 语	页码
A 型(文献型)	直译	1	丝绸之路	Seidenstraße	1
		2	古丝绸之路	Die antike Seidenstraße	3
		3	一带一路	One Belt, One Road(2016.3)	1
		4	丝绸之路经济带	Wirtschaftsgürtel der Seidenstraße	1
		5	以茶代酒	Tee gegen Wein	9
		6	西域	Westliche Regionen	14
		7	西王母	Königin Mutter des Westen	14
		8	自由贸易区	Freihandelszone	19
		9	亚洲基础设施投资银行(亚投行)	Asian Infrastructure Investment Bank (AIIB)	19
		10	新常态	neue Normalität	20
		11	中国梦	Chinesischer Traum	21
		12	和平共处五项原则	Fünf Prinzipien der friedlichen Koexistenz	21
		13	月牙泉	Mondsichelsee	40
		14	黄河	der gelbe Fluss	40
		16	兵马俑	Terrakotta-Krieger	40
		15	火锅	Feuertopf	41
		17	独生子女政策	Ein-Kind-Politik	46
		18	大盘鸡	Ein großer Teller mit Huhn	57
		19	京剧	Pekingoper	62
		20	剪纸	Scherenschnitt	62
		21	茶艺	Teezeremonie	62
		22	甲骨文	Orakelknochenschrift	67
		23	小篆	Kleine Siegelschrift	67
		24	大片	Blockbuster	69

（续表）

翻译模型	翻译方法	序号	汉　语	德　语	页码
A 型（文献型）	直译	25	羊肉串	der Hammelfleischspieß	71
		26	港式茶楼	Teehaus-Restaurant im Hongkonger Stil	73
	音译	27	功夫茶	Gongfucha	11
		28	你好	Ni Hao	40
		29	嘉峪关	Jiayuguan	40
		30	山海关	Shanhaiguan	46
		31	长江	Yangste	46
		32	琵琶	Pipa	55
		33	五道营胡同	Wudaoying Hutong	63
		34	二胡	Erhu	74
		35	杨琴	Yangqin	74
		36	功夫	Kung-Fu	75
		37	饺子	Jiaozi	76
		38	太极	Taiji	80
		39	太极拳	Taijiquan	80
		40	气功	Qigong	80
C 型（文献型+文献型）	音译+直译	41	河西走廊	Hexi-Korridor	14
		42	长安——天山廊道路网	Routennetzwerk Chang'an-Tianshan-Korridor	17
		43	“渝新欧”铁路	Yuxinou-Güterzug	25
		44	王府井大街	Wangfujing-Straße	40
		45	少林寺僧人	die Shaolin-Mönche	40
		46	老外在中国	Laowai in China	62
B 型（工具型）	解释性翻译	47	炸酱面	Nudeln mit frittierter Bohnensauce	10
		48	糖葫芦	kandierte Weißdornfrüchte am Spieß	10
		49	驴打滚	die traditionellen süßen Teigröllchen mit Bohnenpastenfüllung	10
		50	国学	die traditionelle chinesische Erziehungslehre	11
		51	葱	Frühlingszwiebel	59
		52	楷书	Regelschrift	67
		53	刻章	Siegelschnitzen	75
		54	舞狮	Löwentanz	75
		55	武术表演	Kampfkunst	75
		56	大圣归来	Die Rückkehr des Affenkönigs	76
		57	对联	Glücksbanner	76
	概括性翻译	58	绝色女王	Bezaubernde Königin	14
		59	玛瑙	Edelsteine	16
		60	汗血马	Ferghana-Pferde	17
		61	烹制	köcheln	59
		62	炒	braten	59
		63	春晚	Frühlingsfestgala	69
		64	以白酒闻名的城市	die Schnapsstadt	70

（续表）

翻译模型	翻译方法	序号	汉　语	德　语	页码
B型（工具型）	近义替代	65	瓷器	Porzellan	14
		66	大喜之日	Der Hochzeitstag	9
		67	围棋老师	Go-Lehrer	9
		68	箜篌	Harfe	17
		69	中国美食	Gaumenfreuden	57
		70	生抽	helle Sojasauce	59
		71	老抽	dunkle Sojasauce	59
		72	香油	Sesamöl	59
		73	八角	Sternanis	59
		74	桂皮	Zimtstange	59
		75	月桂叶	Lorbeerblätter	59
		76	炉子	der Ofen	71
		77	街边小贩	der Straßenverkäufer	71
		78	讨价还价	feilschen	71
		79	书法	Kalligrafie	76
D型（工具型+工具型）	解释性翻译+文外补充性解释	80	红辣椒干	ganze getrocknete rote Chillischoten	59
		81	小火煨两分钟	Bei schwacher Hitze 2 Minuten anbraten lassen	59
		82	大火爆炒	die Hitze erhöhen, damit das Huhn gut angebraten wird	59
	近义替代+文外补充性解释	83	肉串	Schaschlik	41
		84	曲艺	das musikalische Theater	55
		85	红辣椒	rote Paprika	59
		86	绿辣椒	grüne Paprika	59
E型（文献型+工具型）	音译+文外补充性解释	87	玉门关和阳关（古地名，在今甘肃敦煌西部）	Yumanguan und Yangguan(alter Name des Ortes, heute im Westen von Dunhuang in der Provinz Gansu)	14
		88	葱岭（即帕米尔高原）	Congling(Pamir-Hochebene)	14
		89	大夏国	Daxia(Baktrien)	16
		90	三弦	Sanxian(eine Art Banjo, Anm. d. Red.)	55
		91	油泼面	Youpomian(mit öl besprenkelte Nudeln)	72
		92	凉皮	Liangpi(nudelartige Kaltspeise aus Weizen- oder Reismehl, wörtl. „Kalte Haut“)	72
	音译/直译+文内补充性解释	93	《三字经》	*Drei-Zeichen-Klassiker „Sanzijing“*	11
		94	《弟子规》	*Das antike Erziehungslehrwerk „Dizigui“*	11
		95	北京四合院	die alten Pekinger Siheyuan-Wohnhöfe	
		96	西周时的周穆王	König Mu der westlichen Zhou-Dynastie	14
		97	汉武大帝	Kaiser Han Wudi in der Han-Dynastie, Kaiser Han Wudi	15
		98	匈奴	Reiternomaden der Xiongnu, der Hunnen	15

(续表)

翻译模型	翻译方法	序号	汉语	德语	页码
E 型(文献型+工具型)	音译/直译+文内补充性解释	99	张骞出使西域	die Entsendung des Beamten Zhang Qian in die Westlichen Regionen	15
		100	印度(古身毒国)	Indien, damals „Shendu“	16
		101	班超	der chinsische General Ban Chao	16
		102	大宛(今土库曼斯坦)	Dawan, dem heutigen Turkmenistan	17
		103	东晋的法显和唐朝的玄奘两位高僧	der buddhistische Mönch Faxian, der während der Östlichen Qin-Dynastie lebte, sowie der Mönch Xuanzang aus der Tang-Dynastie	17
		104	评弹	Shanghaier Pingtan-Theater	55
		105	绍兴料酒	Shaoxing-Kochwein	59
		106	花椒	Sichuan-Pfeffer	59
		107	三里屯	Viertel Sanlitun	64
		108	馕(一种新疆产的烙饼)	Naan, einem Xinjiang beliebten Fladenbrot 59/Nang, Fladenbrot	71

“笑”在会话中的语用功能分析
——以三期《可凡倾听》为例

宋陆越

摘　要　非言语交际是日常交际的重要组成部分,非言语行为作为其交际主体在日常会话中发挥了重要作用。作为最常见的非言语行为之一,有不少学者对“笑”的语用功能进行了研究。他们指出“笑”具有建立和维持人际关系、邀请他人发言、表达情绪等作用。本文选取三期《可凡倾听》作为语料对“笑”的语用功能进行分析,发现“笑”在会话中确实具有邀请、接受、表达、缓和的语用功能,这些功能有助于会话交际的成功,因此在会话中“笑”的正确使用不容忽视。

关键词　《可凡倾听》; 非言语行为; “笑”的语用功能; 会话交际

Analysis of the Pragmatic Function of Laughter in Conversation
— Three Issues of *Ke Fan Qing Ting* as Examples

Song Luyue

Abstract　Non-verbal communication is an important part of daily communication, and non-verbal behaviour, as its communicative subject, plays an important role in daily conversation. As one of the most common non-verbal behaviours, the pragmatic function of laughter has been studied by many scholars. They pointed out that laughter has the functions of establishing and maintaining interpersonal relationships, inviting others to speak, expressing emotions and so on. This paper selects three issues of *Ke Fan Qing Ting* as the corpus to analyze the pragmatic functions of laughter, and finds that laughter does have the pragmatic functions of invitation, acceptance, expression and relaxation in conversation. These functions are conducive to the success of conversational communication, so the correct use of laughter in conversation can not be ignored.

Key words　*Ke Fan Qing Ting*, Non-verbal behaviour, Pragmatic function of laughter, Conversational communication

1　引言

人类交际行为分为言语交际和非言语交际。其中美国心理学家伯德惠斯特教授研究发现非言语交际在人类日常交际中占比高达65%。由此可见非言语交际是人类交际行为的重要组成部分。Malandro 和 Barker 认为,非言语交际指的是“在特定的情景或语境中使用非言语行为交流和理解信息的过程”。[1]杨平认为,“非言语交际是指交际者运用身体的自然特征和

作者简介　宋陆越,女,1995年12月出生,上海人,同济大学外国语学院德语语言文学专业2018级硕士研究生,主要研究方向为德语语言文学。

本能向对方传递信息、表达特定语意的过程”。[2]由此可见非言语行为作为非言语交际的主体，与语言一样具有传达信息的功能，它包括除使用语言和文字以外的一切传递信息的方式，如身体动作、面部表情、声音暗示等。同时 Gugger 和 Pantli 指出，非言语行为在会话中发挥了重要作用，如表达态度、表示话轮转换的信号、维持会话双方的关系等。[3]总的来说，非言语行为在会话中具有一定的语用功能。本文将选取“笑”这一非言语行为作为研究对象，对其在会话中的语用功能进行分析。

2 “笑”的研究现状

20 世纪 70 年代社会学中出现分析人们日常谈话的倾向。“笑”作为日常谈话中最为常见的非言语行为之一，有不少学者对其展开了研究。会话分析的创始人 Sacks 最早将目光投射到“笑”的研究之上，认为“笑”是一项可以多人同时进行的活动，并提出假设：“笑”可以用于话轮转换。[4]Gail Jefferson 最早将“笑”置于会话分析视角下进行研究。她认为，“笑”是“一项说话者对他人发出邀请的活动，这个邀请可以被接受也可以被拒绝”。[5]启发于 Jefferson 的研究，随后有大量的学者从会话分析的角度对“笑”进行了探究，如 Adelswärd 认为，“笑”在机构性对话中具有以下三种功能：邀请他人加入互动、缓和发言或表达歉意、维持和建立交际关系。[6]Glenn 指出，“笑”可以帮助会话参与者调整自己在会话中的地位。[7]

由此可见，在会话分析视角下“笑”这一非言语行为实际是一种交际互动现象，具有一定的语用功能。从以上几位学者的研究成果中可以将“笑”在会话中的语用功能大致分为以下四类：邀请功能、关系的建立与维护功能、缓和功能、表情功能。基于上述研究结果，陈靖对“笑”的语用功能做了进一步概括。他将关系的建立与维护功能纳入缓和功能之下，并命名为人际功能。同时将表情功能扩展为表达功能，即“笑”不仅可以表达某种情感，也可以表达某种态度、想法。由此，“笑”的语用功能分为以下三类：邀请与接受功能、表达功能、缓和功能。[8]基于此，本文以电视访谈节目为载体，对“笑”在会话中的语用功能进行实例分析与具体说明。

3 语料说明

电视访谈节目的表现方式为主持人与嘉宾间的日常谈话，通过主持人与嘉宾间的讨论、谈话等互动行为展开交流沟通，因而具有随意会话的特点。与此同时，电视访谈节目因预设问题、谈话框架以及剪辑的缘故，使得谈话的进行并非自然展开，也非一谈到底，具有机构性对话的不自然性。然而，非言语行为是人类的下意识反应，[3]受到这种不自然性的影响相对较小，所以选择电视访谈节目中的“笑”进行语用分析，也可以得到与自然对话中一样真实的结果，同时在语料的获取方面也更为简便。

中国电视访谈节目兴起于 20 世纪 90 年代，其中名人访谈节目受到众多观众的喜爱，如《鲁豫有约》《非常静距离》《可凡倾听》等。其中《可凡倾听》较为特殊，它是外景形式一对一的交谈节目。在采访时曹可凡也从不手持提示卡来提问，而是坐姿放松、笑容亲和地与嘉宾进行对话交流。[9]因此相较其他访谈节目而言，《可凡倾听》中的会话交际行为与真实自然的对话更为接近。除此以外，《可凡倾听》为追求精英文化的传播，其采访对象多为文艺大师、著名学者、体坛健将等，同时曹可凡作为上海知名文艺主持人，自身也具有浓厚的文化气质，因此这档节目的文化底蕴深厚，历久不衰。对此，本文将选取三期《可凡倾听》作为本次研究的语料来源。为保证访谈的完整性，特排除分为上下两期的个人访谈。根据其节目的文艺性特点，最终选取 20180811 期的“王亚彬专访”、20130303 期的“李安专访”、20131124 期的“黄永玉专访”作为研究语料。这三位嘉宾分别在中国舞蹈界、导演界、绘画界有着举足轻重的地位，同时年龄跨度涵盖青年、中年与老年。三期节目皆为主持人曹可凡和嘉宾的双人对话，平均时长在 22 分钟左右，每期节目分别由 4—5 个小节组成，每个小节由一段视频介绍开始，且主题互不相同。

4　对“三期《可凡倾听》”的语料分析

本文主要采用陈靖关于“笑”的语用功能分类：邀请与接受功能、表达功能、缓和功能，以三期《可凡倾听》为实例，对这三类语用功能在会话中的具体表现及内容进行分析说明。

4.1　“笑”的邀请与接受功能

在会话分析理论中话轮转换是一个重要概念。Sacks 认为，在正常会话中每次有且仅有一方在说话，说话者和听话者的角色有序地相互替换，他指出，这种更迭出现在话轮过渡关联位置，[10]即某个话轮可能终止的位置。话轮转换机制可以分为言语和非言语机制。非言语机制指利用非言语行为如面部表情、身体姿势等来表示自己获取或放弃话轮的意向。[3] Jefferson 在有关“笑”的研究中发现在交谈中通常是一方在话轮即将结束时发出笑声或面带笑容，而后他人对此做出回应，从而实现交际互动。[5]其中当他人对邀请的“笑”同样报以笑声或微笑回应，那么这种笑声或微笑就可视为对邀请的“笑”的答复，表示接受话轮的意思。这样的话轮转换结构被称为“邀请—接受的相邻对”。[8]

例 1　20131124 期“黄永玉专访”①

1	曹：	eh 我记得你给我写过一句话 说上海过去是冒险家的乐园 如今是艺术家的摇篮 谁不信 我揍他
2		**[<lachen>]**
3	黄：	**[<lachen>]** 那个上海是(-)我到任何地方 人家问起我 我都说我最喜欢上[海] 我开始接触到世[界]
4		接触到<u>大</u>世[界] 那从上海开[始]
5	曹：	[hm]　　[hm]
6		[hm]　　[hm]
7		听说那时候沈从文先生担心您到上海这样一个花花世界得学坏了 怕您老出去跳舞 身子要被掏空
8		**[<lachen>]**
9	黄：	**[<lachen> 对]** 那 (--) 身子是天天空的 (-)

例 1 中的这段对话开始前是一段介绍黄永玉生平的视频，其中强调了上海对于黄永玉的重要性，因此主持人曹可凡以他和黄永玉交往中所出现的有关上海的话题来打开话轮，这样既拉近了两人间的距离，又紧扣主题。在“谁不信　我揍他”之后，曹可凡立即发出了一段笑声（第 2 行），这段笑声一方面表现出曹可凡觉得这样说话很有意思，因为这句话非常简单粗暴，一般会从不谙世事的小孩子口中听到，而现在却是由一个老年人表达出来，所以就显得比较孩子气，让人不禁从心底里发出感叹：这老头儿真是个老顽童！另一方面这段笑声也是对问句“您为什么对上海如此喜爱”的替代，标记话语的结束，是放弃话轮的信号，同时也是邀请听者

① 例子中加粗部分表示所要分析之处，其中转写符号参见附录。

进行下一个话轮的信号。由于这段笑声位于话语结束的关键位置,所以它的第二重含义显得更为突出。黄永玉在曹可凡发出笑声后立即就理解了这一信号,于是迅速以笑声(第3行)回应,并且在两人的笑声结束之后,开始阐释自己赞赏上海的缘由。因此,黄永玉的这段笑声传达出接受话轮的意思。

随着黄永玉话轮的展开,曹可凡不断发出“hm”这样的听者信号,以示自己在认真倾听。在他的话轮临近结束时,曹可凡也以同时发出听者信号(第6行)的方法,迅速接过话轮,进而提出他曾听闻沈从文对黄永玉到上海闯荡感到十分担忧,这样的话轮过渡自然,对话中也开始逐渐深入了解黄永玉在上海的经历。在说完“怕您老出去跳舞　身子要被掏空”(第7行)这句话之后,曹可凡发出笑声(第8行)。根据曹可凡的陈述不难看出,这个笑声其实是问句“是不是真有这样一件事”的替代,是对传闻真实与否的求问,因此具有向听者发问的功能,是邀请听者回答的信号。同样黄永玉也是即刻理解了这一信号,并且迅速用笑声(第9行)接过话轮,同时通过“对”(第9行)这一言语行为肯定了曹可凡口中的那个传闻。

综上可见,在会话互动中“笑”确实具有邀请和接受的语用功能,这两个功能有助于顺畅自然地转换话轮,并且在话轮转换过程中这两个功能几乎同时发生。

4.2　“笑”的表达功能

然而在互动交际中,“笑”并不一定以邀请—接受这个相邻对的完整形式出现在话轮转换的关键位置。正如 Jefferson 所言,“笑”更多伴随话语产生。[5]在这种情况下“笑”就不再具备邀请和接受功能,更多的是情绪或态度的一种流露,是一种表达功能。

例2　20180811期“王亚彬专访”

1	曹:	水袖其实对于这个戏曲演员来说 本身它也是有很高的这个[难度]
2	王:	[对]
3	曹:	你要要得好也不是那么太容易的[所以]你花了多少时间去学这个水袖
4	王:	**<lächeln>[对]<lächeln>**
5		我的专业是中国古典舞 但是舞蹈其实 eh:将这个戏曲的传统元素其实做了夸张 然后再加上我 ehn 我
6		觉得我还是**<lächeln>一个比较<lächeln>**刻苦的一个学生 所以对于水袖技术的训练是非常地严格 晚
7		上十一点钟熄灯了 大家可能都睡了 然后我一个人就是在楼道里面不断地去练这个可能上千次的这
8		个水袖的出收 因为这样的话 你过了技术这一关 你的水袖就会完全**<lächeln>听凭你的这个 eh:指挥**
9		**了<lächeln>** 所以 ehm 我因为比较喜欢水袖这个(-)元素 然后同时在创作这部剧的时候 eh 将这个元
10		素我觉得发挥到了一个极致 但与此同时我也和一些 eh 戏曲的大家 比如说像裴艳玲老师啊 然后包
11		括像昆曲的魏春荣老师啊 然后去和她们去聊天

如例2所示,在这段对话中王亚彬首先面带微笑地说出了“对”(第4行),这里用言语直接表达出她对曹可凡观点的赞同,即水袖技术的难度非常高。虽然这种肯定由言语直接表现,但伴随言语而生的微笑(第4行)则加深了这一赞同的程度,传达出王亚彬觉得这一说法非常正确,并非为顾全他人面子勉强应和。在之后的叙述中,伴随话语出现了两次微笑。第一次微笑(第6行)出现时,王亚彬正要直白地夸赞自己学习比较刻苦。在中国传统文化中历来追求一种“谦”德,其中很重要的一方面就是要谦虚地看待自己,这样的自夸和谦逊做人的准则不相符合。但通过相伴而生的微笑(第6行)可以看出,王亚彬对于自我夸赞其实也感到十分羞涩。另外在自夸的话语出现之前,王亚彬也曾发出迟疑的信号“ehn”(第5行),这也进一步证明上述的心理动态。这样的情感流露在一定程度上弱化了自夸行为,从而表现出谦虚之意。第二次微笑(第8—9行)出现时,尽管王亚彬是在讲述自己刻苦练习水袖技术的原因,但也从侧面反映出她现在已经完全掌握了水袖技术,而这一切是她刻苦练习的结果,这是一种潜在的

自我夸赞,因此这里再次出现了微笑来表达自己的谦逊之情。

例 3　20131124 期"黄永玉专访"

曹:	我很喜欢你曾经写过的一句话 就说很多人要跳出红尘(--)但是你说我偏要往红尘里钻
黄:	是 没有什么 普通人怎么想(--)你也就怎么想吧 那么特别一点的东西 就是你能够(--)能够画画 能够写东西 那你用那种态度来 在那个基础上来(1.0s)指导你写东西 指导你画画 是吧 题材也不一样了 这个:::人家骂你两句也不在乎 骂人算什么啦 "文化大革命" 我上千张大字报 [**<lachen>** 我还不知道我是什么人吗] 没有什么
曹:	[**<lachen>**]

从例 3 的对话中可以看出,曹可凡在与黄永玉谈论其偏入红尘的人生态度。其中黄永玉提到了自己在"文化大革命"时期被写大字报批斗的经历。众所周知,在"文化大革命"时期中国文人饱受摧残,有不少名家文人如傅雷夫妇因不堪凌辱而自杀身亡,由此可见这一时期是名家文人一生中最为黑暗的时刻。但黄永玉在提到这个时期时却发出了一段笑声(第 4 行),两相对比之下,这个笑声中有着"回首向来萧瑟处,归去,也无风雨也无晴"的豁达意味。除此以外,在对话中黄永玉用"骂人"这个动词与"文化大革命"中的批斗行为相呼应,这弱化了那段时光的悲惨程度,也体现了黄永玉对此不以为然的态度,从而辅证了黄永玉笑声中豁达的人生态度。

在黄永玉发出笑声后,曹可凡也同时迅速发出了一声轻笑(第 6 行)。他在发出这声轻笑之前或之后并未进行任何话语活动,另外在他发出笑声时,黄永玉的话轮还未结束,所以此时的曹可凡是一名听者。由此可见这声轻笑是一种听者信号,表示自己在认真聆听。

综上,"笑"的表达功能在会话交际中占有重要地位,它不仅可以表达赞同、自谦或豁达的人生态度,也可以作为听者信号对说话者所述内容做出积极回应。由此可见,"笑"确实能够表达人的情感、态度或想法。

4.3　"笑"的缓和功能

除了上述语用功能外,有不少学者提出"笑"可以建立和维持人际关系。陈靖认为,这一功能与轻松愉悦的谈话氛围有紧密联系,而这种氛围的营造则主要源自"笑"的缓和功能,即"笑"能够起到缓和气氛,淡化严肃话题,减少人际冲突和面子威胁等负面影响的作用。[8]

例 4　20130303 期"李安专访"

曹:	那你在拍《理智与情感》的时候面对 *Emma Thompson* 啊 休·格兰特这样的(-)大牌的演员 一个中国导演觉得(-)容易去驾驭他们吗 尤其这个剧本又是 *Emma Thompson* 自个儿写的
李:	当然不容易[**<lachen>**]
曹:	[**<lachen>**]
李:	我到拍::《理性与感性》英文都(--)整个句子还讲不全呢 那不要说一紧张起来那个几个字 几个字那么蹦 不过也(-)不管怎么样也把它做出来了[(((###))]

中国传统文化中历来提倡一种和谐观,其中包括人际关系的和谐,因此在谈话交往中极少出现直接否定的表达。但是在例 4 中,当曹可凡向李安询问是否容易驾驭外国的大牌演员时,李安却十分果断地给出了否定的回答"当然不容易"(第 3 行)。其中"当然"二字进一步加深了否定的程度,这样的回答使主持人的问题显得十分多余,给人一种明知故问的感觉,这会使曹可凡陷入尴尬的境地,并对他的面子造成威胁。但是在给出否定答案之后,李安迅速发出一段笑声(第 3 行)。这个笑声是李安对拍摄不易的一种感叹。之后的话语(第 5—6 行)也辅证了这一点。伴随着这种感叹式的笑声,这一否定回答所表现出的意味更多指向了对自身经历

的评判与感叹,而不是对曹可凡所提问题的否定。除此以外,在李安发出笑声的同时,曹可凡也随之发出一段笑声(第 4 行)。这种笑声的共鸣有助于营造轻松愉悦的会话氛围,从而维护了双方和谐的交际关系。由此可见,“笑”在这个对话中发挥了它的缓和功能。

例 5　20131124 期“黄永玉专访”

1	曹:	<lachen> 说起您跟这个老一辈的这个文学家的交往 其实还有一件事也是常常被人津津乐道的 就是
2		您给曹禺先生写的那封长信 他拿到你的这[封信]
3	黄:	[<lachen>]
4	曹:	看了你对他的::批判 这已经不是批评 是批判了 **<lachen>** 非但没有生气 然后呢 还给您写了一封这个
5		(-)很长的回信 而且他把你的这个这封信还裱起来<lachen>挂在自己的房间里<lachen> 我觉得这个
6		是文坛和艺坛之间的一个佳话
7	黄:	(--)这 那个我这封信 因为[他] -

在例 5 的这段对话中曹可凡用“批判”(第 4 行)二字评价了黄永玉给曹禺写的信。在汉语中,“批判”相比“批评”而言,其表达否定的严厉程度要更高,因而会让人觉得黄永玉在书信中的用词应当十分犀利且不客气。尽管曹可凡在主持界的地位很高,但是相比之下,黄永玉作为已经高龄 90 的艺术大家,显然他的社会地位比之曹可凡而言则更高。那么作为后辈的曹可凡用“批判”一词来评价黄永玉的信件是不太合适的,逾越了双方之间的社会等级关系。并且曹可凡在第一次说出“批判”二字之前曾通过“的”(第 4 行)的语音延长进行了短暂的思索,由此可见他在语言表达方面也有过斟酌,觉得“批判”二字由他出口并不合适,这会对黄永玉的面子造成一定的威胁。因此,他在说出“批判”之后立即进行了补救,用“这已经不是批评 是批判了”(第 4 行)来表达自己其实是从事实的角度出发使用了该词,而非主观评价。除此以外,在这句话之后曹可凡立即发出一段短暂的笑声(第 4 行),这个笑声使得“批判”一词带上了一丝开玩笑的意味,由此减轻了“批判”本身所带有的严肃感和否定的严厉程度,从而消解了用词不当而引起的地位威胁,保全了黄永玉的面子。

由上述例子可知,“笑”的缓和功能在会话交际中也十分重要,它不仅可以消除交际互动中的消极因素,还能建立良好的交际关系,并且营造和谐的交际氛围。

5　结语

非言语行为在会话交际中发挥了重要作用。其中,“笑”作为最常见的非言语行为之一,其语用功能不容忽视。在本文中通过实例分析了“笑”的邀请、接受、表达、缓和功能,发现它不仅有助于话轮转换的顺畅进行,还有助于说话双方情感、态度、想法的流露与表达,并且它还能营造轻松和谐的谈话氛围。这些对于会话的顺利进行起到了不容小觑的辅助作用,因此在会话中“笑”的正确使用有利于交际获得成功。

参考文献

[1] L A Malandro, L L Barker, D A Barker. Nonverbal communication[M]. 转引自:刘红,马萧. 非言语交际手段与外语教学[J]. 武汉科技大学学报(社会科学版),2001,3(1):67-70.

[2] 杨平. 非语言交际述评[J]. 外语教学与研究,1994(3):1-6.

[3] F Gugger, A-K Pantli. Gesprächsanalyse[A]. Studienbuch Linguistik[M]. Tübingen: Max Niemeyer, 2004: 293-334.

[4] M Vöge, J Wagner. Social Achievements and Sequential Organization of Laughter: Studies in the Honor of Gail Jefferson[J]. Journal of Pragmatics, 2010, 42(6): 1469-1473.

[5] G Jefferson. A technique for inviting laughter and its subsequent acceptance/declination[A]. Everyday Language: Studies in Ethnomethodology[M]. New York: Irvington Publishers, 1979: 79-96.

[6] V Adelswärd. Laughter and Dialogue: The Social Significance of Laughter in Institutional Discourse[J]. Nordic Journal of Linguistics, 1989, 12(2): 107-136.

[7] P Glenn. Laughter in Interaction[M]. Cambridge: Cambridge University Press, 2003.

[8] 陈靖.笑的语用功能:会话分析的视角[J].湖北经济学院学报(人文社会科学版),2012,9(2):114-116.

[9] 王玉明.倾听的姿态与尺度——《可凡倾听》评析[J].中国电视,2009(12):42-44.

[10] S C Levinson. Pragmatics[M]. Cambridge: Cambridge University Press, 1983.

附录:转写符号

00:01:23—00:02:12	标记视频的始末时间,以时:分:秒计数
[ ] [ ]	两人同时说话的重叠始末点
<lächeln>话语<lächeln>	几个词带笑容,在起始和结束处标记
<lachen>话语<lachen>	几个词带笑声,在起始和结束处标记
<lächeln>, <lachen>	单独的笑容或笑声
(-),(--),(---)	1秒钟以内的短、中、长停顿符号
(2.0s)	以秒为单位的停顿或沉默,1秒及以上注明秒数
:, ::, :::	符号后的语音延长,每增加一个冒号,表示多延长一拍
=	紧接上一个话轮
话语 -	用-号在被打断处标记
我	下划线表示重读
好↑	表示语调的上升
好↓	表示语调的下降
°h / h°, °hh / hh°, °hhh / hhh°	1秒钟以内的短、中、长吸气/呼气符号
hm	听话过程中回应的符号
eh, ehn, ehm	说话过程中迟疑的符号
stay	(斜体)英语
词语{异读拼音}	括号内写出异读拼音,在异读音字词后面标记
((###))	用#号标记无法猜测的字词
((猜测字词))	括号内写出猜测的字词

*由于汉语标点具有一定的情感表达作用,为避免笔者的主观情感影响,故除必要标点如《》外,在转写时断句皆以空格表示。

浅析威廉斯诗歌中的中国元素
——以《本土荒野》文集中威廉斯诗歌为例

苏文清

摘　要　威廉斯是美国最重要的现代主义诗人之一，他的诗歌文字简约，形式新颖，意象突出，诗中有画，无不透露中国诗的内涵及真谛。威廉斯别具一格的诗歌创作完善了美国现代主义诗歌的发展，也促进美国诗歌进入一个新的阶段。本文试图从形式、手法、理念三个角度分析中国文化和元素在威廉斯诗歌创作中发挥的重要作用及影响。

关键词　威廉斯诗歌；中国元素；简约；白描；齐物论

A Brief Analysis of Chinese Elements in Williams' Poems
— Take Williams' Poems in The Wilds of Poetry for Example

Su Wenqing

Abstract　William Carlos Williams is one of the most important American modernistic poets. His poems have simple words, novel forms, prominent images and paintings, all of which reveal the meaning and essence of Chinese poetry. His unique poetic creation perfected the development of American modernist poetry and promoted American poetry to a new stage. This paper attempts to analyze the important role and influence of Chinese culture and elements in Williams' poetry creation from the aspects of form, technique and idea.

Key words　Williams' poems, Chinese elements, Simple, Line-drawing, the Equality of things

1　引言

威廉姆·卡洛斯·威廉斯(William Carlos Williams)，实用主义诗歌的开拓者，被视为美国最重要的现代主义诗人之一。威廉斯独辟蹊径，继承了爱默生、惠特曼等先驱所开创的自由诗的传统，创新了诗歌创作形式和手法，创造了纯粹的美国化诗歌，也因此成为文坛上举足轻重的人物。

20世纪10年代末、20年代初，在庞德《华夏集》的影响下，美国文坛出现竞相模仿中国诗的热潮。“美国诗歌那时正处于变革之中，为了对付旧传统，它需要某种与它的变革相一致的‘权威’作为支持并提供样板”。[1]78在这样的时代背景和需求下，美国现代主义诗人不约而同地将目光投向东方、投向中国，威廉斯就是其中具有代表性的一位。他选取清晰的意象和短小精练的语言表达思想，反对以传统的诗歌形式讴歌欧洲文明，抛开了晦涩难懂的典故和隐喻，

作者简介　苏文清，女，1995年11月出生，河南郑州人，同济大学外国语学院英语语言文学专业2018级硕士研究生，主要研究方向为英美文学。

也没有刻意的雕琢修饰，就只呈现平常事物最普通的一面。“事物之外，别无观念”是威廉斯一直提倡和遵循的创作原则，他力求直观地“看”世界之物而非加入抽象的观点，形成了独特的诗歌创作风格：文字简约，短小隽永，形式新颖，意象突出，诗中有画，万物平等，无不透露中国诗的内涵及真谛。

威廉斯别具一格的诗歌创作完善了美国现代主义诗歌的发展，也促进美国诗歌进入一个新的阶段，而中国文化和元素在其中所发挥的作用不容忽视。从某种程度上讲，中国元素激发了威廉斯创作的灵感并促进他诗歌风格的形成。因此，剖析威廉斯诗歌中的中国元素显得尤为重要：一方面，我们可以更好地理解威廉斯的诗歌内涵和创作意图；另一方面，威廉斯作为美国后现代主义的一代宗师，影响着美国其他现代及后现代诗歌创作，对威廉斯诗歌的研究也有助于对其他诗歌的理解；从更深的角度来讲，透过威廉斯的诗歌，我们能够看到中西文化的交融及了解中国文化在美国的传播和影响。实际上，中国文化对威廉斯的影响尤为突出，它反映了诗歌的创作原则，只有明确诗歌中中国元素的内涵，才能更好地理解诗歌。本研究将从创作形式、手法、理念三方面探讨威廉斯诗歌中的中国元素。

2 追求简约，形式新颖

吉尔斯指出：“洗练是中国诗的灵魂。”中国诗行数少且诗歌长度短，多为四行绝句或八行律诗，故以紧凑和简练而著称。这在一定程度上吸引着威廉斯，他曾高度赞扬中国诗“虽然只有短短几行，却是坚不可摧的”[2]98，并将学习中国诗表现手法作为毕生为之奋斗的诗学原则。

翻阅威廉斯的诗歌集不难发现，这些诗歌大多由短短几个词或几行构成，短小精悍，呈现出个性化的极简诗格。《早餐》(*Breakfast*)借助十个词呈现麻雀分享食物的场景；《诗》(*Poem*)一共分四小节，每节三行，每行只有两三个词，逐次展开，体现猫儿行动的全过程；类似的还有《墙壁之间》(*Between Walls*)、《刺槐开花》(*The Locust Tree in Flower*)等。威廉斯从不在诗中流露任何感情，因此“读这些小诗，你很难说出诗人到底要表达什么，也不会有即时的强烈感受。然而，它们却有一种难以言说的神韵、禅意或一种滋味、味道”[3]69，这好似中国所说的“言有尽而意无穷”。

同中国诗歌形式最接近的要属《红色手推车》(*The Red Wheelbarrow*)：

so much depends
upon

a red wheel
barrow

glazed with rain
water

beside the white
chickens

仔细分析便会发现，它在多个基本方面和中国绝句相像。首先，该诗有22个音节，这同中国绝句字数几乎等同；其次，这四节诗中，每节均由三个词构成第一行，再缀加一个双音节词，为了使格律对仗更工整，诗人还对“wheelbarrow”“rain-water”进行拆分；另外，诗的每一节都构成一个独立的意象，看似是毫无关联地堆砌词语、罗列事物，叠加在一起实则构成一个统一的画面，挑起读者想象力，正如中国的绝句。此外，全诗省去了不必要的人称、介词、连词等，就只用动词和名词创造意象，堪称洗练，正是中国古典诗歌的显著特点。

除了诗歌形式上的仿照，从威廉斯诗歌的结构和排列中也能发现中国文化的痕迹。在《刺槐开花》第二稿中，诗歌每行仅由一个词构成，分十三行排列：

Among
of
green

stiff
old
bright

broken
branch
come

white
sweet
May

Again

短短十三个单词，描写了槐树，描写了槐花，揭示季节变化，凸显四季轮回，言简意赅，以词表意。最重要的是，诗歌的结构排列独一无二，将“Among of green stiff old bright broken branch come white sweet May again”这样完整的一句话拆分排列，增添新意，让人眼前一亮。“亨利·韦尔斯(Henry W. Wells)认为此诗同中国古诗纵向书写习惯有关，这其实可以追溯到威廉斯私人珍藏的《轻松学汉语》。在这本书中的《三字经》里，汉语原文左边附有音译和意译的英语译本，印刷方式同上面完全一样”[4]161。

在谈论自己的诗歌时，威廉姆曾提到“这些诗大都短小，用像口头语所说的谈话语言写成，但我想是有节奏的。诗节短；我在寻找某种安排诗行的形式，也许是一种诗节”[5]22。威廉斯从中国古典诗歌形式中获得灵感，追求简约的形式及独特的诗行排列，从而开创现代主义清新脱俗的诗歌形式。

3 白描手法，如实刻画

白描，本是国画的一种技法，“纯用线条勾画，不加彩色渲染”。文学创作中的白描多指文字简单凝练，不加奢华的辞藻修饰，也没有渲染烘托。中国古代诗人王维在创作诗歌时常会用到这种手法，他的诗歌通常简单精练，真实可感，又能曲尽物态。威廉斯的诗歌之所以能以简约形式呈现，很大程度上也是受到中国诗歌及绘画白描手法的影响。“威廉斯虽然早期如玛丽安·莫尔所说,‘中了浪漫的毒了’,但他很快就宣称‘唾弃押韵和修辞’,基本上不用象征和比喻,而只用白描手法如实描绘所见,从而打破习惯传统套路的读者寻找言外之意的心理预期,令其若有所失之余又若有所悟。”[6]49既然选定运用白描的手法刻画所见之物,自然而然便能达到“诗中有画”的效果,再加上威廉斯从小受画家母亲的熏陶,对绘画有足够的敏感度,擅长“艺格敷词”。诗歌同绘画结合,几乎是所有中国抒情诗共有的特点,威廉斯也将这些运用到自己诗歌创作中。

《窗前的年轻女子》(*Young Woman at a Window*):她坐着/手托/腮帮/脸上/挂着泪珠/膝头/有个娃娃/他把鼻子/压在/窗玻璃上。诗中毫无背景介绍,只呈现一个光秃秃的场景,然而画面感却很强:一个年轻的女子孤零零地坐在窗前,她脸上泪痕未干,显然是很痛苦,她腿上的孩子完全体会不到妈妈的心情,鼻子贴着窗户,翘首以盼。叙述视点由远及近,由整体到局部,少妇哭泣,孩童期待的活动被定格在一幅静态画中,读者的视角由母亲转到孩子,大脑中形成的场景随之变换,阅读心理也相应地发生变化。全诗仅由最简单的动词和名词构成而不见一个形容词,完全没有相关修饰性的描述,只是呈现清晰的意象,读者从捕获的人物画中发挥想象,有所共鸣。

另一首很典型的是《通行权》(*The Right of Way*),借用电影“蒙太奇”的手法,视角不断变换移动:微笑的长者、蓝衣女人、男人半侧的脸、八岁男孩、怀表链、一个女孩跨在栏杆上的一条腿。诗人开车在路上行走时,随着车不断的前进以及地点的实时更换,各种人、物纷纷映入诗人眼帘,诗人借助白描的手法将所见之景如实地刻画展现,没有过多的形容词修饰,也不加任何带有主观色彩的描绘,更没有任何评论性言语和解说,即便有动作,也定格在瞬间捕获的画面中,好像在播放一部无声电影。威廉斯直观地呈现所见,好似拿着照相机聚焦于一个个变换着的特写镜头,照片上的画面接连不断地进入读者视野。

另外像《致一位贫穷的老妇人》(*To a Poor Old Woman*)、《秋》(*Autumn*)等,均是运用白描手法摹状物象,仅仅直观地呈现所见之物,而不用传统修辞有意刻画,增添诗的内涵与深意。威廉斯认为“作为诗人,我们能做的就是说出我们的亲眼所见,同时,让剩下的自行言说”[7]119,与早期意象派诗人庞德的诗歌创作相反,威廉斯的诗歌中几乎找不到任何暗喻或象征,他就只呈现那些画家能够呈现的东西,而不通过文字暗示表露深层内涵。他在晚年的一次访谈中说:“随着年事渐长,我一直尝试把诗与画融为一体……有时我写作,并不想说什么。我只想呈现,没有说教意义。我不喜欢说教意义——寓意。加标签绝对让我倒胃口”[8]53。

4 齐物理念,事物之诗

“齐物”的意思是:一切事物归根到底都是相同的,没有什么差别,也没有是非、美丑、善恶、贵贱之分。道家思想代表人物庄子曾提出“齐物论”,“他认为宇宙万物(人类与自然、春与秋、生命和死亡、欢乐与悲伤等)平等无高下之分,都是浑然一体的,并且不断向其对立面转化,因而没有区别”[4]136。威廉斯对中国道家思想学习了解后,高度评价了中国古人的见解和看法,并从中受到启发,试图将中国先人的智慧融入他的诗歌创作中。

“事物之外别无观念!”是威廉斯所提倡和坚持的诗歌创作原则。一方面,他通过白描的手法直观呈现所见之物,不加任何情感流露和主观评价;另一方面,威廉斯所指的“事物”包罗万象,至于写什么,他曾在一次采访中提道,“你可以用任何东西写诗。你不必有传统的诗歌素材。任何被感受到,深切或够深切地感受到的,甚至只是有趣的东西,都是艺术的素材”,

"我们可以用任何东西,真的,任何东西","只不过现在我们已经扩大了选择的场地而已"[8]21。在他看来没有什么不可以入诗,重要的是诗人要怎样处理这些素材。而威廉斯笔下,"那些表面上看上去似乎毫无诗意的素材,通过诗人细致入微的观察加之其非凡的想象力,则更加意味深长"[9]33。

这些创作原则同前面提到的中国的齐物论有异曲同工之妙,在一定程度上反映出中国文化对威廉斯观念的影响。他对世间万物一视同仁,并不认为事物有高低贵贱之分,既然人物及自然之景可以成为诗歌的意象,那么被大家所忽略的钢筋水泥,甚至是垃圾也能成为主要描写对象;写作的场景也有所扩大,不再仅仅局限于传统的自然景色之间,哪里都可以有故事发生,在常人看来极为普通的小事也可以入诗。这些理念在威廉斯诗歌中都有相应的体现,也成为他诗歌独树一帜的标识。

例如,《墙壁之间》(*Between Walls*)中,诗人一反以往的风花月夜之景,将视野转向墙角的垃圾,医院的/后配/楼那儿/什么/也不长/炭渣/堆里闪/亮着/绿瓶子/碎片。作为医生,威廉斯对堆放在医院墙角的玻璃碎片极为熟悉,印象深刻,于是将这些看似同高雅诗歌毫不沾边的物体呈现在读者面前。如果说《红色手推车》中的意象不同寻常的话,《墙壁之间》所描写的事物更是前所未有,让人意想不到。威廉斯正是通过描写出乎意料的、不美的、无趣的,甚至是唐突的垃圾揭示他的创作理念:万物平等,皆可入诗,要以平等的眼光看待事物并善于发现平常事物的美,只有这样,才能创作出独一无二的佳作。

除此之外,威廉斯诗歌所描绘的场景也新奇独特,总是让人眼前一亮,有种出乎意料而又在意料之中的感受。如在《用沥青和水泥做的细活》(*Fine Work with Pitch and Copper*)这首诗中,威廉斯聚焦于工人铺房顶的做工现场而非以往的自然风景或人物风俗。首先,诗歌题目就与传统大不相同,不再是清新淡雅、概括性的精炼文字,而是将"pitch""copper"这些做工用到的毫无美感的具体东西摆在题目之中,让读者意想不到。这也正是对"齐物论"的真实写照,万物平等,不仅能成为诗歌谈论的意象,且皆可起到重要作用。另外,做工用到的"砂石""铜条""沥青""水泥"等成为诗歌素材,做工步骤过程构成了诗歌简单的情节,劳作的工人反而成为被弱化的"客体",只隐约呈现在活动之间。

威廉斯深得道家"齐物论"的真谛,总是关注我们身边最平常、最普通,又最容易被忽略的事物,他的诗作突显着他对世间万物的尊重,也反映出他对生活的探索。

5 结语

从以上诗歌分析可以看出,威廉斯不断尝试新的诗歌创作形式和手法,着眼于身边普通人、平常物,形成独特的诗歌创作风格:简约清新、形式新颖、意象突出、画面感强。他的创新不仅丰富了美国现代主义诗歌的创作,也奠定他在美国文坛地位。威廉斯在探寻创新中不断从中国文化中获得智慧和灵感,无论是创作形式、手法,还是理念,他的诗歌都有别于传统的西方诗歌,反而与中国古典诗歌有很多相似之处,蕴含着无穷的东方元素。也正是由于中国文化的影响,他的艺术探索才获得了卓越的成就。

参考文献

[1] Vera, M. Kutzinski. Against the American Grain: Myth and History in Wiiliam Carlos Williams[M].

Baltimore: Johns Hopskins University Press, 1987.
[2] Charles, Doyle. *Williams Carlos Williams and the American Poem*[M]. London: Macmillan, 1982.
[3] 耿幼壮.威廉斯与中国诗[J].博览群书,2002(9).
[4] 钱兆明."东方主义"与现代主义:庞德和威廉斯诗歌中的华夏遗产[M].徐长生,王凤元,译,杭州:浙江大学出版社,2016.
[5] Williams, William Carlos. I Wanted to Write a Poem: The Autobiography of the Works of a poet [M]. Boston: Beacon Press, 1958.
[6] 威廉·卡洛斯·威廉姆斯.威廉·卡洛斯·威廉姆斯诗选[M].傅浩,译.上海:上海译文出版社,2015.
[7] Williams, William Carlos. Selected Essays of William Carlos Williams [M]. New York: New Directions, 1969.
[8] Wagner, Linda Welshimer. Interviews with William Carlos Williams[N]. New York: New Directions, 1976.
[9] 胡俐.幽幽美国诗,浓浓中国情——威廉·卡洛斯·威廉斯的《寡妇春怨》赏析[J].西昌学院学报(社会科学版),2011,23(1).

医　学　院

基于数据挖掘分析 SLC3A2 在结肠癌中的表达及机制

栗　丽　余诗俊　高　勇

摘　要　基于数据挖掘方法,研究溶质运载蛋白家族 3 成员 2(SLC3A2)在结肠癌组织中的表达情况并分析其可能的机制。利用 Oncomine 和 GEPIA 数据库分析 SLC3A2 mRNA 在人类正常组织和恶性肿瘤中的表达,并检索其在结肠癌和正常结肠组织中的表达差异;使用 STRING 数据库构建 SLC3A2 的蛋白互作网络,Coexpedia 数据库分析 SLC3A2 的生物学功能,并研究其共表达基因;通过 KEGG 信号通路数据库分析其可能涉及的信号通路。Oncomine 和 GEPIA 数据库数据显示 SLC3A2 mRNA 在结肠癌中的表达显著高于正常组织;SLC3A2 与溶质运载蛋白家族 7 成员 5(SLC7A5)等 10 种蛋白有相互作用,且 SLC3A2 和 SLC7A5 在结肠癌组织中的表达呈正相关;SLC3A2 和 SLC7A5 参与 mTOR 信号通路的调节。SLC3A2 在结肠癌组织中表达升高;SLC3A2 可能通过与 SLC7A5 共同控制 L -谷氨酰胺进入细胞膜,激活 mTOR 信号通路促进结肠癌发生、发展。

关键词　结肠癌; SLC3A2; SLC7A5; mTOR 数据挖掘

Expression and Mechanism of SLC3A2 in Colon Cancer by Data Mining

Li Li　Yu Shijun　Gao Yong

Abstract　To study the expression and mechanism of solute carrier family 3 member 2(SLC3A2) in colon cancer based on data mining. Expression levels of SLC3A2 in human normal tissues and tumors tissues and its different expression in colon cancer and adjacent colon samples were analyzed by Oncomine and GEPIA databases; The protein interaction network of SLC3A2 was constructed using STRING database, and the Coexpedia database was used to analyze the biological function of SLC3A2 and study its co-expressed genes; The possible signal pathways were studied by KEGG pathway database. The data from Oncomine and GEPIA databases showed that SLC3A2 mRNA expression in colon cancer was significantly higher than that in normal tissues; SLC3A2 interacted with 10 proteins, including solute carrier family 7 member 5(SLC7A5), and the expressions of SLC3A2 and SLC7A5 were positively correlated in colon cancer tissues; SLC3A2 and SLC7A5 were involved in the regulation of mTOR signaling pathway. SLC3A2 is highly expressed in colon cancer tissues; SLC3A2 may promote the development and progression of colon cancer by co-controlling the entry of L-glutamine into the cell membrane with SLC7A5 and activating the mTOR signaling pathway.

Key words　Colon cancer, SLC3A2, SLC7A5, mTOR, Data mining

作者简介　栗丽,女,1994 年 11 月出生,辽宁沈阳人,同济大学医学院肿瘤学专业 2019 级博研究生,主要研究方向为胃肠道肿瘤发生发展。

1 引言

结直肠癌是人类常见的恶性肿瘤之一，2018 年全球的结直肠癌新发病例超过 180 万，发病率在全部恶性肿瘤中排名第三位，死亡率则位居癌症死亡原因第二位[1]。虽然欧洲部分地区的结肠癌发病率最高，但是死亡率却在逐年下降，主要是因为越来越多的患者在结肠癌早期就被发现，从而有更大的几率被治愈[1]。而我国不同的是，结肠癌患者就诊时往往已经出现腹痛、便血、严重贫血、大便习惯改变等中晚期的症状，已经失去了获得治疗的最佳时期。因此，从分子水平研究结肠癌的发生、发展，寻找更敏感有效的分子靶点，有助于新的治疗方法的研发，延长结肠癌患者的生存时间。

SLC 超家族(SLC superfamily)是人类基因组中第二大膜蛋白家族，其成员约 384 个，SLC 蛋白可转运多种内源性底物、环境毒物和药物[2]。溶质运载蛋白家族 3 成员 2(solute carrier family 3 member 2，SLC3A2)，也被称为 4F2、CD98、MDU1、4F2HC、4T2HC、NACAE、CD98HC，编码异质氨基酸转运体的重链，参与哺乳动物细胞中的多胺运输[3]。近年来，研究发现 SLC3A2 蛋白在乳腺癌、胃癌、骨肉瘤、小细胞肺癌等癌症中高表达，并伴随较差的生存期，然而其在结肠癌中的表达和功能报道较少[4-8]。溶质运载蛋白家族 7 成员 5(solute carrier family 7 member 5，SLC7A5)基因位于 16q24.2 号染色体上，该蛋白产物介导中性氨基酸跨细胞膜转运，可为体细胞提供必需的氨基酸[9]。越来越多的证据表明，SLC7A5 对于正常细胞和恶性细胞的维持都是十分必要的，并且 SLC7A5 在多种恶性细胞中的表达均高于正常细胞，包括结肠癌、肺癌和胃癌等[10-12]，但其与 SLC3A2 在结肠癌中的关系和作用尚不明确。

本研究旨在利用 GEPIA 数据库、Oncomine 数据库的数据挖掘技术研究 SLC3A2 基因在结肠癌中的表达水平，并通过 STRING 数据库、Coexpedia 数据库以及 KEGG 信号通路数据库分析 SLC3A2 在结肠癌中的功能学改变，为今后研究 SLC3A2 基因在结肠癌中的功能以及通过 mTOR 信号通路调控结肠癌细胞的生长、凋亡奠定基础，为结肠癌靶向治疗提供新的分子标记。

2 材料方法

2.1 Oncomine 数据库分析 SLC3A2 在人类恶性肿瘤中的表达

Oncomine 数据库(https://www.oncomine.org)是一个癌基因芯片数据库和整合数据挖掘平台，它整合了 GEO、TCGA 和已发表的文献来源的 RNA 和 DNA-seq 数据，拥有较为全面的癌症突变谱、基因表达数据以及相关的临床信息。本文的设定条件是：①Gene：SLC3A2；②Analysis Type：Cancer vs Normal Analysis；③临界值：P-value<1E-4，fold change：2，gene rank =top 10%，Data Type：mRNA。分析 SLC3A2 在人类恶性肿瘤中的差异表达。另外，在结直肠癌芯片中，单独筛选出结肠癌，对相关结果进行荟萃分析，分析 SLC3A2 在正常组织和结肠癌组织中的表达变化。

2.2 GEPIA 数据库分析基因在人类肿瘤中的表达

GEPIA 数据库(Gene Expression Profiling Interactive Analysis，http://gepia.cancer-pku.cn/index.htm)，可以实现基因表达谱数据的动态分析。设定搜索条件为：SLC3A2，基于 TCGA 和 GTEx 中的数据分析 SLC3A2 mRNA 在人类多种癌症和正常组织中的表达水平差异。此外，设定癌症类型为结肠癌，分析 SLC3A2 mRNA 在结肠癌组织和正常组织中的表达情况以及与结肠癌分期的关系,选择箱式图展示结果。

另外,GEPIA 数据库还可以进行基因的相关性分析,分析两基因在特定组织中表达的相关性,本文设定条件为:①Gene A: SLC3A2, Gene B: SLC7A5;②TCGA tumor:结肠癌;③Correlation Coefficient: Pearson。

2.3 STRING 数据库分析 SLC3A2 互作蛋白

STRING 数据库(https://string-db.org/)是一个在线分析蛋白质相互作用的网站,目前已经更新到 11.0 版本。它所提供的蛋白质互作网络,既包括蛋白质之间的直接物理相互作用,也包括蛋白质之间的间接功能相关性。它除了包含有实验数据、从 PubMed 摘要中挖掘的结果和综合其他数据库数据外,还有利用生物信息学的方法预测的结果。本文设定:①蛋白名称:SLC3A2;②物种:人类,分析 SLC3A2 相互作用蛋白。

2.4 Coexpedia 数据库分析 SLC3A2 共表达蛋白以及 GO 分析

Coexpedia 数据库(http://www.coexpedia.org/)是一个基因共表达网络分析的可视化在线工具,它集结了 GEO 数据库中的人类和小鼠的测序数据,用于寻找基因的共表达关系。此外,它还提供了 GO-BP(Gene Oncology-Biological Process)注释和 DO(Disease Ontology)。本文设定条件:人类基因 SLC3A2。

2.5 KEGG 信号通路数据库分析基因涉及通路

KEGG(Kyoto Encyclopedia of Genes and Genomes,https://www.kegg.jp/)是一个较庞大的数据库,其中包括信号通路、基因、疾病、药物等部分。KEGG 信号通路(KEGG PATHWAY Database, https://www.kegg.jp/kegg/pathway.html)是 KEGG 数据库最为核心的数据库之一,它收录的通路图重点呈现了分子间的相互作用和互作网络。本文设定的条件为:①物种:人类;②关键词:SLC3A2 或 SLC7A5。

3 结果

3.1 SLC3A2 在人体正常组织和肿瘤中的表达情况

3.1.1 GEPIA 数据库

通过 GEPIA 在线网站分析发现 SLC3A2 mRNA 在多种肿瘤组织及其邻近正常组织中差异表达。如图 1(a)结果显示,与癌旁组织相比,SLC3A2 在肾嫌色细胞癌、颈部鳞状细胞癌、胶质母细胞瘤、结直肠癌等中呈现高表达。

3.1.2 Oncomine 数据库

从 Oncomine 数据库中共收集了 360 项关于 SLC3A2 在多种恶性肿瘤与邻近正常组织 mRNA 表达差异的研究,有 20 项研究结果具有统计学意义($P<0.01$),其中 14 项研究显示 SLC3A2 在肿瘤中表达增高,6 项显示表达降低。关于 SLC3A2 在结直肠癌中的表达差异研究共 5 项,均显示 SLC3A2 表达水平增高,如图 1(b)所示。

3.2 SLC3A2 在结肠癌中高表达且与结肠癌分期相关

结肠癌作为人类常见的恶性肿瘤,其发生和进展过程中会受到多种基因调控、多个信号通路参与以及细胞本身异质性的影响,严重威胁人类健康。在这篇文章中,我们从分子角度研究影响结肠癌发生发展的基因,基于 Oncomine 数据库,根据过滤条件分析显示,涉及 SLC3A2 在结肠癌组织和正常组织的表达差异的研究有 7 项,样本共 373 个,文章分别发表在 Cancer Research、Plos One、Oncogene、International Journal of Cancer、Genome Biology 等[13-18]杂志上。

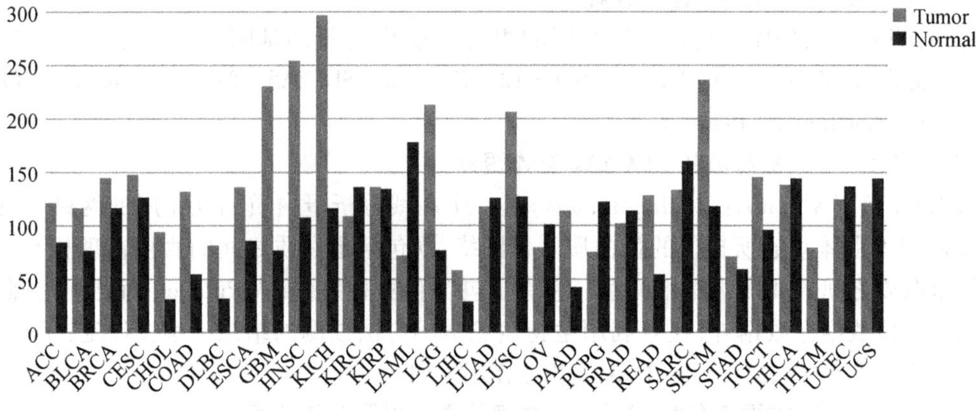

(a) GEPIA数据库分析SLC3A2 mRNA在人类正常组织和肿瘤组织中的表达

Analysis Type by Cancer	Cancer vs. Normal	
Bladder Cancer		
Brain and CNS Cancer		
Breast Cancer		1
Cervical Cancer		
Colorectal Cancer	5	
Esophageal Cancer	1	
Gastric Cancer		
Head and Neck Cancer	1	
Kidney Cancer		1
Leukemia	2	1
Liver Cancer		
Lung Cancer		
Lymphoma		2
Melanoma	1	
Myeloma		
Other Cancer		
Ovarian Cancer		
Pancreatic Cancer		
Prostate Cancer		
Sarcoma		
Significant Unique Analyses	10	5
Total Unique Analyses	360	

(b) SLC3A2在Oncomine数据库不同肿瘤研究中的表达

图 1 SLC3A2 在人体正常组织和肿瘤中的表达情况

荟萃分析 Oncomine 数据库中这 7 项研究显示 SLC3A2 mRNA 在结肠癌组织中显著高表达[如图 2(a),Median Rank= 670.0, P=5.05E−9]。同样,根据 GEPIA 数据库分析也发现,与正常结肠组织相比,SLC3A2 在结肠癌组织中的表达水平更高,且差异具有统计学意义[如图 2(b),P<0.01]。提示 SLC3A2 在结肠癌的发生、发展过程中可能发挥着重要作用。

此外,通过 GEPIA 数据库分析得知,SLC3A2 mRNA 在不同分期的结肠癌组织中差异表达,显示肿瘤分期越高,SLC3A2 的表达越高,且差异具有统计学意义[如图 2(c),P=0.00194]。

3.3 SLC3A2 与 SLC7A5 共表达且有相互作用

分子间的相互作用,可以进一步反映基因间的表达调控关系,在组学机理的研究中尤为重

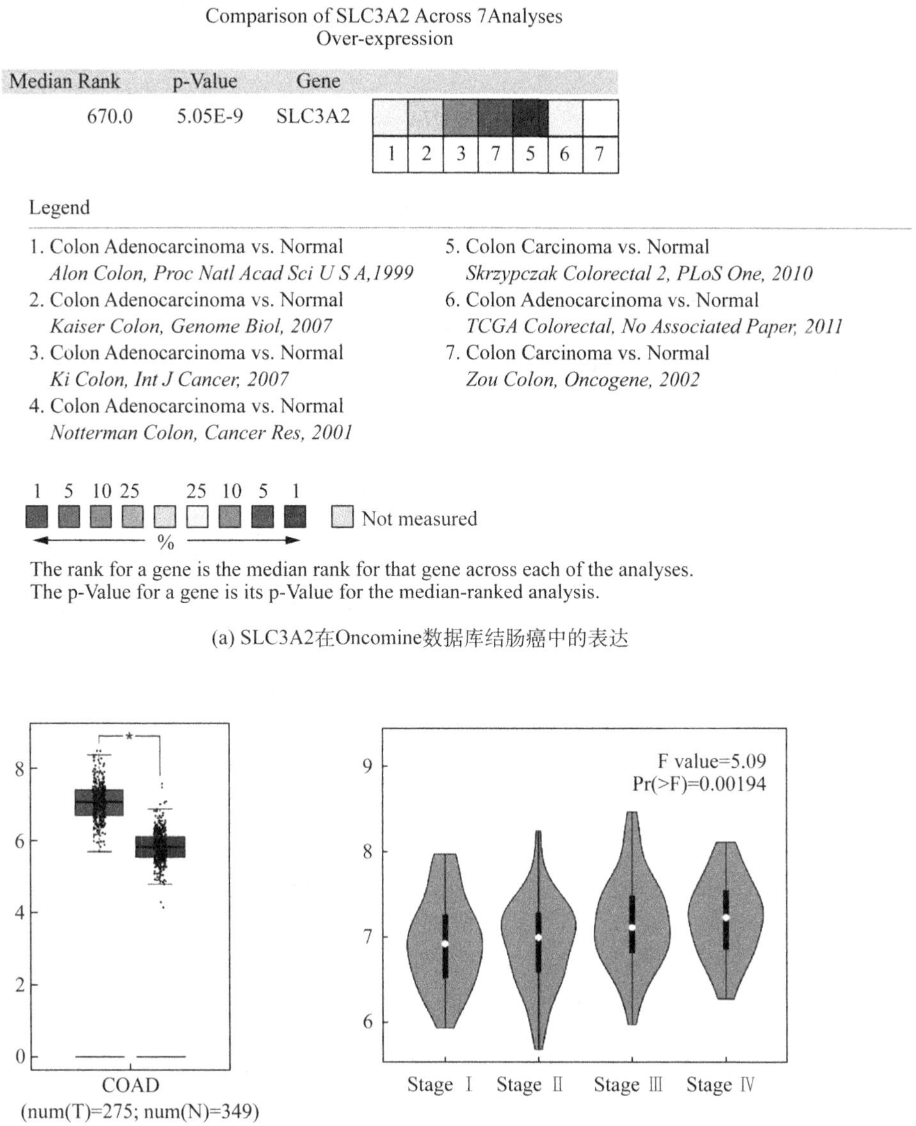

(a) SLC3A2在Oncomine数据库结肠癌中的表达

(b) GEPIA数据库分析显示SLC3A2 mRNA在结肠癌组织中高度表达

(c) GEPIA数据库分析显示SLC3A2与结肠癌分期的关系

图 2　SLC3A2 在结肠癌中高表达且与结肠癌分期相关

要。为了深入探索 SLC3A2 蛋白本身的功能和可能的作用原理,我们利用 STRING 数据库构建 SLC3A2 蛋白互作网络(如图 3(a)),节点代表与 SLC3A2 有相互作用的蛋白,节点间连线是代表蛋白之间相互作用的类型,包括已确认的相互作用、预测的相互作用等。通过 SLC3A2 蛋白的相互作用网络发现,SLC3A2 可能与 SLC7A10、SLC7A11、SLC7A7、SLC7A5、SLC7A8 等 10 种蛋白具有相互作用。此外,Coexpedia 数据库显示人体中与 SLC3A2 共表达的基因排名第一的是 SLC7A5 基因(如图 3(b), $P<0.01$),利用 GEPIA 数据库分析显示 SLC3A2 与 SLC7A5 在结肠癌组织中共表达(如图 3(c), $P<0.01$),且 SLC7A5mRNA 在结肠癌组织中的表达显著高于正常结肠组织(如图 3(d))。

利用 Coexpedia 数据库对 SLC3A2 进行 GO(Gene Ontology)分析(如图 3(e)),发现它主要

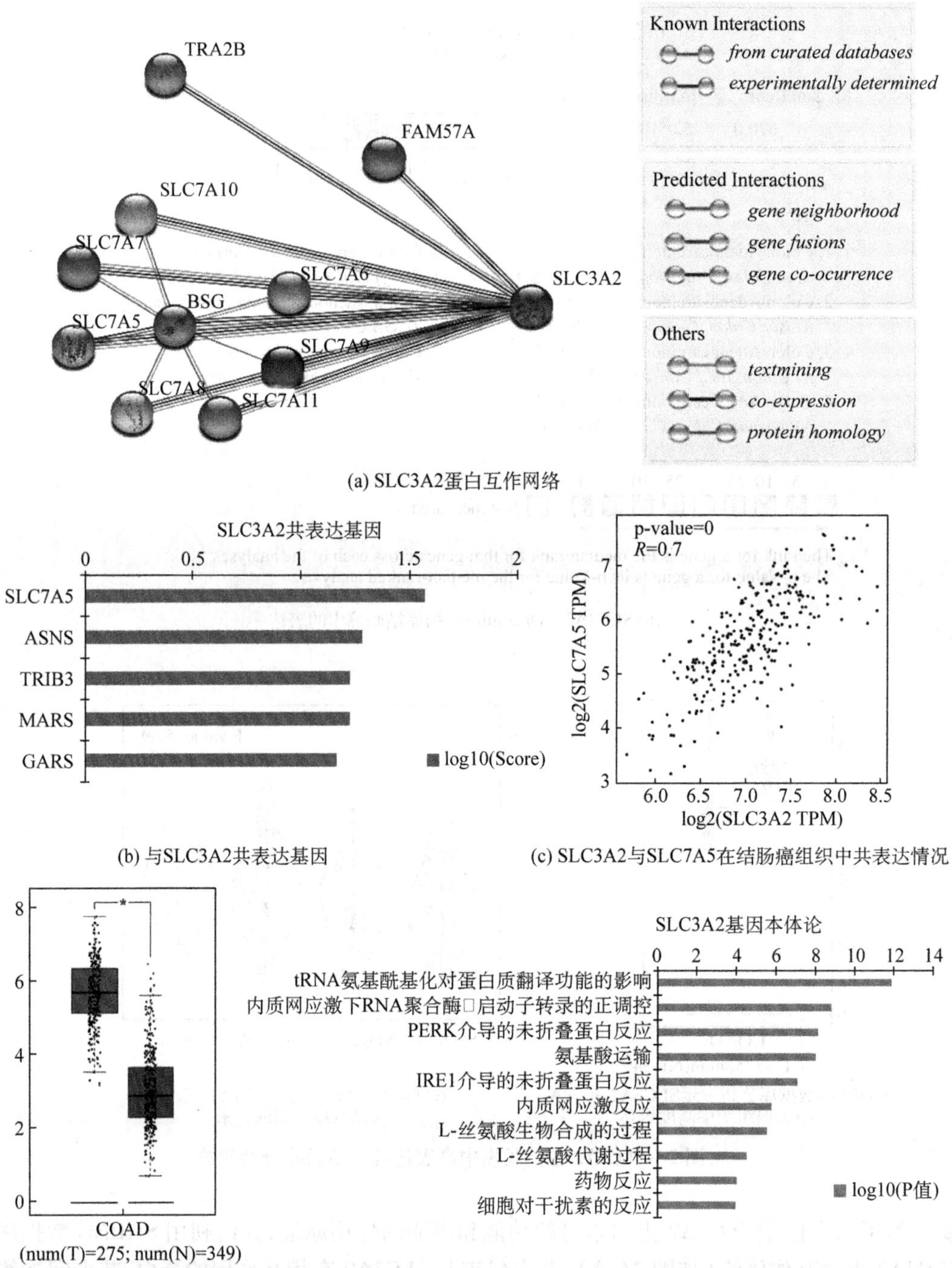

(a) SLC3A2蛋白互作网络

(b) 与SLC3A2共表达基因

(c) SLC3A2与SLC7A5在结肠癌组织中共表达情况

(d) SLC7A5 mRNA在结肠癌组织和正常组织中的表达

(e) SLC3A2蛋白GO分析

图 3　SLC3A2 与 SLC7A5 共表达且有相互作用

参与的生物学过程是：tRNA 氨基酰基化对蛋白质翻译功能的影响、内质网应激下 RNA 聚合酶Ⅱ启动子转录的正调控、氨基酸运输等方面。

3.4　KEGG 信号通路定位分析

基于 KEGG 信号通路数据库分析结果显示，SLC3A2 和 SLC7A5 共同参与 mTOR 信号通路(hsa04150)的调控(见图 4)。研究表明 SLC3A2 与 SLC7A5 在细胞膜处形成双向跨膜蛋白调

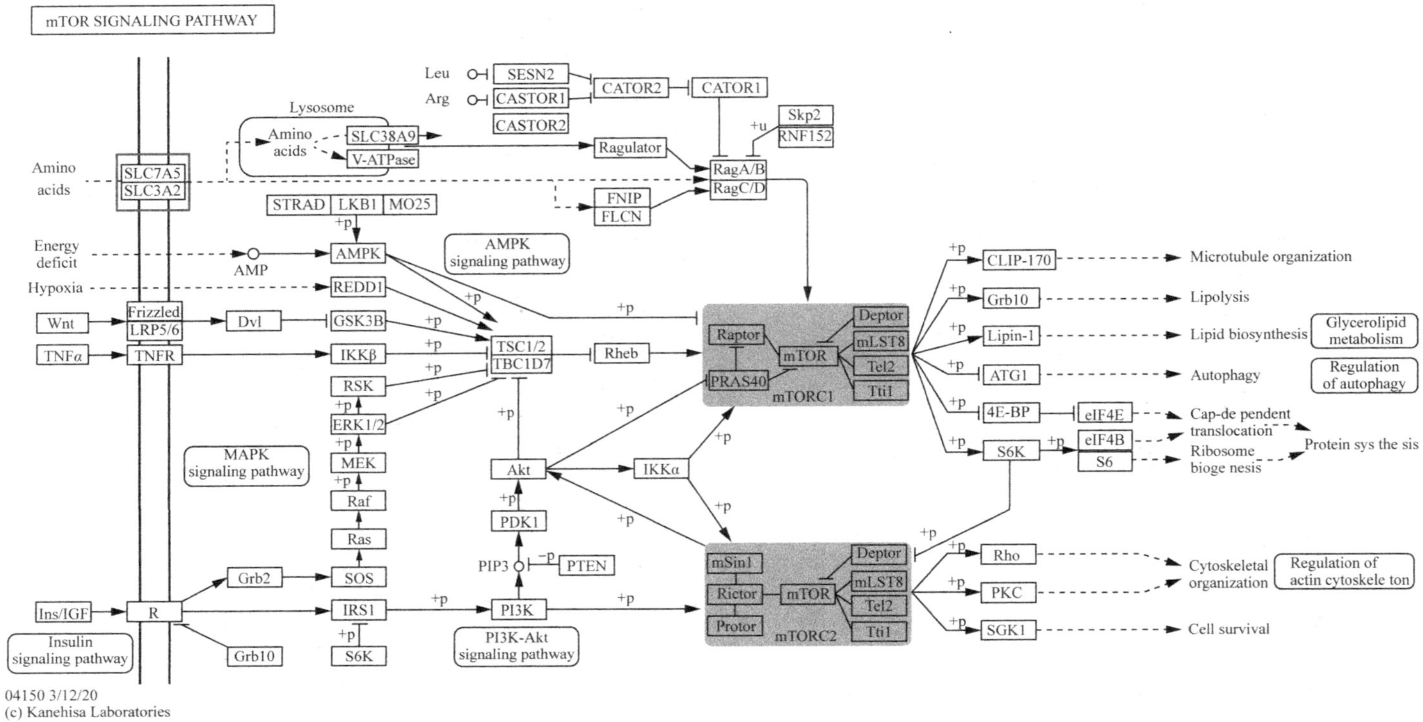
mTOR SIGNALING PATHWAY
Leu
Arg
SESN2
CASTOR1
CASTOR2
CATOR2
CATOR1
Lysosome
Amino acids
SLC38A9
V-ATPase
Ragulator
Skp2
RNF152
+u
RagA/B
RagC/D
Amino acids
SLC7A5
SLC3A2
FNIP
FLCN
STRAD
LKB1
MO25
Energy deficit
AMP
AMPK
AMPK signaling pathway
Hypoxia
REDD1
Wnt
Frizzled
LRP5/6
Dvl
GSK3B
TNFα
TNFR
IKKβ
TSC1/2
TBC1D7
Rheb
RSK
ERK1/2
MEK
Raf
Ras
SOS
Grb2
MAPK signaling pathway
Akt
IKKα
PDK1
PIP3
PTEN
PI3K
PI3K-Akt signaling pathway
Ins/IGF
R
IRS1
S6K
Grb10
Insulin signaling pathway
Raptor
PRAS40
mTOR
Deptor
mLST8
Tel2
Tti1
mTORC1
mSin1
Rictor
Protor
mTORC2
+p
-p
CLIP-170
Grb10
Lipin-1
ATG1
4E-BP
S6K
eIF4E
eIF4B
S6
Rho
PKC
SGK1
Microtubule organization
Lipolysis
Lipid biosynthesis
Glycerolipid metabolism
Autophagy
Regulation of autophagy
Cap-de pendent translocation
Ribosome bioge nesis
Protein sys the sis
Cytoskeletal organization
Regulation of actin cytoskele ton
Cell survival
04150 3/12/20
(c) Kanehisa Laboratories

图 4 KEGG 通路分析

节 L-谷氨酰胺流出细胞和 L-亮氨酸/必需氨基酸进入细胞的转运，L-谷氨酰胺通过激活 mTOR 通路进而增强细胞的生长和增殖能力[9, 19]。

4 讨论

结肠癌作为致死率较高的肿瘤之一，其发生与发展往往伴随着多种基因的改变，从基因角度探索其发病机制有助于寻找到更有效的治疗方法，提高结肠癌患者的生存时间。数据挖掘是近年来快速发展起来的学科，由于拥有大量的测序数据使得研究结果更可信，因此其在生命科学领域的作用更为重要。

SLC3A2 基因作为溶质运载蛋白家族的成员，在细胞功能、生存以及调节细胞代谢等方面起着至关重要的作用。现有研究表明，SLC3A2 在癌症中也发挥着重要的作用，其表达与肿瘤细胞的增殖能力和患者的不良预后密切相关。Rokaya El Ansari 等人[7]发现 SLC3A2 似乎在 MYC 驱动的侵袭性乳腺癌亚型中发挥作用，并可作为一种潜在的预后标志物；BIN ZHU 等人[5]发现 SLC3A2 在人骨肉瘤中上调，通过 PI3K/Akt 信号通路促进肿瘤生长；Marina Poettler 和 G. W. Prager 等人[4, 6]发现 SLC3A2 在肾细胞癌中表达，其表达程度与恶性程度有直接关系，认为 SLC3A2 可以作为乳头状肾细胞癌 2 型的一种新的、可靠的标记物，此外，SLC3A2 驱动整合素依赖肾癌细胞行为。本研究基于多种可靠的肿瘤数据库，采用数据挖掘技术，分析发现 SLC3A2 mRNA 在人类结肠癌组织中的表达显著高于正常组织，初步判断其有成为结肠癌分子标记的潜力。

为了进一步研究 SLC3A2 可能影响的信号通路，我们经过 STRING、Coexpedia 以及 GEPIA 数据库分析发现 SLC3A2 与 SLC7A5 存在互作关系且在结肠癌中共表达。经研究发现 SLC7A5 与 SLC3A2 在细胞膜形成氨基酸转运复合物，调节氨基酸进出细胞，对细胞功能和生存至关重要，在调节细胞代谢中起重要作用。SLC3A2/SLC7A5 复合物的表达是相互依赖的，其表达水平的降低会减少氨基酸的转运，从而导致细胞体积的显著缩小[20, 21]。SLC7A5 在向癌细胞提供和维持细胞内氨基酸含量方面发挥作用，SLC3A2 是 SLC7A5 在肿瘤细胞中功能表达所必需的，它们在癌细胞中的表达与肿瘤的进展和治疗耐药性密切相关[22, 23]。

研究表明癌症的进展与癌细胞摄取氨基酸的增加有关，细胞增殖前的物质的合成在很大程度上依赖于外源性氨基酸的获取，这些氨基酸进入细胞后用于合成蛋白质、核酸、脂质和 ATP[24]。氨基酸是激活哺乳动物雷帕霉素（mTOR）激酶靶蛋白所必需的，而雷帕霉素激酶可以调节蛋白质翻译、细胞生长和自噬[24]。与其一致的是，我们通过 KEGG 信号通路数据库分析发现 SLC3A2 与 SLC7A5 在 mTOR 信号通路上发挥作用，推测 SLC3A2 与 SLC7A5 通过控制氨基酸进入细胞，诱导 mTORC1 介导的细胞生长。

因此，我们通过 SLC3A2 在结肠癌中表达升高，推测其可能加强了与 SLC7A5 的相互作用，使得氨基酸进入细胞膜的含量增加，mTOR 通路的活性增加，促进结肠癌细胞的生长，为进一步探讨 SLC3A2 与结肠癌发生、发展之间的关系奠定了一定的基础。

参考文献

[1] Bray F, Ferlay J, Soerjomataram I, et al. Global cancer statistics 2018: GLOBOCAN estimates of incidence and mortality worldwide for 36 cancers in 185 countries[J]. CA Cancer J Clin, 2018,68(6):394-424.

[2] Fredriksson R, Nordstrom K J, Stephansson O, et al. The solute carrier(SLC) complement of the human genome: phylogenetic classification reveals four major families[J].FEBS Lett,2008,582(27):3811-3816.
[3] Abdulhussein A A and Wallace H M. Polyamines and membrane transporters[J].Amino Acids, 2014, 46(3):655-660.
[4] Prager G W, Poettler M, Schmidinger M,et al.CD98hc(SLC3A2), a novel marker in renal cell cancer[J]. Eur J Clin Invest,2009,39(4):304-310.
[5] Zhu B, Cheng D, Hou L, et al. SLC3A2 is upregulated in human osteosarcoma and promotes tumor growth through the PI3K/Akt signaling pathway[J]. Oncol Rep, 2017, 37(5):2575-2582.
[6] Poettler M, Unseld M, Braemswig K ,et al. CD98hc(SLC3A2) drives integrin-dependent renal cancer cell behavior[J]. Mol Cancer, 2013, 12:169.
[7] El Ansari R, Craze M L, Diez-Rodriguez M, et al. The multifunctional solute carrier 3A2(SLC3A2) confers a poor prognosis in the highly proliferative breast cancer subtypes[J]. Br J Cancer, 2018, 118(8): 1115-1122.
[8] Yang Y, Toy W, Choong L Y, et al. Discovery of SLC3A2 cell membrane protein as a potential gastric cancer biomarker: implications in molecular imaging[J]. J Proteome Res, 2012,11(12):5736-5747.
[9] Salisbury T B and Arthur S. The Regulation and Function of the L-Type Amino Acid Transporter 1(LAT1) in Cancer[J].Int J Mol Sci, 2018,19(8).
[10] Wang J, Fei X, Wu W, et al. SLC7A5 Functions as a Downstream Target Modulated by CRKL in Metastasis Process of Gastric Cancer SGC-7901 Cells[J].PLoS One, 2016,11(11):e0166147.
[11] Venkateswaran N, Lafita-Navarro M C, Hao Y H, et al. MYC promotes tryptophan uptake and metabolism by the kynurenine pathway in colon cancer[J]. Genes Dev, 2019, 33(17-18):1236-1251.
[12] Imai H, Kaira K, Oriuchi N, et al. Inhibition of L-type amino acid transporter 1 has antitumor activity in non-small cell lung cancer[J]. Anticancer Res,2010,30(12):4819-4828.
[13] Notterman D A, Alon U, Sierk A J, et al. Transcriptional gene expression profiles of colorectal adenoma, adenocarcinoma, and normal tissue examined by oligonucleotide arrays[J]. Cancer Res, 2001, 61(7):3124-3130.
[14] Skrzypczak M, Goryca K, Rubel T, et al. Modeling oncogenic signaling in colon tumors by multidirectional analyses of microarray data directed for maximization of analytical reliability[J]. PLoS One, 2010, 5(10).
[15] Alon U, Barkai N, Notterman D A, et al. Broad patterns of gene expression revealed by clustering analysis of tumor and normal colon tissues probed by oligonucleotide arrays[J]. Proc Natl Acad Sci U S A, 1999, 96(12):6745-6750.
[16] Ki D H, Jeung H C, Park C H, et al. Whole genome analysis for liver metastasis gene signatures in colorectal cancer[J]. Int J Cancer, 2007, 121(9):2005-2012.
[17] Zou T T, Selaru F M, Xu Y, et al. Application of cDNA microarrays to generate a molecular taxonomy capable of distinguishing between colon cancer and normal colon[J]. Oncogene, 2002, 21(31):4855-4862.
[18] Kaiser S, Park Y K, Franklin J L, et al. Transcriptional recapitulation and subversion of embryonic colon development by mouse colon tumor models and human colon cancer[J]. Genome Biol, 2007, 8(7):R131.
[19] Cormerais Y, Giuliano S, LeFloch R, et al. Genetic Disruption of the Multifunctional CD98/LAT1 Complex Demonstrates the Key Role of Essential Amino Acid Transport in the Control of mTORC1 and Tumor Growth[J]. Cancer Res, 2016, 76(15): 4481-4492.
[20] Scalise M, Galluccio M, Console L, et al. The Human SLC7A5(LAT1): The Intriguing Histidine/Large Neutral Amino Acid Transporter and Its Relevance to Human Health[J]. Front Chem, 2018,6:243.
[21] Newstead S. Insights into L-type heteromeric amino acid transporters[J]. Nat Struct Mol Biol, 2019, 26(6): 395-396.

[22] Digomann D, Linge A and Dubrovska A. SLC3A2/CD98hc, autophagy and tumor radioresistance: a link confirmed[J]. Autophagy, 2019,15(10):1850-1851.
[23] Alfarsi L H, El-Ansari R, Craze M L, et al. Co-Expression Effect of SLC7A5/SLC3A2 to Predict Response to Endocrine Therapy in Oestrogen-Receptor-Positive Breast Cancer[J]. Int J Mol Sci, 2020,21(4).
[24] Nicklin P, Bergman P, Zhang B, et al. Bidirectional transport of amino acids regulates mTOR and autophagy [J]. Cell, 2009, 136(3):521-534.

政治与国际关系学院

浅论拿破仑战争后维也纳体系的结构与过程
——文化环境的演进与大国的目标及行为

林弘毅

摘　要　本文将重点放在体系发展过程中国家行为体与体系结构、过程意识形态、文化环境的互动以及这种互动在体系发展过程中发挥的作用。本文选取了拿破仑战争与维也纳体系这一阶段的史实作为研究对象,分析该阶段国际体系的结构与过程以及对体系内主要国家行为的影响,提出在该阶段过程中存在欧洲中心——欧洲外部的二元结构以及这一结构对国际体系进程的影响。通过分析第一次全球体系意义上的国际关系剧变,理解国际体系变革的根本逻辑,并反思维也纳体系的结构与过程对理解当今国际体系发展和形成的启示。

关键词　体系变迁; 结构与过程; 维也纳体系; 意识形态

The Study on the Structure and Process of Vienna System after Napoleonic War
— Evolution of Cultural Environment and Goals and Behaviors of Great Powers

Lin Hongyi

Abstract　This paper focuses on the interactions between state actors and system structure, process ideology, and cultural environment, as well as the role of this interactions in the process of system development. This paper selects the historical facts of the Napoleonic War and Vienna System as the research object, analyzes the structure and process of the international system at this stage and its influence on the main state behaviors in the system, and points out the existence of the dual structure of the European Center and Periphery in this stage and the influence of this structure on the process of the international system. By analyzing the first drastic change in international relations in the sense of the global system, we can understand the fundamental logic of the change in the international system and reflect on the enlightenment of the structure and process of Vienna System on understanding the development and formation of current international system.

Key words　System change, structure and process, Vienna system, ideology

1　问题的提出

小约瑟夫·奈在论述国际体系结构的过程中,借用了结构现实主义学者的观点:“体系结

作者简介　林弘毅,男,1995 年 12 月出生,上海人,同济大学政治与国际关系学院 2018 级国际政治专业硕士研究生,主要研究方向为国际组织、国际关系史。

构指权力分布，体系过程则指体系单位之间互动的模式与类型。”①依照主流的国际关系史学界的观点，现代意义上的民族国家体系开端于威斯特伐利亚体系，法国大革命以及作为革命外延效果的拿破仑资本主义帝国扩张战争及其带来的地缘政治结果，是第一次国际体系层面的剧烈变动，每一个体系在建构完成，即单位权力排序第一次确立之后，马上就随着主要大国的权力对比的变化开始了解构的过程，奈所认为的体系过程指“体系单位之间互动的模式与类型”，②本文接受这一论点，国际体系是动态发展的，这种动态发展，体现为“体系过程。”

冷战结束之后，两级体系也伴随着苏联的解体而瓦解，以西方的道德标准和规范为基础建立的国际制度成为了维系和发展冷战后国际秩序的重要保障。另一方面，广大的新型国家和第三世界国家，越来越呼唤改进现有的国际秩序，寻求和平地在国际道德和国际体制层面对现存的不公正、不公平进行修正，而中国作为冷战结束以来迅速发展的新型国家代表，也提出了自己促进国际制度发展的构想和目标，并逐渐开始主动承担更多的国际责任。在新的体系产生的过程中，反思国际关系史上第一次体系层面的变革，对于理解体系变动和建构的结构与过程非常重要，同时，也能探索与反思中国如何更好地承担国际责任，推动国际制度更公正、更合理地发展。

本文将重点放在国际体系发展过程中，国家行为体与体系过程、文化环境的互动以及这种互动在体系发展过程中发挥的作用。

本文试图在尽可能宏观的体系背景下，讨论欧洲文化与制度环境的演进与国家的目标和手段的互动关系。在结构主义的逻辑下，探讨国际体系的第一次剧变对当今新型国际体系和国家间关系建构的启示，反思国际体系变更中的逻辑。

2 维也纳体系的结构与过程

“体系结构指权力分布，体系过程则指体系单位之间互动的模式与类型，”③维也纳体系的形成充满了复杂性和戏剧性。1812 年，拿破仑亲率 60 万大军远征俄国，以惩罚在大陆封锁体系中阳奉阴违的俄国，却在俄军的坚壁清野战术中惨败，1814 年 3 月 31 日，拿破仑资产阶级帝国首都巴黎被联军攻破，拿破仑退位，到 1815 年，滑铁卢战役之后，拿破仑资产阶级帝国最终瓦解，至此，法国大革命之后建立的资产阶级霸权瓦解，普鲁士、哈布斯堡奥地利、英国、俄国主导建立新的欧洲格局，欧陆在国际关系格局方面进入到维也纳体系时代，并逐渐将世界的其他部分纳入该体系。

拿破仑法国的扩张及其带来的对欧陆地缘政治格局的冲击是导致维也纳体系诞生的直接原因。由于拿破仑法国在地缘上继承了路易十四以来的波旁王朝近两个世纪耕耘所得的疆土，并且同时获得了法国大革命以来资产阶级民族主义所爆发出来的巨大能量，对战后法国在领土上的削弱与对法国资产阶级政治力量的限制成为了维也纳体系建立者们所需要优先考虑的事情。

2.1 维也纳体系的结构

本文认为，维也纳体系最显著的特征在于大国协调以及建立在王朝“国际主义”之上的

① 小约瑟夫·奈.理解国际冲突：理论与历史.张小明译.上海：上海人民出版社，2009：49.
② 同上。
③ 同上。

"正统主义"原则。而上述特征的基础在于对"五强共治"的维也纳秩序的维护。尽管促使这一结构保持稳定的因素是对于任何共和秩序理念的绝对敌视,俄国、奥地利、普鲁士、英国、法国通过共同协调,将这一结构延续到了四十年后的克里米亚战争,而在体系的其余部分,则"至少维持至1884年的柏林会议。"①这一协调最大的目的便是出于上文所讨论的,对法国资产阶级政治力量的限制需要。

但值得注意的是,在"五强共治"的结构中,五强之间的权力分布并不是平均且稳定的,五强中,位于中欧与西欧的普鲁士、奥地利、法国在国家实力上远逊于作为侧翼大国的英国、俄国。在"五强共治"的结构中,已经显露出日后欧洲乃至世界体系格局的基调,即战略资源与战略能力愈发地向欧洲中心的两端集中,侧翼大国开始汲取中心的权力并分享霸权。②

此外,在欧洲格局确立的同时,维也纳体系存在着二元属性,即欧洲内部的秩序与世界秩序,本文认为,这一具有明显欧洲中心色彩的二元属性的诞生是根植于两方面原因,一方面是维也纳体系产生的过程主要由欧陆大国所主导,欧陆作为第一次工业革命的缘起之地,业已开始发展的资本主义经济迸发出了推动全球化的力量,另一方面,维也纳体系诞生之初不同区域的互动方式与类型也决定了这一二元属性,首先,在欧陆内部,民族国家之间的互动尚能大致遵守维也纳会议确定的国家人格平等、相互尊重主权的原则,互动的方式也以国际会议、国际协商为主。而在欧陆以外,作为资本主义全球扩展的结果,外部世界被迫纳入维也纳体系的结构之中,其与欧陆国家的互动方式是剥削——被剥削的运动方式。而随着这种互动关系的深入,这一不平等的互动类型,逐渐会导致欧洲外部世界对于中心的"反叛",下文将在论述不同国家的行为与目标的时候对这种"反叛"进行论述,而这一种反叛,也导致了外部世界的失序。外部世界秩序的逐渐失控,反过来冲击了稳定的欧洲内部秩序,这也导致了维也纳体系最终进入一种"生于不义,死于耻辱"的状态。

2.2 维也纳体系的过程

1815年的维也纳会议意在建立一个持久的国际关系秩序,这一秩序建立在对于核心的欧洲区域与外围地区进行划分的基础之上,这也之间导致了前文所述的维也纳体系存在的二元属性。前者乃是享有和平保护、正统价值观保护的欧洲,后者则是放任进行战争的广阔的"由世界其余部分构成的非欧洲的边缘地带"③,这些地区被视为可供欧洲列强任意分配的战利品。这一划分,便带来两方面在过程意义上的问题。

首先,核心区域与外围区域的划分的边界是不明显的,其中最大的缺口在于非基督教、非欧洲正统,但是在地缘上直接涉及五强核心利益的奥斯曼土耳其帝国,奥斯曼帝国既不是核心欧洲地区,又不属于与亚洲、拉美、非洲并属的"其他地区",这导致,欧洲协调的核心——神圣同盟的核心国家,俄罗斯与哈布斯堡奥地利,存在巨大的地缘政治利益冲突,这使得在外围地区的五强的利益冲突,会通过这一缺口回旋回欧洲的核心地区,维也纳体系确立后仅仅三十年的克里米亚战争以及之后的第一次世界大战等围绕奥斯曼土耳其领土的冲突,都充分证明了这一点。

其次,维也纳体系的"正统原则"、"欧洲协调会议"建立之初,便与"五强共治"的结构不相符。击破拿破仑后建立的君主秩序是自己且明确反革命的,但是作为完成资产阶级革命的

---

① 佩里·安德森.大国协调及其反抗者.章勇乐,等,主编.北京:北京大学出版社,2018:2.

② 时殷弘.法国大革命、拿破仑和国际政治的变更.欧洲研究,2005(6):1-13.

③ 基辛格.大外交.2版.林添贵,等,译.海口:海南出版社,2012.

英国,对明确镇压资产阶级意识形态、追求民族声望与战争荣誉、阻碍资本主义经济发展的封建主义有着天然的反感,加之英国传统的“不列颠门神”政策,英国在历次欧洲协调中,逐渐与欧陆其他四强产生难以调和的根本分歧。另一方面,维也纳体系的二元安排使得已经建立起庞大海外帝国的英国感受到了巨大的威胁,外围区域的势力范围争夺、殖民地争夺被维也纳体系合法了,五强开始将大部分国家力量都投入本国殖民体系在世界范围内的扩展,维也纳体系中的协调原则却没有从中心区域外溢到外围区域。

3　维也纳体系意识形态与文化环境演进

3.1　维也纳体系意识形态演进

在具体讨论维也纳体现的意识形态演进之前,本文将对“民族主义”与“国际主义”这两个术语进行清晰。本文采用捷克政治家托马斯·马萨里克对民族主义的定义,这一术语意味着“任何思考皆以民族作为最高的政治价值”,当然,这也并不意味着“民族主义者必须在任何情形,任何语境下都仅考虑或只优先考虑本民族,而排斥其他的归属意识或其他的身份认同”①,民族主义的概念内涵是可变的。相对而言,国际主义即意味着对超越民族建成一个继续以民族作为基本单元的更大的共同体所作的任何思考与实践。

理解维也纳体系建构过程中的文化与意识形态因素,必须要回顾 18 世纪爆发的两场伟大革命,“民族主义”第一次在西方登上历史舞台,并且彼时的民族主义内涵一直延续到 21 世纪的今天,美国独立战争与法国大革命,有效地将民族概念凝聚成为一种民众集体的革命。在这一阶段,民族主义是具有理性主义的普世性的,民族主义与国际主义是和谐共生,并不冲突的。

而在拿破仑战争的过程中,这种带有浪漫主义色彩的民族主义与国际主义之间的和谐开始滋生龃龉。拿破仑的扩张,使得民族主义变成了保守的、教权主义色彩浓厚的西班牙、德意志兰和俄罗斯帝国对抗法国入侵的武器,国际主义演变为了复辟时代欧洲君主国之间的国际协作。

在对抗拿破仑的过程中,被君主们使用的民族主义成为了君主们极力制止的意识形态,在某种意义上来说,遵循比拿破仑战争之前更加陈旧的原则的欧洲协调,其诞生就是为了防止民族主义的。同时,民族主义也在维也纳体系的结构与过程中发生了转变,其哲学基底不再是启蒙思想中的理性主义,而成为对各民族中世纪或前现代历史的迷恋,最鲜明的例子即为 1848 年发生的“民族之春”。伴随着奥地利国务家梅特涅的仓皇出逃维也纳,欧洲君主之间的国际主义也宣告了事实上的死亡。

3.2　维也纳体系的文化环境演进

文化环境在国际体系结构与过程中,作为结构层次的观念因素,影响着体系内部各国的行为与目标,同时影响着各国参与国际互动的方式和国际机制运作的方式。在维也纳体系中,文化环境的表达,具体体现为欧洲协调机制中非物质层面的原则的转变,其中最具代表性的即为正统主义原则的转变。

本文将着重讨论正统主义原则的转变。在 1814—1822 年间,欧洲协调共举行了五次大会。这五次大会的焦点主要是两个,一是强化维护体系的原则与制度,二是针对欧洲范围内的

① Zumr, Joseph. 1998. “Masaryk, Tomáš Garrigue(1850-1937)”. pp. 165-66 in the Routledge Encyclopedia of Philosophy, ed. Edward Craig. London: Routledge.

革命进行干涉。在这一阶段,欧洲协调起到了交流、力图建立文化环境上的大国共识的作用。正统主义原则在某种意义上代表了投票表决机制,但暗含了少数服从多数、沉默即不反对之意。譬如在1820年干涉那不勒斯起义之前,梅特涅为取得同行的批准辛苦工作了两个月,英国对此漠不关心即表示同意。

1822年至1848年,在这一阶段,大国面临的主要问题是上文提到的民族主义对君主国际主义的冲击。欧洲的国际政治现实,即此起彼伏的民族独立运动与中心国家相互权力排列的改变,迫使各个大国对欧洲协调的功能进行调整,即"由抑制民族主义转为用最低限度的暴力帮助新国家的诞生(希腊、比利时)或承认无法阻止的变化(意大利统一和德国的统一)"①,在这一过程中,欧洲正统主义原则已经受到了巨大的冲击。

在这一文化环境转变的过程中,体系内部的各主要行为体,也在转变自己的国家行为与目标,下文将阐释在这一过程中国家行为和目标的转变过程,进而进一步理解体系演进过程对国家行为体的影响。

4 体系结构与过程中的国家行为与目标

维也纳体系内部的国家行为与目标受到国际体系的文化演化的影响,在民族主义与君主国际的二元意识形态冲击之下,国家对自身行为的选择,一方面体现了自身在该体系中的位置,另一方面,体现的是自身在这种二元意识形态冲击过程中的倾向。在此,本文将主要讨论体系建设的核心国家行为与目标。

在维也纳体系中,核心国家确定行为与目标的原则主要是为了维护君主国际主义,防范民族主义。在这一过程中,欧洲大国协调,帝国同盟是主要的方式。1818年亚琛会议与大国协调一致原则的发展,促使英、普、奥、俄提前从法国撤军,波旁法国重新回到了欧洲中心国家的位置,尽管在领土与政治上并没有回到法国大革命之前的地位,但是法国的加入使得欧洲协调有了更为坚实的基础,法国不再成为潜在的体系挑战国,而是成为了体系的坚定维护者与中坚力量。欧洲协调的成员构成对其有效性有着决定性影响。在维也纳体系的二元属性中,在体系中心的欧陆国家,其基本的行为与目标仍然是上文所提出的创立制度与干涉革命。

1820年,作为五大国之中唯一一个由复杂民族、复杂信仰构成的帝国,哈布斯堡奥地利率先受到了民族主义的冲击。而这一意识形态恰恰是体系所反对的。意大利的那不勒斯发烧炭党革命冲击了奥地利的传统势力范围。奥地利首相梅特涅亲王在特洛波组织开会,协调各大国对于这场革命的立场。关于革命是否构成对欧洲秩序的挑战,各国有不同的理解。神圣同盟三国俄奥普旗帜鲜明地反对革命,积极主张派兵干预;英国则反对干预,主要是担心别国借制止革命之名,行扩大势力之实。法国态度居中,倾向于干涉。② 最后干涉派决定了会议结果,特洛波会议及其1821年的续会莱巴赫会议赋予了奥地利出兵镇压烧炭党革命的权力。同时,在特洛波会议上,俄奥普法四国签署的《特洛波议定书》明确规定,因革命而政权更迭的国家一律被排斥于欧洲协调之外,如出现改变现状而危及欧洲协调的成员国时,缔约国负有责任使破坏现状的国家回到欧洲协调内,必要时不惜使用武力。③

① 贾烈英.欧洲协调机制的内化过程.国际关系学院学报,2011(4):34.

② 贾烈英.欧洲协调机制的内化过程.国际关系学院学报,2011(4):34.

③ 刘德斌.国际关系史.北京:高等教育出版社,2003:108.

各大国面临的第二场民族主义革命是 1822 年在西班牙爆发的革命,在这一年,维罗纳会议则准许了法国出兵镇压。在这一过程中,出于自身的战略选择与需要,欧洲协调开始受到了一定的冲击。最初,这一冲击来自英国,传统的“不列颠门神”战略使得英国不愿意看到欧陆过于团结,尤其是在民族主义与资产阶级紧紧捆绑的 19 世纪上半叶,这种欧陆大国的团结在一定程度上打击了欧陆资产阶级的发展,这对于英国的国家利益造成了损害。但最终,英国一直没有退出欧洲协调,也没有对于本国反对的干预行动炫耀武力。由此可见,在这一过程中,核心国家的立场并不是一致的。

而正如前文所述,奥斯曼土耳其作为维也纳体系中的缺口,对于各国行为和目标的影响同样是非常巨大的。奥斯曼土耳其的奔溃成为了欧洲中心国家自身行为目标转变的重要因素,这一源于欧洲中心之外的冲击,几乎是整个维也纳体系过程中最重要的反噬。

奥斯曼土耳其的奔溃,在很大程度上是拿破仑战争后爆发的民族主义意识形态崛起冲击的结果。多民族、多信仰构成的帝国,无论是土耳其还是哈布斯堡奥地利,都在维也纳体系扩展的过程中,无可避免地迎来了自身的崩溃。1821 年希腊宣布从土耳其独立。希腊虽属于土耳其,但是作为南欧部分,大部分国民都信仰东正教,这与俄国的主要信仰重合。在拿破仑战争胜利之后,俄国不仅以“欧洲宪兵”自居,同时根植于其信仰的弥赛亚精神与其扩张的战略目标深深契合,因此其认为,其有义务保护同样信仰东正教的希腊。基于此,俄国对于希腊的独立给予了极大的同情与帮助。但是,同为多信仰多民族帝国的奥地利以欧洲团结的需要说服俄国保持克制,俄皇亚历山大和尼古拉一世考虑到欧洲协调的规范与原则,克制了扩张的诱惑,对希腊的起义进行了谴责。在此基础上,英国也不得不谨慎地考虑是否要支持希腊的独立。1842 年英法俄联合军事干预希腊问题,希腊独立得以成功;而同期对于中欧的独立运动,如波兰、匈牙利革命,在大国的默许下,俄罗斯进行了军事镇压,从而维持了维也纳体系的既定安排。①

综上所述,维也纳体系内部各国的行为和目标选择,是受到国际体系中的文化环境演进、体系的结构与过程影响的。在这一过程中,各国的行为呈现出越来越务实的趋势,同时,维也纳体系的二元结构决定了外围区域的各国矛盾逐渐回旋回了欧洲秩序内部,本文认为,到 1848 年,在德意志兰民族主义革命的炮火之中,为哈布斯堡奥地利王朝最后的大国尊严奔走一生的梅特涅亲王仓皇出逃维也纳,标志着大国协调事实上的寿终正寝。

5　结语:第一波半现代化的余晖

最后,借用学界部分国际关系学者的理论,将 1700—1789 年间西欧国家现代化视作介于第一波和第二波之间的“第一波现代化”,②本文将维也纳体系的结构与过程视为第一波半现代化的影响结果。

第一波半现代化中,推动西欧各国变动的主要力量是资产阶级和资本主义力量,而作为阻挠的,往往是作为既得利益者的贵族阶层。这一特征,确定了维也纳体系过程的逻辑,也决定了上文论述的在意识形态和文化环境上变迁的产生。第一波半现代化中,各国制度选择的优劣,最终也是在维也纳体系结构变动的过程中逐渐明显的,例如兼具封建主义和包含众多民族

---

① 贾烈英.欧洲协调机制的内化过程.国际关系学院学报,2011(4):32.

② 叶城成,唐世平.第一波半现代化之帝国的黄昏.世界经济与政治,2016(3):123.

的帝国形态的俄罗斯帝国与哈布斯堡奥地利，两国最终在维也纳体系中逐渐虚弱，并且都在1848 年之后不久遭遇了重大失败。

正如阿米塔·阿查亚所讨论的，当代国际政治中存在这样一个现实："戈尔得盖格、麦克福尔以结构现实主义为有效的理论性视角分析……两个非常广泛的范畴——稳定的核心区域与动荡的边缘区域——审视冷战后国际秩序。"①因此，本文将维也纳体系的结构与过程理解为第一波半现代化的余晖。这对理解今日国际政治发展的启示是，我们应该充分在体系变迁之前的历史发展，尤其是重大生产关系变革、生产力发展与国际政治文化环境演进、意识形态发展的过程中寻找体系结构与过程的逻辑。

参考文献

[1] 约瑟夫·奈.理解国际冲突:理论与历史[M].上海:上海人民出版社,2009.
[2] 佩里·安德森.大国协调及其反抗者[M].北京:北京大学出版社,2018.
[3] 时殷弘.法国大革命、拿破仑和国际政治的变更[J].欧洲研究,2005,23(006):1-13.
[4] 亨利·基辛格.大外交[M].海口:海南人民出版社,2012.
[5] Klobucký, Robert. Tomáš Garrigue Masaryk and Slovak sociology(1850-1937)[J]. Sociology — Slovak Sociological Review, 2000(4):3.
[6] 贾烈英.欧洲协调机制的内化过程[J].国际安全研究,2011(4):30-33+64.
[7] 刘德斌.国际关系史[M].北京:高等教育出版社,2003.
[8] 叶成城,唐世平.第一波半现代化之"帝国的黄昏"——法国与西班牙的改革之殇[J].世界经济与政治,2016(3):122-154.
[9] 阿米娅·阿查亚.重新思考世界政治中的权力、制度与观念[M].上海:上海人民出版社,2019.

① 阿米娅·阿查亚.重新思考世界政治中的权力、制度与观念.白云真,宋亦明译.上海:上海人民出版社,2019:87.

职业技术教育学院

英国大学科研评价同行评议制度的创新举措、特点及启示

石雪怡

摘　要　英国 REF(Research Excellence Framework,科研卓越框架)在促进国家创新发展战略、提高科研成果质量上成绩斐然,获得了全世界的关注,而同行评议制度是其精髓和最大亮点。英国最新将要实施的 REF2021 同行评议制度,吸取了 REF2014 的经验教训,在减少评价单元、改进专家提名程序、增加跨学科研究咨询小组等方面进行了改革,展现了其计划性、透明性、多样性和灵活性等优势。通过对英国 REF 同行评议制度发展历程的探究,尤其关注其在 REF2021 中改革的动因、目的、做法和特点等,对我国科研评价体系、尤其是其中的同行评议制度建设提出借鉴之策。

关键词　英国; 大学; 科研评价; 同行评议制度

The Innovative Measures, Characteristics and Enlightenment of the Peer Review System of Research Evaluation in UK's Universities

Shi Xueyi

Abstract　The UK research evaluation system REF (Research Excellence Framework) in higher education has achieved remarkable achievements in promoting the national innovation and development strategy and advancing the quality of research outputs, acquiring the worldwide attention. While the peer review system is the spirit and the most luminous point of UK REF. The peer review system of UK REF2021, which will be implemented in the year of 2021, has learned the lessons from REF2014. It has carried out reforms of reducing the number of UoA (Unit of Assessment), improving the experts nominating process and adding the Interdisciplinary Research Advisory Panel (IDAP), demonstrating its advantages of planning, transparency, diversity and flexibility. Exploring the development process of the peer review system in REF, especially the agent, purpose, measures and characteristics of the reform, can give advice and enlightenment to China's current research evaluation system as well as its peer review system.

Key words　UK, University, Research evaluation, Peer review

作者简介　石雪怡,女,1997 年 6 月出生,上海人,同济大学高等教育研究所教育学专业 2019 级硕士研究生,主要研究方向为高等教育管理与评估研究。

基金项目　国家社会科学基金课题"多元问责需求下的研究型大学自主绩效评价的指标研究"(课题批准号:BIAI60125);国家科技评估中心评估研究专项"发达国家科技评估机构发展现状与趋势研究"(项目编号:YJZX2019-06)。

1 引言

当前我国学界对扭转不科学的教育科研评价导向、坚决破除“五唯”顽瘴痼疾已形成共识,破旧需立新,虽然大家都认可学术共同体内成员的同行评议制度是相对较为客观、科学和公正的评价技术和手段,但由于多种原因,真要具体实施却相当复杂和困难。英国最新将要实施的 REF2021(Research Excellence Framework,科研卓越框架),针对 REF2014 同行评议实施的经验教训,在专家提名程序、工作指南、评价标准、工作方式等方面实行了一系列创新举措。

2 “科研卓越框架”(REF)同行评议制度背景

英国“科研卓越框架”(REF)由英格兰高等教育拨款委员会(HEFCE)、苏格兰拨款委员会(SFC)、威尔士高等教育拨款委员会(HEFCW)和北爱尔兰就业与学习部(DEL)联合在 2008 年提出,该框架针对的是英国高等学校和科研院所的科研评价。目前仅在 2014 年实行过一轮,下一轮将在 2021 年举行。

2.1 英国 REF2014 同行评议的基本做法

REF2014 的同行评议主要是通过 36 个专家小组(sub panels)分别对高校和科研院所在本评价单元(Unit of Assessment)内递交的各种材料进行打分并由主专家组(main panels)进行审核完成评价。REF 以学科为评价对象,按学科特征将全体参评学科划分归为四大类,组成四个主专家组,分别是“医药生命科学类、数理工程类、社会科学类、人文艺术类”。并将四个主专家组进一步细分成 36 个专家小组(sub panels),每一个专家小组都对应一个独立的评价单元。主专家组负责制定专家组评价标准和工作方式,监督次专家组的评价过程,审核次专家组的评价结果并签字确认;次专家组负责具体评审工作的展开。每一个次专家组从科研成果(比重为 65%)、科研影响力(比重为 20%)与科研环境(比重为 15%)三个方面对高校和科研院所所递交的材料进行打分和排名。

2.1 REF2014 同行评议制度存在的问题

2.1.1 对跨学科研究不重视

很多被评价单位的科研人员指出,同行评议的专家组并未对“跨学科研究”进行明确的定义、未明确告知跨学科研究的评价流程。英国许多科研院所和高校都在尽力避免提交跨学科研究成果。英国萨塞克斯大学 2016 年 9 月公布了一份调查报告,该报告涉及对英国的 2 183 名科研人员、367 名高等教育机构的战略领导者、94 名高等教育资金拨款机构工作人员所进行的调查,结果显示[1]这三类人员对 REF2014 中跨学科研究成果的评估情况均不够满意。

2.1.2 成本高昂

由于 REF2014 专家组构建的复杂性和学科划分的细致性,导致 REF2014 的成本有较大幅度的上涨。英国高等教育拨款委员会 2015 年所发布的报告显示,RAE2008(英国在 2008 年实行的大规模科研评价)总成本为 47 000 万英镑,仅占全国科研经费的 0.5%,而 REF2014 总成本达 2.46 亿英镑,占全国科研经费比例高达 2.4%。[2]

2.1.3 专家组成员代表性不足

根据英国高等教育拨款机构公布的 REF2014 专家组成员多样性的分析报告,可以看出专家组成员在性别、民族构成方面的代表性不足。(1)在性别方面:专家组中女性成员占比

32%。[3]而根据英国高等教育统计局(HESA)公布的2013—2014年全国高等教育从业人员的数据,在高等教育学术人员中女性占比达44.6%。[4](2)在民族构成方面:专家组中白种人占比高达97%[3],而HESA公布的数据显示2013—2014年高等教育学术人员中只有86.6%为白人。[4]

同行评议本身在经济、客观、平等方面存在的局限已得到学术界公认,在这种情况下,成本问题、跨学科评价问题、专家遴选问题对英国高校同行评议制度的困扰也已存在多时,也成为英国科研评价每一轮改革的重点关注领域。

3 新一轮REF2021同行评议制度的创新举措

目前REF官方网站已发布了一系列相关REF2021同行评议制度的文件,通过研读这些文件内容,可以总结出REF2021同行评议制度在评价单元、专家组组成、提名程序这三方面的创新举措,反映出REF官方对REF2014同行评议成本高、忽视跨科学研究、专家组成员代表性不足的反思和对解决方法的探索。

3.1 减少评价单元、增加评估系统专家用户组和引用数据专家用户组以适当减少成本投入

REF2021在REF2014的基础上进一步精简,将36个评价单元精简成34个评价单元,同时学科专业的划分也由REF2014的53个变成48个。主要变化是将B类中的航空、机械、电气工程等专业归入到一般工程类中。这不仅有利于成本的缩减,也有利于进一步统一相近学科的评价标准。

REF2021还新增了评估系统专家用户组(assessment systems panel user group)和引用数据专家用户组(citation data panel user group),此举是为了协助实施“同行评议为主、文献计量为辅”的评价方法。前者的职责是对信息技术系统的设计提供咨询意见,该信息系统被用作评价材料的收集统计、评价过程的实施、评价材料的审计和评价报告的提交。[5]后者的职责是帮助次专家组寻找合理使用统计数据的方法,该小组需要考虑如何在正式评价阶段向各个次专家组提供引证数据和相关信息。[6]这两小组为专家组在评议过程中提供信息系统的建设和数据收集、处理、应用方面的支持,以减少专家组的工作量,从而达到降低成本的目的。

3.2 改进专家提名程序,提高专家组成员代表性和多样性

REF2021在提名前、提名中、提名后均加入提高专家组成员代表性、多样性和平等性的措施规定。

提名前:(1)在REF2021官网公布有关REF2014专家组成员代表性的报告,目前英国高等教育机构员工的年龄、性别、种族、残疾状况的详细数据供提名机构参考[7]。(2)承担遴选责任的主、次专家组主席,要接受强制的消除无意识偏见的培训。

提名中:(1)REF2021官方将通过提名机构在线填写的表格,匿名收集所有被提名人的背景资料,利用收集到的这些数据去比较申请者和已经任命的成员的多样性。[8](2)提名机构在填写提名对象信息的时候,需要说明他们是如何将平等性和多样性纳入考虑范围的。REF2021官方为提名机构提供了相应模板。

提名后:在官网上实时更新已经任命的REF2021专家组成员的背景情况[9]。

3.3 增加跨学科研究咨询小组(IDAP),加强对跨学科评价的研究

REF2021新成立了跨学科研究咨询小组(Interdisciplinary Research Advisory Panel,简称

IDAP)。其根本目的是保证 REF2021 对跨学科研究评价的平等性和合理性,[10] IDAP 主要通过采取以下措施保证跨学科研究在 REF2021 中被公平对待。

(1) 对"跨学科研究"进行明确界定

IDAP 在 2019 年 2 月发布的《跨学科研究咨询小组:对标准制定阶段的反思》对其进行了详细定义:"跨学科研究能够获得采用其他单一学科的研究方法所不能得到的研究成果,跨学科研究的特点是:包含两个或两个以上学科的相互融合,或者通过结合其他多个学科的研究方法来超越已有的学科基础。"[11]

(2) 跨学科研究的评价标准和评价主体不被"特殊"对待

IDAP 不会为跨学科研究制定单独的评价标准,保证跨学科研究的评价标准仍属于现有评价标准的框架内。同时跨学科研究成果不会由 IDAP 来评价,而是在现存的次专家组内部进行评价,这保证跨学科研究成果不被排除在主流研究之外。

(3) 为专家组配备跨学科研究评价指导者

保证每个主专家组至少有一名对跨学科研究评价承担特殊职责的成员,需要为跨学科研究的评价提供指导,该成员同时也属于 IDAP;保证每个专家小组至少有两名成员作为"跨学科研究评审员",来监督和参与该评价单元中提交的跨学科研究的评价。

4 REF2021 同行评议制度的三大特点

4.1 人员构成与实施过程突出透明公开

REF2021 的透明性体现在两方面。第一是对于参与人员和机构的透明性:REF 官方将所有具备提名资格的机构名单、主次专家组成员名单、跨学科研究咨询小组名单在官网上进行公示,供大众监督,并随时更新。第二是对于评价流程的透明性:评价标准、工作方式、工作流程、任务安排、评价报告、会议记录甚至是每个高校提交的材料等都会以文件的形式在官网上公布,提高大众对于 REF2021 整个运作流程的理解和信任度。

4.2 提名对象确定上重视公平基础上的多样化

REF2021 在公平性和平等性的基础上追求多样性。第一,REF2021 政府不直接参与评价,而是委托第三方评估机构进行,保证评价的客观公正。第二,专门成立了跨学科研究咨询小组(IDAP),为"跨学科研究"下准确定义,使跨学科研究的评价标准和评价主体不被"特殊"对待,保证对跨学科研究评价的平等性和合理性。第三,改进了提名程序,分两阶段进行,在提名过程中充分考虑提名对象的平等性和多样性。

4.3 制度建设的灵活动态调整

REF 评价体系的灵活性主要体现在以下三个方面。第一,REF2021 将专家提名程序划分成两阶段。第二阶段根据第一阶段中已经招纳的专家组成员的代表性和专业知识结构,有针对性地招纳属于代表性不足的群体的新成员。第二,在《跨学科研究咨询小组:对标准制定阶段的反思》中,跨学科研究咨询小组(IDAP)对 2018 年标准制定阶段工作的进展进行反思并提出建议。第三,REF2021 官方发布了《REF2021 专家组成员的背景分析》。将目前成员个人背景的统计信息与 REF2014 的数据作对比,指出哪些人群的代表性不足,以便在下一阶段灵活改变遴选标准。

5 REF 同行评议制度改革对我国科研评价的启示

对于我国来说,科技创新已处于国家发展战略的核心地位,同时,改革不利于优秀科研人才和创新科技成果脱颖而出的科研评价体系已“箭在弦上”,其中最为关键也最需要突破的就是同行评议问题。英国 REF2021 中的同行评议制度对我国科研评价体系,尤其是其中的同行评议制度建设颇具借鉴意义。

5.1 加强第三方科研评估机构建设,保障学术权力独立行使

英国高校科研评价的主体不是政府、行政管理部门,而是委托第三方机构——英格兰研究委员会、苏格兰高等教育拨款委员会、威尔士高等教育拨款委员会、北爱尔兰就业学习部进行。这些都在政府和高校、科研院所间建立起“中间地带”,保证了同行评议尽可能地做到公正客观。目前我国的科研评价主要由政府主导,政府在科研评价中既当政策制定者,又当执行者。要从根本上解决这一问题,需要由独立而优质的第三方评估机构来组织开展这项工作。政府要通过激励机制、准入机制、驱动机制和规范机制等来促使一批第三方机构成长,为同行评议制度有效落实提供组织保障。

5.2 提高评价活动的信息透明度,接受业界内外的公众监督

REF2021 设立了专门的官方网站,会将专家遴选的标准、提名程序、具备提名资格的机构名单、专家组成员的个人信息在官网上全部公布,也会将评价标准、工作方式、工作流程、评价报告、会议记录甚至是每个高校提交的材料等都在官网上公示。而我国在专家遴选过程中没有统一标准,公众无法在网上查阅相关标准和评价过程的具体细节。为此,建立统一的专家遴选标准,建设信息公开平台使大众能够及时获得评价信息,这对增强同行评议制度的公信力信心至关重要。

5.3 注重基于定量数据的质性评价,突出科研成果的实际价值

REF2021 建立了评估系统专家用户组和引用数据专家用户组,为主、次专家组提供评议过程中的信息系统的建设和数据收集、处理、应用的支持。但同时又强调,定量数据仅能作为同行评议专家的参考,起到辅助作用,最终结果的得出还要依靠评审专家的主观考察。[12]

我国目前科研评价体系仍以定量评价为主,通常以评价对象的核心期刊论文发表数、论文被引次数、主持项目的数量作为评价标准。我国应合理分配同行评议和定量评价的比例,构建国家教育科研统计数据库,发挥好定量评价对于同行评议的支撑作用。

5.4 重视跨学科合作科研评价,保证跨学科成果被公正对待

英国 REF2021 同行评议中减少了评价单元,同时又新成立了跨学科研究咨询小组(IDAP),为“跨学科研究”的评价流程保驾护航。我国学界虽然早已认识到各学科交流与合作的重要性,也提倡跨学科合作科研,但由于人事关系、业务系统和绩效考核等条块分割因素,目前跨学科科研合作往往仅停留在前期申报课题上。为此,我国亟需通过建立促进跨学科合作科研评价体系来确保和促进相关科研的实际开展并取得实质性成果。

注 释

① 具体调查结果为(1)来自四大主学科组(自然科学、工程、社会科学、艺术人文)的所有科研人员中,相比于12%到18%的赞同率,有34%到57%的科研人员不赞同“REF 鼓励跨学科研究的提交”。(2)分别有52%

和55%的大型、中小型高等教育机构战略领导者认为REF2014低估了跨学科研究的价值,而相应的反对率分别只有19%和16%。(3)分别有42%和30%的主要、次要拨款机构工作人员赞同REF2014低估了跨学科研究的价值,而对应的反对率分别只有11%和9%。

参考文献

[1] SUSSEX, Landscape Review of Interdisciplinary Research in the UK [EB/OL].(2016-11-07)[2019-11-11]. http://sro.sussex.ac.uk/id/eprint/65332.

[2] HEFCE, REF2014 Accountability Review: Costs, benefits and burden[EB/OL].(2015-11)[2019-11-11]. http://www.technopolis-group.com/wp-content/uploads/2015/11/REF_costs_review_July_2015.pdf.

[3] REF2014, Analysis of panel membership[EB/OL].(2011-07)[2019-11-11]. http://ref.ac.uk/2014/pubs/analysisofpanelmembership.

[4] HESA, Introduction — Staff 2013/14[EB/OL].(2015)[2019-11-11].https://www.hesa.ac.uk/data-and-analysis/publications/staff-2013-14/introduction.

[5] REF2021, Assessment systems panel user group[EB/OL].[2019-11-11]. https://www.ref.ac.uk/panels/assessment-systems-panel-user-group.

[6] REF2021, Citation data panel user group[EB/OL].[2019-11-11].https://www.ref.ac.uk/panels/citation-data-panel-user-group.

[7] REF2021, Contextual data[EB/OL].[2019-11-11].https://www.ref.ac.uk/about/contextual-data.

[8] REF2021, Improving the representativeness of the panels[EB/OL].(2017-03)[2019-11-11].https://www.ref.ac.uk/about/improving-the-representativeness-of-the-panels.

[9] REF2021, Analysis of REF 2021 panel membership[EB/OL].(2019-07)[2019-11-11]. https://www.ref.ac.uk/publications/analysis-of-ref-2021-panel-membership-ref-201907.

[10] REF2021, Interdisciplinary Research Advisory Panel (IDAP) [EB/OL].[2019-11-11]. https://www.ref.ac.uk/panels/interdisciplinary-research-advisory-panel.

[11] REF2021, Interdisciplinary Research Advisory Panel: Review of the criteria-setting phase [EB/OL].(2019-02)[2019-11-11].https://www.ref.ac.uk/publications/idap-review-of-criteria-setting-phase.

[12] REF2014, Panel criteria and working methods [EB/OL].(2012-01)[2019-11-11].https://www.ref.ac.uk/2014/pubs/2012-01/.

“破五唯”背景下的学科内涵式发展分析

王　倩

摘　要　“五唯”问题由来已久，唯论文、唯帽子、唯职称、唯学历、唯奖项的评价导向对我国学术科研领域形成了较大弊害，造成了学术风气的污浊化，科研工作的功利化，不利于我国建设世界一流大学和世界一流学科。从学科建设的视角出发，认为学科建设中“五唯”问题的根源在于“唯排名”和“唯指标”，要想破除学科建设中的“五唯”问题，需要学科坚持走以质量为导向的内涵式发展道路。结合同济大学破“五唯”、加强学科内涵建设的实践探索，提出学科建设应当对接世界科学前沿和国家、区域重大战略需求等社会责任，围绕培养优秀人才、产出前沿成果、开展有效知识与技术转移三大目标，由内而外地持续推进学科内涵式发展。

关键词　“破五唯”；学科建设；内涵式发展

The Connotative Development of Disciplines in the Background of Breaking the “Five-only”

Wang qian

Abstract　The problem of “Five-only” has a long history. The evaluation orientation of “paper-only, tag-only, title-only, education background-only, award-only” has caused great harm to the field of academic research in China, resulting in the pollution of academic atmosphere and the utilitarian of scientific research, which is not conducive to the construction of world-class universities and disciplines in China. From the perspective of discipline construction, the root of the problem of “Five-only” lies in “ranking-only” and “index-only”. In order to eliminate the problem of “Five-only” in discipline construction, it is necessary for discipline to adhere to the connotative development path guided by quality. Based on the practical exploration of breaking the “Five-only” and strengthening the construction of discipline connotation in Tongji University, it is concluded that discipline construction should be connected with the social responsibilities of the world’s scientific frontier and the major strategic needs of the country and the region, and continuously promote connotative development from the inside out, focusing on the three goals of cultivating excellent talents, producing frontier achievements and carrying out effective knowledge and technology transfer.

Key words　Breaking the “Five-only”, Discipline construction, Connotative development

---

作者简介　王倩，女，1995 年 11 月出生，江苏海安人，同济大学高等教育研究所高等教育管理专业 2018 级硕士研究生，目前就职于上海理工大学，主要研究方向为高等教育管理。

1 引言

2018年10月,科技部联合教育部、人力资源社会保障部、中科院、工程院发出关于开展清理"唯论文、唯职称、唯学历、唯奖项"专项行动的通知[1],"破四唯"的理念第一次被提出。同年11月,教育部办公厅印发《关于开展清理"唯论文、唯帽子、唯职称、唯学历、唯奖项"专项行动的通知》,决定在各有关高校开展"五唯"清理[2]。"五唯"问题由来已久,是当前高等教育界诟病较多和亟需解决的问题。

2 "五唯"问题的严重负面影响

根据《第四次全国科技工作者状况调查报告》显示,"93.7%发表过学术论文的科技工作者认同发表论文的主要目的是达到职称晋升要求,90.4%是为了完成各种考核要求。科教辅助人员为达到职称晋升要求而发论文的比例达到96.2%。62.1%的大学教师、44.9%的科学研究人员在各种形式的科研成果中最看重论文"[3]。近年来,中国论文作者在国际期刊大面积撤稿,404教授、翟某某事件等丑闻层出不穷,从中可以发现"唯论文"等科研评价导向所带来的弊害,已经造成科研工作明显功利化倾向,甚至导致一些学术不端行为,从而败坏科研领域的整体学术风气。

实际上,"唯论文"等一些问题之所以在科研和人才评价中频发,是因为在科研和人才评价过程中,"论文、帽子、职称、学历、奖项"这五项评价指标有其客观性和便利性,被认为是公认度较高的评价标准。用这五项具有客观显示度的评价要素来衡量科研人员及其成果,一定意义上体现了对知识、学问和人才的尊重,能够对科研人员的科学研究和创新工作方面发挥一些激励与导向作用[4]。但是随着时间的推移和实践的验证,"五唯"的片面性与"一刀切"的短板愈发凸显,人们认识到"五唯"问题背后的认识论基础是追求客观性的科学实证主义,其文化根源在于审计文化下的数字崇拜,即以数字来定义价值、衡量有效性[5]。

"五唯"问题不仅对科研和人才评价工作形成了错误导向偏差,还造成了一系列具体危害:高校间"帽子"人才无序流动、恶性竞争加剧,高校内部学术环境恶化、人文精神涣散,教师重科研轻教学、学术创新不强、身份迷失、人际关系异化、教育价值观扭曲,偏离了教育的初心和立德树人的教育任务,对学生成长、教师发展、民族前途和国家未来产生了严重影响[6][7]。

毋庸置疑,"五唯"这一不科学的教育评价方式已经使我国的学术评价制度陷入异化和僵化状态,对于一流人才培养、一流师资队伍建设和一流学术成果产出均产生较大的负面影响,进而制约着我国建设世界一流大学和世界一流学科的进程。接下来,本文将从学科建设视角出发,深入剖析学科建设中"五唯"问题的根源,并结合同济大学学科建设的具体实践,探索通过学科内涵式发展来破除"五唯"的方法路径。

3 "五唯"问题的根源在于"唯排名"和"唯指标"

近年来,随着高等教育市场化趋势的加强,大学或学科各种排行榜层出不穷,令人眼花缭乱。尽管不同排行榜评估的内容、方式和目的不同,所对应的指标体系和指标权重都各有侧重,但是由于排名与大学的声誉、地位及形象直接挂钩,各高校对各种排名的追求依然呈现出愈演愈烈之势。高校积极参与大学排名活动的主要目的是,希望在优秀生源、师资和其他各种资源的激烈竞争中占据有利地位,创造对自身有利的办学条件和环境[8]。不可否认,大学排行榜有其存在的价值,有利于满足高等教育消费者的信息需求,有利于提升高等教育的办学效益和质量监控效果,对高校的建设和发展有一定参考价值[9]。具体到高校学科建设方面,排名能够通过各级具体、可比的指标来反映学科建设过程中的成效与不足,对于学科未来的建设与发展同样具有一定参考价值。

但是,大学或学科排行榜同时也带来一些负面影响,批评甚至是抵制大学或学科排名的声音越来越多。相关学者对这些量化排名能否反映高校真正的优劣势及教育质量、排名本身及其指标权重的公正性、排名标准与公共政策目标的一致性以及评估数据的准确性均表示了一定的怀疑[10]。大学或学科排名带来的具体危害包括:处于“排名焦虑”下的高校唯排行榜指标马首是瞻,把排名进步作为办学业绩,使得高校办学丧失特色,忽视教育职责,一流大学与非一流大学只有量的增减而无质的超越[11]。受困于面子情节的高校甚至为了追求更高的排名而削足适履、徇私舞弊,更有甚者,为了竞争资源而试图影响排名活动。由此可见,追求“唯排名”“唯指标”的极端做法,对我国高校“双一流”建设工作产生非常不利的影响。

学科建设中的“五唯”问题与政府评价、社会评价、大学自身评价的指挥棒高度相关。在评估结果的驱动下,“五唯”指标在学科规划与学科建设中被给予过多关注和重视,导致学科建设单位不自觉地用指标来考虑整个学科建设。也就是说,学科建设中“五唯”问题的根源在于教育评价指挥棒中“唯排名”和“唯指标”的做法。高校为了追求排名结果或指标达成度的“好看”,容易在学科建设过程中产生“五唯”倾向,将与排名以及指标相关的内容化解成“五唯”来进行推动。

从本质上讲,排行榜的内容是对指标的考察,这些指标用“一刀切”的方法构成了一个似是而非的、整体的质量“定义”,故而备受争议[12]。对待排名,学科建设单位应该树立正确的认识。习近平总书记认为:“办大学,最重要的是人们心中的声誉,是自己的底蕴,是自己的积累。这是需要长期积淀之后在人们心中形成的。现在国际上和国内都有不少高校排名,这个排名可以看看,但不能过度依赖。靠几个数据,是说明不了一个大学是怎么样的。[13]”中国高等教育界的泰斗潘懋元先生指出,一流大学不是排名榜排出来的[11]。排行榜的指标体系并不能体现一所一流大学的全部内涵,也不能全面反映一所一流大学的综合水平、引领性贡献和办学特色。高校如果按照大学或学科排行榜的指标体系进行建设,东施效颦般地进行模仿,注定无法建设成有自身特色、真正意义上的世界一流大学。同样,“唯排名”的学科建设就是功利性地追求绝对化、极端化的指标达成,忽略了学科的内涵式发展,从而带来“五唯”问题。

4 破除“五唯”需要学科的内涵式发展导向

党的十八大提出“推动高等教育内涵式发展”,党的十九大进一步提出“加快一流大学和一流学科建设,实现高等教育内涵式发展。”这为一流大学和一流学科建设指明了方向,高校应当抓住机遇,对标“中国特色、世界一流”的核心要求,坚持推进学科的内涵式发展。

内涵式发展是相对外延式发展的一个概念。外延式发展以事物外部因素作为动力和需求,表现为追求规模的扩大和数量的增长等表象特征,是一种粗放式、同质的、模仿的发展。而内涵式发展则更加强调内在质量的提高、结构的优化、特色的突出与效益的提升。[14]可以说内涵式发展既是一种精细化、特色的和创新的发展,也是一种全面、协调和可持续的发展方式。

事实上,外延式发展与内涵式发展密不可分,两者之间是一种互为支撑的关系。基于客观需求和现实意义的外延式发展为内涵式发展打下了坚实的基础,而内涵式发展将外延的扩展与内涵的提升相互统一,以实现事物的科学发展。[15]

无论世界一流大学还是国内大学之间的竞争都不可能是纯外延式的,即既不能单纯靠投资取胜,也不能单纯求数量增长。[8]因此,高校要想从根本上提升学科办学声誉和学术影响力,应当坚定不移地走学科内涵式发展的道路。学科是高校的基本组成部分,建设一流学科是建设一流大学的重要基础和前提。作为改革发展的“牛鼻子”,学科发展在全面提升高校办学质量的进程中发挥着“龙头”作用。因此,以学科的内涵式发展为抓手是实现高校内涵式发展的必然选择,也是引领我国高等教育改革的战略路径。

作为一项系统工程,追求学科内涵式发展必须实现回归学科建设的本质、回归学科建设的规律、回归学科建设的三个回归初心,力求实现培养优秀人才、产出前沿成果、开展有效知识与技术转移三大目标。秉持学术性与社会性、动态性和适应性、继承性与创新性、系统性与导向性相结合的基本原则,以科学合理的学科结构为基础,以鲜明突出的学科特色为关键,以高端一流的学科水平为根本[16],以反对“唯排名”和“唯指标”为核心,着力破除学科建设中的“五唯”问题,以真正实现学科内涵式发展。

5 “破五唯”与推动学科内涵式发展的同济案例

近年来,同济大学在破除“五唯”的道路上进行积极探索,尤其在推进学科内涵式发展中努力尝试,取得了显著成效。学校以习近平新时代中国特色社会主义思想为指导,深入学习贯彻十九大精神,围绕“立德树人”根本任务,将同济的发展置于全球发展趋势、民族伟大复兴、学校历史传统的大背景下,以学科建设为龙头,着力构建优良学科生态,深入推进一流大学和一流学科建设,实现内涵式发展。具体而言,学校重点推进以下三个方面的工作。

第一,不断优化综合性大学学科布局,形成优良学科生态。加强学科建设的顶层设计,充分重视学校学科发展中存在的不平衡、不充分现象,着力在补短板上下功夫,开展学科动态调整,实施学科的分类指导、分层建设与分阶段发展。妥善处理好学科规模和质量、优势学科和新兴学科、重点突破和全面推进等方面的关系。对工科、理科、医学与生命科学学科、人文与社会科学进行分类指导和分类管理,进一步优化四大类学科的规模与结构。学校学科总体发展定位是:优势工科引领带动,厚重理科融合推动,特色医科协同驱动,精品文科共享联动,前沿交叉创新互动。努力推动强势工科保持领先,理科发展形成新的优势,医学学科复兴加快步伐,人文社科发展形成特色,工理医文融合交叉形成新亮点。

第二,深入推进一流学科建设,全面提升优势学科的国际竞争力。结合同济大学的传统优势以及目前的学科布局,重点建设 9 个一级学科成为一流学科,分别是土木工程、建筑学、城乡规划学、风景园林学、环境科学与工程、测绘科学与技术、设计学、交通运输工程、海洋科学。强化一流学科的资源保障,对列入一流建设的学科在专业设置、招生计划、创新平台等各类资源配置上给予重点倾斜,努力让学科“高峰凸显”和“高原崛起”。学校在建设一流学科的过程中,坚持破除“五唯”,追求学科内涵提升的案例不胜枚举。例如,学校土木工程学科立足于国家重大战略需求,深度参与港珠澳大桥的建设,贡献了人工岛关键技术等关键领域的“同济方案”;测绘科学与技术学科“航天重大工程的遥感空间信息可信度理论与关键技术”科研成果在嫦娥探月、测绘卫星和国土资源调查等重大工程中贡献了“同济力量”。

第三，注重加强一流交叉学科建设，促进学科交叉、集成与创新。发挥各学科特色与优势，立足学科集群战略进行统筹规划，完善有效推动学科交叉融合的体制机制，打造多样化的学科交叉平台，进一步促进学科间的相互交叉和支撑，引领各学科协同发展。重点建设4个交叉学科成为一流交叉领域，即医学领域的医学与生命科学交叉，工学方面的智能技术与绿色制造交叉，理科方面的微结构模型、功能与应用交叉，文科方面的国家创新发展与欧洲研究交叉。截至目前，同济大学在交叉学科建设方面也取得了很多可圈可点的成绩。例如，医学与生命科学交叉学科领域通过干细胞、转化医学、脑科学等重点交叉，在再生医学、神经生物学、心脏病学、肿瘤学等关键领域形成学校医学与生命科学发展的特色，"细胞干性与命运编辑前沿科学中心"获得教育部立项建设，争取在高等学校基础研究中实现重大原始创新。

6 结语

破除"五唯"是顺应目前科学研究发展、实现学科内涵式发展的重要举措。要想破除"五唯"，首先要破除"唯排名"和"唯指标"。"唯排名"和"唯指标"评价发挥的作用终归是有限的，中国科协主席、同济大学原校长万钢认为："排名有各种指标体系，一定程度上是反映大学办学水平的一面镜子……遗憾的是，任何一种类型的大学排名都未涵盖'大学的社会责任'这一指标。"也就是说，高校在"双一流"建设过程中要关注排名但不能"唯排名"，要正视大学的社会使命，主动对接世界科学前沿和国家、区域重大战略需求，走学科内涵式发展道路。而且，我国未来的学科评估也定会一改"数数量"的风格，朝着以质量为导向的学科内涵式发展变革，摒弃简单化、机械化的考核方法，逐步采用多维度、大数据的方法全面测度学科状态与水平，通过改变指挥棒的方式来促进学科内涵式发展。此外，高校要认识到破除学科建设中的"五唯"问题，加强学科内涵建设是一个量变到质变的过程，绝非一朝一夕之功，需要遵循教育规律，长期积累，持续推进。

参考文献

[1] 科技部、教育部、人力资源社会保障部、中科院、工程院.关于开展清理"唯论文、唯职称、唯学历、唯奖项"专项行动的通知.http://www.most.gov.cn/tztg/201810/t20181023_142389.htm,2018-10-23.

[2] 教育部办公厅.关于开展清理"唯论文、唯帽子、唯职称、唯学历、唯奖项"专项行动的通知.http://www.moe.gov.cn/srcsite/A16/s7062/201811/t20181113_354444.html,2018-11-7.

[3] 全国科技工作者状况调查课题组.第四次全国科技工作者状况调查报告[M].北京：科学技术出版社，2018.

[4] 潘宛莹.克服"五唯"让大学科研回归本质[J].人民论坛，2019(11)：131-133.

[5] Jenny Ozga.Governing Knowledge Research Steering and Research Quality[J].European Educational Research Journal, 2008(3)：261-272.

[6] 操太圣."五唯"问题：高校教师评价的后果、根源及解困路向[J].大学教育科学，2019(1)：27-32.

[7] 谌红桃.高校克服"五唯"顽瘴痼疾的理论依据与实践路径[J].中国高等教育，2018(24)：22-24.

[8] 叶赋桂.大学评价和排名：最新的发展及其对大学的意义[J].清华大学教育研究，2008(1)：56-71.

[9] 章仁彪.对开展大学排行榜活动的三点认识[J].中国高等教育，2001(17)：24-25.

[10] 张旺.大学排名对高等院校的影响[J].高教发展与评估，2012(1)：19-26,76,117-118.

[11] 潘懋元.一流大学不能跟着"排名榜"转[J].清华大学教育研究，2003(3)：50-51.

[12] 亚历克斯·埃舍尔,马斯莫·萨维诺.差异的世界:大学排名的全球调查[J].清华大学教育研究,2006(5):1-10.
[13] 上观新闻.复旦校长回忆与总书记互动:一流大学终究要看底蕴和声誉.https://www.jfdaily.com/news/detail?id=46466,2017-3-5.
[14] 李元元.持续抓好学科建设 不断推进高校内涵式发展[J].中国高等教育,2013(19):3-4,8.
[15] 周先雁.坚持走内涵式发展之路 努力创建高水平特色大学[J].中国高等教育,2011(12):29-31.
[16] 郑伟涛."双一流"背景下学科内涵式发展策略研究[J].中国高校科技,2018(5):4-7.